Mitos del mundo clásico

Mitos del mundo clásico

Versión libre de las *Metamorfosis* de Ovidio
a cargo de Rosa Navarro Durán

Alianza editorial
El libro de bolsillo

Primera edición: 2002
Segunda edición: 2013
Cuarta reimpresión: febrero 2026

Diseño de colección: Estrada Design
Diseño de cubierta: Manuel Estrada
Ilustración de cubierta: Edward Burne-Jones: *The Tree of Forgiveness* (1881-82)
© Lady Lever Art Gallery, National Museums, Liverpool / Index - Bridgeman
Selección de imagen: Carlos Caranci Sáez

© Rosa Navarro Durán, 2013
© Alianza Editorial, S. A., Madrid, 2002, 2026
© Calle Valentín Beato, 21
   28037 Madrid

PAPEL DE FIBRA
CERTIFICADA

ISBN: 978-84-206-7830-6
Depósito legal: M. 24.861 - 2013
Printed in Spain

Índice

Mitos del mundo
clásico

Introducción

Sonus est qui uiuit in illa
(Sólo el sonido vive en ella)

¿Por qué llega todos los años la primavera? ¿Por qué ver-
dean entonces los campos, nacen hojas en los árboles y se
oyen los cantos de los pájaros? El ciclo de la naturaleza
tiene una explicación afectiva: Ceres, la diosa de las cosechas, se alegra porque su hija Proserpina regresa a la
tierra. Pasa con ella seis meses y luego regresa a su reino,
el Infierno, en donde la espera su esposo Plutón. La naturaleza, como la diosa, se entristece con la ausencia de la
joven y pierde su verdor y su belleza durante medio año
hasta que, fiel a su cita, vuelve ella a ver a su madre.

¿Por qué el girasol sigue en el cielo el curso del sol? ¿Por
qué si se grita en los montes, éstos devuelven la voz?
¿Por qué los murciélagos vuelan alrededor de las casas? ¿Por qué les dan una corona de laurel a los vencedores de las carreras? Detrás de muchos seres que nos rodean, detrás de muchas flores, detrás de cosas que suceden
a nuestro alrededor, detrás incluso de costumbres, hay una
historia, una historia maravillosa, llena de amor o de odio,

que los hombres fueron imaginando a lo largo de siglos y que un escritor extraordinario, Publio Ovidio Nasón, escribió en bellos versos el año en que nació Cristo.

Siglos después, en 1893, un poeta nicaragüense, Rubén Darío, contó cómo un día la rosa fue tentada por el diablo. Era bella, tenía color, aroma, gracia... pero no era útil. El maligno espíritu le dijo: «No eres útil. ¿No miras esos altos árboles llenos de bellotas? Ésos, a más de ser frondosos, dan alimento a muchedumbres de seres animados que se detienen bajo sus ramas. Rosa, ser bella es poco...». Y la rosa palideció porque deseó ser también útil. Cuando al día siguiente pasó por delante de ella el buen Dios, la rosa, «aquella princesa floral, temblando en su perfumada belleza», le pidió que la hiciera útil. Y el Señor, sonriendo, accedió. «Y entonces vio el mundo la primera col.»

Esa metamorfosis no la cuenta Ovidio, pero podría haberlo hecho. Todo lo que nos dice es bellísimo, pero no es científico. No se trata de convertir las rosas en coles cuando sólo son rosas, basta con admirar su color, su belleza, basta con aspirar su aroma, su perfume.

El ser humano ha sabido siempre conservar la fantasía, aunque haya dejado de creer en su verdad. Primero el mito fue religión, luego leyenda, historia fingida; incluso pudo haber sucedido algo que lo justificara. Después se siguió escribiendo, pintando, esculpiendo, componiendo música sobre esas historias. Los personajes de los mitos han dado nombre a tierras, a mares, a sentimientos, a estrellas. Europa fue una bellísima joven de la que se enamoró Júpiter y por ella adoptó la forma de un toro. El mar Icaria tiene el nombre de un muchacho, Ícaro, que voló por primera vez con alas que inventó su padre, Dédalo, y se embriagó tanto con la sensación nueva que quiso alzarse más y más acercándose peligrosamente al Sol. Todos sabemos que la punzada que sentimos en lo más hondo del corazón al enamorarnos es la herida de una flecha de oro que nos lanza Cupido, el dios niño que nunca falla su disparo. Si miramos el cielo, veremos la Osa Mayor o el Centauro, ¿por qué llamamos así a esas estrellas?

Pero si vamos a un museo, veremos cuadros que representan historias que no entenderemos si no hemos leído este libro que nos cuenta las metamorfosis. Correggio, hacia 1530, pintó una bellísima mujer a la que parece que la abraza una nube oscura, aunque en la nube se distingue levemente un rostro y un brazo de hombre; el cuadro se llama *Júpiter e Io* –lo podemos ver en Viena–. Si leemos la historia de Io, sabremos el porqué de la nube en la pintura y de la imagen de ser humano –o divino– que aparece dentro de ella.

Velázquez nos legó, cien años más tarde, un cuadro extraordinario que llamó *La fragua de Vulcano*. En él vemos a un personaje resplandeciente, coronado de laurel, que está hablando a unos herreros, que le escuchan atónitos. Después de leer el episodio en las *Metamorfosis*, sabemos que el pintor plasma el momento en que Vulcano se entera por boca de Apolo –el Sol– que Venus, su mujer, está en brazos de Marte. No sólo entendemos el estupor del herrero y de sus cuatro ayudantes, sino que identificamos al personaje resplandeciente, podemos imaginarnos la escena –el instante– y admiramos además la creación genial de Velázquez al pintar a Vulcano como un auténtico herrero en la fragua, que sus contemporáneos reconocían perfectamente.

Pedro Salinas en su poema «Pareja, espectro» de *Largo lamento* dice:

> Nunca agradeceremos
> bastante a tu belleza
> el haber libertado a Dafne,
> después de tantos siglos de ser verde,
> para suplir la falta de los pájaros.
> (Habían huido todos al fondo de tus ojos
> dejando al mundo
> sin otro aletear que tus miradas.) [...]
> Y, sobre todo, nunca,
> nunca agradeceremos
> bastante a tu belleza
> el habernos librado
> de tu misma belleza, del terrible
> influjo que podía haber tenido
> sobre la calma de los mares, sobre Troya...

Y dibuja en el fondo de sus versos la figura de Dafne, verde porque fue transformada en laurel, y la historia de Elena y de su espléndida belleza que causó la terrible guerra de Troya. Si no sabemos quiénes son, no podemos ver el paisaje sobre el que se recorta la alabanza a la amada.

Al leer el relato de Jorge Luis Borges *La casa de Asterión*, nos asombraremos de cómo describe el personaje, Asterión, su casa, a menos que la reconozcamos: «Todas las partes de la casa están muchas veces, cualquier lugar es otro lugar. No hay un aljibe, un patio, un abrevadero, un pesebre; son catorce [son infinitos] los pesebres, abrevaderos, patios, aljibes». O no podremos comprender por qué le asustan las caras de la gente, «caras descoloridas y aplanadas, como la mano abierta», a menos que reconozcamos en Asterión al Minotauro, que tiene cabeza de toro, y en su casa al laberinto. Su esperado final nos llega con una sutil variación del genial escritor argentino: «El Minotauro apenas se defendió», le dice Teseo a Ariadna. ¡No podía él saber que era su redentor! Lo había liberado de esa casa sin puertas que era su prisión. Borges reelabora esa herencia cultural que evidentemente sólo podemos compartir si la conocemos.

Nuestra cultura está empapada de referencias a esas maravillosas historias de dioses y héroes. E incluso lo está nuestro sistema social, nuestra vida cotidiana. ¿Qué es el caduceo y por qué es el símbolo del comercio? ¿Por qué el Ave Fénix puede ser el nombre de una compañía de seguros?

En los mitos encontramos al primer volador, el primer cambio de sexo o la historia del primer navío que se atrevió a surcar la superficie hasta entonces intocable del mar. En ellos vemos a héroes valientes, pero también a otros que, sobre todo, saben hablar, convencer con sus palabras. Descubrimos cómo hubo un tiempo en que las mujeres supieron que habían nacido de piedras, igual que los hombres, después de que las aguas cubrieran las tierras y desaparecieran todos los seres humanos, menos una pareja justa, prudente y piadosa. Y leemos cómo el destino ha dicho que un día el mar, la tierra y los cielos arderán…

Los poetas del Siglo de Oro crearon poemas llenos de dificultad, de artificio, de belleza. El lector tiene que descifrar las alusiones que hacen para entender todo lo que sus versos dicen, para aprehender toda su hermosura. Muchas de ellas están basadas en estas historias que nos cuenta Ovidio. Luis de Góngora quería alzar la lengua a la cumbre de dificultad y de belleza en su extraordinario poema, las *Soledades,* y tenía como modelo a Ovidio en las *Transformaciones.* Lope de Vega comienza un soneto:

> Que eternamente las cuarenta y nueve
> pretendan agotar el lago Averno,
> que Tántalo del agua y árbol tierno
> nunca el cristal ni las manzanas pruebe...

Las «cuarenta y nueve» son las Danaides, que están condenadas a llenar eternamente un tonel sin fondo con las aguas del lago Averno en el Hades. Tántalo tiene el agua al cuello y, muerto de sed, cuando quiere acercar la boca para beberla, se le aleja; tiene unas jugosas manzanas a su alcance, pero, cuando quiere saciar el hambre que le atormenta, se le retiran inexorablemente.

Los dramaturgos escribieron –y siguen haciéndolo– dramas mitológicos. Calderón de la Barca convirtió la historia de Eco y Narciso en un drama espléndido. El adivino Tiresias le advierte a Liríope, la madre del bellísimo joven:

> Una voz y una hermosura
> solicitarán su fin
> amando y aborreciendo.
> Guárdale de ver y oír.

El enigma deja de serlo si conocemos la historia del joven que se enamora de su propia imagen y la de la ninfa

Eco, que también enloquece vanamente por él. Y sabremos así además qué es el narcisismo.

Ovidio fue un extraordinario poeta latino, nació en Sulmona en el año 43 a.C. y murió el año 17 de nuestra era. Escribió en Roma sus *Metamorfosis* hace veinte siglos; parece que tenía terminada la obra el año 9, cuando Augusto le desterró a Tomis, a orillas del mar Negro.

Francisco Alegre tradujo la obra al catalán, que se imprimió en Barcelona, en 1494, y Jorge de Bustamante la tradujo al castellano; se imprimió en Amberes en 1551.

No ofrezco una traducción fiel, pero sí una versión libre muy cercana al texto. He procurado desgajar las historias del magma espléndido de palabras que las envuelve, simplificando el relato. Sólo he cortado inmisericorde la exaltación final de Julio César; de los dos últimos libros, el XIV y el XV, sólo aparecen las historias que han sobrevivido literariamente en los textos de nuestros escritores. Homero y Virgilio son mejores guías para las navegaciones de Ulises y de Eneas. Los relatos de los trece anteriores permanecen íntegros, pero simplificados a veces, en la versión.

He mantenido siempre las comparaciones del poeta, tan sugerentes, tan bellas. Y he cuidado la pervivencia de las citas que han pasado a ser patrimonio común, como las palabras de Medea «veo lo mejor y lo apruebo, pero sigo lo peor», o lo que piensa Hipómenes: «Los dioses ayudan a los audaces».

He seguido la edición del texto de las *Metamorfosis* de Antonio Ruiz de Elvira, editada en Barcelona, Alma Mater, 1964-1969, volúmenes I y II (libros I–X). La del texto y las notas del último volumen (libros XI-XV) se deben a Bartolomé Segura Ramos, y la traducción a A. Ruiz de Elvira; está editado en Madrid, CSIC, 1984. He leído el texto latino también a la luz de la traducción de las *Metamorfosis* de Antonio Ramírez de Verger y Fernando Navarro Antolín. Madrid, Alianza Editorial, 2001 (11.ª reimpresión: 2011).

He tenido en cuenta las notas de los latinistas para aclarar lugares oscuros.

A pesar de mi respeto por la honda belleza del texto, sé muy bien que en esta versión, *sólo el sonido vive en ella*, como en Eco.

Rosa Navarro Durán

Mitos del mundo clásico

La creación del mundo

La naturaleza, antes de que existiera el mar, la tierra y el cielo, tenía un solo aspecto: era el Caos, una masa confusa y desordenada. La tierra, el aire y el agua estaban mezclados; ni la tierra era sólida, ni el aire tenía luz ni se podía vadear el agua. Ningún elemento tenía aún forma alguna; todos luchaban entre sí: lo frío con lo caliente, lo húmedo con lo seco, lo blando con lo duro, lo ingrávido con lo pesado. Un dios acabó con esta guerra. Separó la tierra del cielo, las aguas de la tierra, el claro cielo del aire espeso, y a cada uno de ellos le dio un lugar distinto y estableció la armonía entre todos. La energía ígnea y sin peso, el fuego, fue al lugar más alto; después quedó el aire y, por último, la tierra densa, que formó una masa compacta gracias a su propio peso, mientras el agua la rodeaba.

Ese dios, fuese quien fuese, después de dividir y distribuir la masa, dio a la tierra la forma de un globo enorme;

hizo que los mares, que ceñían la tierra, se embraveciesen con los vientos, y añadió fuentes, lagos y ríos en cauces que serpenteaban; unos los tragaba la propia tierra, otros llegaban al mar. Hizo extender los campos, allanar los valles, llenar de hojas los bosques, elevar los montes. Marcó en la tierra cinco zonas: en la central no se podía vivir porque hacía demasiado calor; cubrió de nieve las dos extremas, y entre unas y otra, situó las dos de clima templado, donde el fuego se mezcla con el frío. Por encima colocó el aire, más ligero que la tierra y más pesado que el fuego; en él puso nieblas, nubes y los truenos que los hombres oyen con miedo, y los vientos, que crean relámpagos y rayos. A éstos, que siendo hermanos, luchan siempre, los colocó en distintas zonas; pero todavía de vez en cuando destrozan el mundo con sus peleas. El Euro es el viento del este y está en la zona que primero ve la Aurora; el suave Céfiro, el del oeste, donde el sol se pone; el espantoso Bóreas es el viento del norte, y en la parte opuesta, está el lluvioso Austro, que humedece el sur llevándole continuas nubes.

Los astros, que durante mucho tiempo habían soportado la densa oscuridad, resplandecieron en todo el ancho cielo, que ocuparon. Las aguas se llenaron de peces relucientes; la tierra, de fieras, y el aire, de aves. Faltaba un ser más noble, más inteligente, que pudiera dominar a los demás. El creador de la naturaleza hizo al hombre de semillas divinas; lo creó él mismo o la propia tierra, que tal vez aún retenía gérmenes del cielo, del que se había separado hacía tan poco. Mientras los animales miraban la tierra, el hombre miraba el cielo, y su rostro se erguía hacia los astros.

Las edades del mundo

Primero se creó la edad de oro, en la que reinaban el bien y la lealtad. No había autoridad, ni castigo ni miedo ni leyes ni prohibiciones. No se había cortado aún pino alguno para hacer navíos con los que ir por el mar a lugares extraños; nadie conocía más playas que las suyas. Las ciudades no estaban rodeadas por murallas ni se conocían las espadas ni los cascos; no había soldados, los pueblos vivían tranquilos. No había que cultivar la tierra, ella misma daba los frutos. Los hombres cogían las fresas de las montañas, los frutos de los árboles, las moras de los zarzales, las bellotas que caían de las encinas.

La primavera era eterna. Soplaban suaves brisas que acariciaban las flores, nacidas sin semilla. La tierra sin labrar producía cereales, y se llenaban los campos de espigas llenas de grano. Fluían ríos de leche, de néctar, de miel, que goteaba de las encinas.

Júpiter venció a Saturno y lo precipitó al tenebroso Tártaro. Entonces llegó la edad de plata. La primavera fue más breve porque el año se dividió en cuatro periodos: invierno, verano, otoño y la fugaz primavera. Hizo por primera vez frío y calor. Los hombres se refugiaron en las cuevas, tuvieron que sembrar los campos y hacer trabajar a los bueyes.

Después llegó la edad de bronce, mucho más cruel. Pero la última la superó en mucho: es la edad de hierro. Desaparecieron la bondad, la verdad, la honradez; llegaron los engaños, la violencia, el ansia de poder. Se cortaron árboles para hacer barcos que llevaran a los hombres a otros lugares. La tierra que antes era de todos, como el aire y como el sol, se dividió en partes. Le exigían abundantes cosechas, la excavaron para llegar a sus entrañas y sacar tesoros. Apareció el hierro, tan dañino, y el oro, mucho peor, y con ellos, la espantosa guerra. Se vive del robo, nadie puede fiarse ya de nadie; ni tan siquiera entre hermanos hay acuerdo siempre. El marido trama la ruina de su mujer, y ésta la de su marido; el hijo pregunta antes de tiempo la edad que ya tiene su padre. No hay piedad; la tierra está empapada de sangre.

Tampoco el cielo se vio libre de guerra, porque los Gigantes quisieron apoderarse de ese reino, y Júpiter libró con ellos una espantosa batalla que ganó gracias al poder del rayo.

Licaón

El dios de los dioses, Júpiter, recorre la tierra en figura humana para ver si es cierta la noticia que le ha llegado de los innumerables delitos que cometen los hombres. Un día, cuando el crepúsculo estaba acabando y arrastraba ya a la noche, llegó a la casa del tirano Licaón, en Arcadia.

El propio Júpiter había extendido la noticia de que iría a esas tierras un dios; la gente, atemorizada, rezaba. Pero el malvado Licaón se reía de ellos; les dijo que él haría una prueba para averiguar si el recién llegado era un dios o no. Pensaba darle muerte cuando durmiese; pero no contento con ese plan, coge a un enviado de los molosos, una nación vecina, lo degüella, tuesta algunos de sus miembros, otros los hierve, y se los sirve a Júpiter. En el momento en que esa nefanda comida llega a la mesa, el dios hace que se desplome la casa que tan terrible hospitalidad le daba y descarga su ira y su castigo sobre Licaón. Aterrorizado, el tirano huye al campo: su ropa se transforma en pelo, sus brazos en patas; no puede hablar, da aullidos. La rabia de su alma le sale a la boca y mata a dentelladas al ganado: es un lobo, conserva el mismo pelo cano, el mismo brillo feroz en los ojos; es tan salvaje como antes.

El diluvio

Júpiter acabó con la rebelión de los Gigantes, que querían apoderarse de su reino celestial y habían amontonado montañas para llegar hasta los astros. Con los rayos que le forjó Vulcano y sus ayudantes, los Cíclopes, en su fragua, resquebrajó los montes e hizo que se desplomaran sobre los feroces y monstruosos rebeldes. La Tierra, empapada con la gran cantidad de sangre de esos hijos suyos, dio vida al líquido caliente y lo convirtió en figuras humanas para que no quedara ni rastro de la raza de los Gigantes. Pero los descendientes no fueron mejores: la ferocidad de la sangre heredada se tradujo en crueles guerras, en espantosas carnicerías.

El padre de los dioses, al verlo, se enfureció muchísimo. Convoca la asamblea de los dioses. Acuden todos a la morada de Júpiter, el gran Tronador –suyos son los rayos y truenos–, por la Vía Láctea, un camino celeste de blancura resplandeciente. Se sientan en el palacio de mármol esperando lo que quería decirles el todopoderoso Júpiter. Él toma asiento en un lugar superior, se apoya en su cetro de marfil y, furioso, agita tres o cuatro veces su largo cabello, de tal forma que tiemblan el mar, la tierra y los astros. Les cuenta su indignación contra el género humano, les habla de sus sangrientas acciones. Ha decidido acabar con él y pronuncia la fórmula del juramento divino: «Lo juro por los ríos infernales que fluyen bajo la tierra en el bosque sagrado de la Estigia». Ya no puede volverse atrás. Les cuenta lo que le sucedió con Licaón, ¡a él!, ¡a él, que tiene el rayo, que es tan poderoso que los gobierna a todos ellos! La asamblea de los dioses está indignada y le exige a gritos el castigo para quien se había atrevido a tanto, aunque les duele también la pérdida del género humano. ¿Qué aspecto tendrá la tierra sin hombres? ¿Se la va a entregar a las fieras? ¿Quién los adorará a ellos? ¿Quién llevará incienso a los altares? Júpiter los tranquiliza; él se ocupará de todo. Está pensando en una raza distinta a aquélla y que surgirá de una forma prodigiosa.

Iba ya a lanzar sus rayos para destruir al género humano, pero tuvo miedo de que el incendio llegase al éter y ardiese el eje del mundo. Se acordó además de que el destino había decretado que, un día, el mar, la tierra y los cielos arderían y que todas las criaturas del mundo se verían en una situación gravísima. Guarda, por tanto, los rayos, y decide aplicar un castigo distinto: la lluvia abundante.

Encierra en las cuevas de Eolo, rey de los vientos, a aquellos aires que hacen huir las nubes y suelta al Noto, de alas húmedas y rostro cubierto de negra oscuridad. Tiene este viento la barba cargada de lluvia; en su frente descansan nubes, mana agua de sus blancos cabellos; sus alas y vestido destilan humedad. Con sus manos aprieta los nubarrones, que se deshacen en lluvia que cae del cielo; retumban los truenos. Iris, vestida de muchos colores –nosotros la llamamos arco iris–, lleva alimento a las nubes para que siga lloviendo.

Neptuno, el dios del mar, llama a los ríos en ayuda del cielo; les dice que dejen manar las fuentes, que suelten todas las riendas a sus corrientes. Golpea él con su tridente –su cetro de tres dientes– la tierra, que se estremece, y así se abren paso las aguas. Se desbordan los ríos, se va cubriendo toda la tierra con las aguas, que se llevan árboles, sembrados, animales, hombres, casas; y si alguna queda en pie, la ocultan. Todo es ya mar, y el mar no tiene orillas.

Los hombres que intentan salvarse reman donde antes araban; uno navega por encima de los tejados de su granja sumergida; otro coge un pez en la copa de un olmo. Donde antes pastaban las cabras, ahora hay focas. Los delfines ocupan las selvas, dan saltos por entre las ramas altas y chocan contra los robles. Las aguas se llevan al lobo entre las ovejas, leones y tigres, ciervos y jabalíes; de nada les sirven a estos animales sus patas, y tampoco las alas al ave, que, al no poder posarse en tierra alguna, cae al mar. Las olas arrastran a casi todos los mortales; otros mueren de hambre.

Deucalión y Pirra

Sólo el monte Parnaso sobresale de las aguas. Allí llegan Deucalión y su esposa, Pirra, en una pequeña barca. Deucalión era un hombre bueno, justo, respetuoso con los dioses, lo mismo que su mujer.

Cuando Júpiter ve que una sábana líquida cubría el mundo como si fuera un estanque, y que sólo quedaban un solo hombre y una sola mujer, inocentes y piadosos los dos, dispersó los nubarrones, hizo con el viento seco, el Aquilón, que cesaran las lluvias y mostró la tierra al cielo. Neptuno apacigua también las aguas y ordena a su hijo, el azul Tritón, que sople en su concha sonora la señal de retirada a olas y ríos. Obedecen todos: los ríos vuelven a sus cauces, el mar ya tiene orillas. Poco a poco va apareciendo la tierra, se van ensanchando los parajes al bajar las aguas. Se había recobrado el mundo.

Deucalión, al ver las tierras vacías y en profundo silencio, al darse cuenta de que no han sobrevivido más que ellos dos, habla a su mujer, unida a él también ahora por los peligros; le confiesa su miedo, todavía no está seguro, ve nubes oscuras aún, le pregunta qué hubiera sido de ella si él hubiese también muerto, porque si no la tuviera a su lado, él se hubiera lanzado al mar. ¡Cuánto le gustaría devolver la vida a la tierra! Pero sólo quedan ellos dos como restos de la estirpe mortal, únicos ejemplares de la humanidad. Los dos, desconsolados, lloran.

Deciden ir a pedir auxilio a los dioses y acuden al templo de Temis, la diosa que predice lo que va a ocurrir. Los tejados del santuario estaban cubiertos de musgo sucio, sus altares no tenían fuego: eran las huellas del paso de las aguas. Se arrodillan, le ruegan a la diosa que les diga cómo podrían reparar la pérdida de su raza y le piden clemencia para el mundo sumergido. La diosa se conmueve con su súplica y les dice unas palabras misteriosas: «Alejaos del templo, cubríos la cabeza, desatad vuestras ropas y echad a vuestra espalda los huesos de la gran madre». Nada dicen ambos durante un buen rato, hasta que Pirra se atreve a confesarle a la diosa que no puede ultrajar la sombra de su madre tirando sus huesos. Pero los dos vuelven a meditar sobre las oscuras palabras, les dan vueltas, hasta que Deucalión se da cuenta de que «la gran madre» es la tierra y de que, por tanto, sus huesos son las piedras.

Sin estar del todo seguros de esta interpretación, deciden probarlo. Se alejan del templo, cubren sus cabezas, desatan sus túnicas y tiran por encima del hombro las piedras. Éstas se ablandan lentamente y toman forma. Con el paso del tiempo, crecen y se parecen en algo a la figura humana; son como estatuas a medio hacer. Lo que en aquellas piedras era tierra o algo húmedo se convierte en carne y forma el cuerpo; lo sólido pasa a ser huesos; lo que era vena se queda en vena. Así en poco tiempo, por voluntad de los dioses, las piedras que las manos del hombre habían lanzado se convirtieron en hombres, y las que había tirado la mujer, en mujeres. Por eso, porque nacimos de piedras, somos una raza dura, que soporta los trabajos, las penas.

La misma tierra creó a los demás animales con sus distintas formas al calentarse la humedad con el ardor del sol; las semillas fértiles de la naturaleza, alimentadas por el suelo fecundo, dieron fruto en esas formas diversas. También en los márgenes del Nilo, cuando el río de las siete bocas abandona los campos inundados y vuelve a su cauce, y el barro que ha dejado se calienta con el sol, los labradores encuentran muchos animales; algunos están naciendo aún, otros no están acabados de hacer, y a menudo una parte de su cuerpo ya tiene vida y otra es tierra todavía, porque todo nace de la mezcla de la humedad y el calor. Aunque el fuego sea enemigo del agua, la fusión de estos dos contrarios forma la vida. Así, al calentarse con el sol el lodo que el diluvio había formado en la tierra, nacieron las nuevas criaturas, algunas con formas que ya existían, otras con nuevas.

Aunque la tierra no hubiera querido que ocurriera, nació también una serpiente espantosa, desconocida antes, la gigantesca Pitón, que tenía aterrorizadas a las recientes poblaciones. La mataría Apolo con sus flechas; se quedó su aljaba casi vacía. El veneno de la enorme serpiente, que ocupaba un inmenso espacio en la montaña, se escapó por las negras heridas. Fue la primera hazaña del dios flechador.

Dafne

Apolo, el Sol, orgulloso de su victoria sobre la serpiente Pitón, vio a Cupido, el dios del amor, que doblaba su arco al tirar de la cuerda y le dijo que un niño como él no tenía que manejar las armas de los valientes, que se dedicara a encender el fuego de las pasiones amorosas; el arco era cosa suya, que podía matar a monstruos como la enorme serpiente de vientre venenoso. Cupido, hijo de Venus, ofendido por la prepotencia del flechador Apolo, antes de marcharse volando a la cumbre del Parnaso, le amenazó: «Aunque tu arco pueda acabar con las fieras más temibles, el mío te va a atravesar a ti».

Cupido tiene dos tipos de flechas: las de oro, de afilada punta, enamoran; las de plomo, romas, crean repulsión.

El dios clava una de plomo en una bella ninfa, Dafne, al mismo tiempo que atravesó con una de oro a Apolo hasta llegar a las médulas de sus huesos. Desde ese momento, el dios queda profundamente enamorado de la ninfa, mientras ella huye de él.

Dafne despreciaba a todos sus pretendientes, vivía feliz en lo más profundo de los bosques; sólo una cinta sujetaba sus desordenados cabellos. Apolo siente que su corazón arde como la paja, se incendia como los campos por el fuego de una antorcha que un caminante abandona al hacerse de día. Quiere a la ninfa, la esperanza alimenta su amor estéril; se engaña con sus propios oráculos porque él, que predice el futuro, no ve el de su amor. Ve los cabellos desaliñados de Dafne y quiere peinárselos; ve sus ojos resplandecientes, ve su boca, que quiere besar; pero ella huye veloz como el viento y no se detiene a sus ruegos. Él la llama, le dice:

«Ninfa, por favor, párate; no huyas como la cordera del lobo, como la cierva del león, como las palomas del águila. No soy tu enemigo; te sigo llevado por mi amor. No vayas a caerte, no vayas a hacerte daño con las zarzas; no corras tanto, por favor; yo te seguiré también más despacio. Pero tienes que saber que yo no soy un pastor; soy hijo de Júpiter. Por mí se revela lo que va a ser, lo que es y lo que ha sido; por mí suenan armoniosamente canto y música. Mis flechas son poderosísimas, pero más lo ha sido la que ha herido mi corazón por primera vez. He inventado la medicina, sé el poder de las hierbas; pero de nada me sirve mi saber para curar la herida que el Amor me ha hecho».

Dafne no le deja acabar, huye aterrorizada. Corre, corre; la brisa mueve sus vestidos y sus cabellos. El viento ciñe su cuerpo y realza su belleza. El joven dios la persigue como el perro a una liebre: él busca la presa, ella quiere salvar la vida. Con el hocico el perro la roza, y la liebre, con un nuevo esfuerzo, se salva de la boca de su perseguidor que estaba a punto ya de apresarla. Así corren el dios y la ninfa. A él el amor le da alas; ella siente ya su aliento en la nuca, está agotada. Vencida por el cansancio, sus últimas fuerzas las transforma en palabras que dirige a su padre, el río Peneo: «Por favor, padre, ayúdame; si los ríos tenéis poder divino, cambia esta figura mía que ha gustado demasiado».

En cuanto acaba su ruego, un pesado torpor paraliza sus miembros. Una delgada corteza empieza a envolver su figura; sus cabellos se transforman en hojas; sus brazos en ramas; sus veloces pies en raíces inmóviles; su cabeza en copa de laurel: es ya un árbol bellísimo.

Apolo, también llamado Febo, apoya su mano en el tronco y siente cómo tiembla aún el pecho debajo de la corteza; la quiere aún, abraza sus ramas, besa la madera; se apartan todavía de él. El dios toma una decisión: «Puesto que no puedes ser mi esposa, serás mi árbol. Siempre te llevarán mi cabellera, mi cítara, mi aljaba. Los triunfadores de los juegos a mí dedicados se coronarán contigo. Tus ramas, como mi cabellera, llevarán siempre hojas».

Y el laurel agitó la copa como si asintiera con la cabeza.

Io

El río Peneo, padre de Dafne, tiene su morada en una cueva que hay en una escarpada roca, desde donde se precipita hacia el valle el agua de su corriente con un ruido atronador. Allí manda sobre las aguas y sobre las ninfas. Con él se reunieron los ríos vecinos, que no sabían si felicitarle o consolarle por el destino de Dafne. Pero faltó Ínaco; estaba escondido en lo más hondo de su cueva, llorando y aumentando su caudal: no sabía dónde estaba su hija Io.

Júpiter había visto a la hermosa ninfa, que volvía de ver a su padre, y la había invitado a ir con él a la profundidad del bosque y así resguardarse de los rayos del sol; él, el dios que mandaba sobre los dioses, le brindaba protección de las fieras… y dulces abrazos. Para que no les vieran, cubrió la tierra con una densa niebla.

Juno, la esposa de Júpiter, se asombró al ver que unas nubes creaban la noche en medio del día; no las formaba ni la humedad del río ni la de la tierra. Y sospechó del engaño del dios. Hizo disipar las nieblas y descubrió… una bellísima ternera blanca. Júpiter, al verse descubierto y para proteger a Io, la había transformado en ese animal. Cuando Juno le pregunta por el origen de la vaca, admirada por su belleza, su esposo le asegura que ha nacido de la tierra. Cuando se la pide como regalo, él no tiene más remedio que dársela, si no sospecharía. Juno buscó un guardián excepcional: Argos, que tenía la cabeza rodeada de cien ojos; turnándose, dos de ellos dormían mientras los otros vigilaban, así siempre miraba a Io aunque estuviera de espaldas. La deja pacer de día, pero de noche la encadena; Io come hojas y amarga hierba, bebe en ríos cenagosos, duerme en tierra. Intenta pedir clemencia a su guardián, pero le salen mugidos que la asustan a ella misma; ve sus cuernos en las aguas del Ínaco, su padre, y huye espantada de su propio cuerpo.

El anciano río le daba hierbas al hermoso animal sin saber que es su querida hija, ella le lame las manos, pero no puede decirle nada: no puede articular palabras. Con su pata, en el polvo, le cuenta su metamorfosis; su padre la abraza desesperado; no puede además matarse para acabar con su terrible dolor al ver a su hija transformada en una vaca, porque es un dios y tiene cerradas las puertas de la muerte. Argos, el guardián, vendrá a separar a padre e hija y se la llevará a pastos alejados del río.

Júpiter no puede soportar más ver el sufrimiento de Io; llama a su hijo Mercurio y le ordena que mate a Argos. El dios se calza las alas en los pies, se cubre el cabello, coge la varita que da sueño y baja a la tierra. Al llegar, se quita alas y sombrero y, como si fuera un pastor, con la vara conduce unas cabras y va tocando un caramillo. El guardián de Juno, atraído por su música, le invita a sentarse con él: la hierba es buena para el ganado; la sombra es agradable para los pastores. Mercurio se sienta con él, es maestro de la charla; con sus agradables palabras llena las horas y con la música de su zampoña intenta adormecer los ojos vigilantes. Muchos de los ojos de Argos se dejan vencer por el agradable sopor, pero otros todavía velan. Y el guardián le pregunta al elocuente dios cómo se había inventado el instrumento que creaba tan dulce música. Mercurio le cuenta la historia de Siringe.

Era una náyade bellísima que vivía en los montes helados de la Arcadia. La vio el sátiro Pan, el dios pastoril que tiene cuernos y patas de macho cabrío, y va coronado de hojas de pino; quiso hablarle, pero la ninfa, sin querer oírle, huyó hasta que su carrera quedó frenada por un río. Allí pidió a sus transparentes hermanas –las Náyades– que la transformasen para salvarse del dios que la perseguía. Cuando Pan cree coger a Siringe, aprieta unas cañas en vez del cuerpo de la ninfa; y al suspirar en ellas, el viento, que vibra en su interior, crea un débil sonido que parece un lamento. El dios, al oír la dulzura de la música, juntó con cera cañas de distinta longitud y creó la zampoña, que en griego lleva el nombre de la ninfa. «Así siempre hablaré contigo», le dice a ella.

La historia de Siringe lleva el dulce sueño a todos los ojos de Argos. Mercurio los acaricia con su varita y, mientras el guardián cabecea, vencido, le corta con su espada curva la cabeza. La noche se adueña de sus cien ojos.

Juno los recoge y los coloca en la cola de su ave, el pavo real, y la llena así de estrelladas perlas. Su venganza recae sobre la pobre vaca; una espantosa Furia la hace huir despavorida por el mundo, sin descanso, hasta que llega al Nilo. En la orilla del agua, dobla sus rodillas, y con sus mugidos, mirando hacia el cielo, parece que le dirige sus lamentos.

Júpiter abraza a su esposa Juno y le promete que nunca más la disgustará por causa de la ninfa –y lo dice para que lo oiga la laguna Estigia–, pero que, por favor, deje ya de castigarla. La diosa se calma, y, al momento, Io ve cómo va recobrando su cuerpo la antigua forma: desaparecen los cuernos, se le estrecha la boca, vuelven a formarse hombros y manos. La ninfa se levanta ya sobre sus dos pies, pero teme hablar por si le salen mugidos en vez de palabras; lentamente vuelve a ensayar el habla.

Dio a luz a un hijo, Épafo, y la adoraron como diosa los pueblos vestidos de lino, los egipcios, que le dieron luego el nombre de Isis.

Faetón

Faetón era hijo del Sol y de Clímene. Épafo, hijo de Io y de Júpiter, era compañero suyo. Un día, éste, harto de su vanidad, puso en duda que el dios fuera su padre, como Faetón pregonaba orgulloso. Avergonzado y furioso, el joven fue a decírselo a su madre. Clímene le juró y perjuró que su padre era realmente el Sol y le propuso que, si quería comprobarlo por sí mismo, fuera a verle a su palacio, que no estaba lejos de su país. Faetón así lo hizo y, por un difícil camino, llegó hasta él.

Vio el bellísimo palacio del Sol elevado sobre altas columnas, resplandeciente del oro, granates, plata y marfil que lo formaban. No pudo acercarse a su padre, que estaba sentado en un trono esplendoroso, porque no era capaz de soportar la luz que emanaba de su rostro. Tuvo que contestarle desde lejos al preguntarle el Sol sobre el motivo de su presencia.

Faetón le dijo que había ido a verle porque quería pruebas de que realmente era su hijo. El Sol, después de haberse quitado los rayos que rodeaban su cabeza, le abrazó tiernamente. Pero a él no le bastaba; tenía que mostrarlo a los demás. Le ofrece, entonces, darle el don que le pida como muestra de su paternidad y jura dárselo por la infernal laguna Estigia, fórmula que utilizaban los dioses para sellar su palabra. Faetón le ruega que le deje conducir durante un día el carro que él lleva, tirado por caballos de alados pies.

El Sol, al oírle, se arrepiente de no poder dejar de cumplir su promesa e intenta disuadirle. Lo que le ha pedido es algo que sobrepasa sus fuerzas mortales; ni los mismos dioses pueden gobernar el carro, ni tan siquiera el propio Júpiter, soberano del Olimpo, sería capaz de hacerlo. Sólo él, Febo, conoce el camino y sabe guiarlo. Hay que pasar entre las constelaciones, entre los cuernos del Toro y las fauces del León y los curvados brazos del Escorpión y del Cangrejo; los fogosos y violentos caballos que tiran del carro son además dificilísimos de manejar, sacan fuego por la boca y la nariz. Conducir el carro sería para Faetón un castigo en vez de un privilegio; puede pedir cualquier otra cosa; su padre, desesperado por su imprudente juramento, está dispuesto a dárselo todo... En vano escuchó el joven insensato y vanidoso las palabras de su padre. Deseaba cada vez con más fuerza llevar el carro y demostrar al mundo quién era.

Febo, al fin, lleva a su hijo ante el carro resplandeciente, de oro, de plata, de pedrería; espléndido, maravilloso. La Aurora abre las puertas de púrpura del palacio del Sol con sus atrios llenos de rosas, huyen las estrellas, y las Horas uncen al carro los caballos que vomitan fuego. El Sol unta con una crema divina el rostro de su hijo para que pueda soportar el fuego y le da los últimos consejos: hay que aguijar poco los corceles y sostener fuerte las riendas; le señala el camino preciso que ha de seguir sin desviarse lo más mínimo; le encomienda, por fin, a la Fortuna.

El joven insensato sube gozoso al ligero carro y coge las riendas. Los cuatro velocísimos caballos llenan el aire con sus relinchos y, al sentirse libres, se lanzan por los aires desgarrando las nubes con sus patas y elevándose con sus alas. Pero el carro no lleva el peso acostumbrado y salta por el aire; los caballos, al notarlo, se salen del camino, desbocados.

El pánico se apodera de Faetón. Intenta en vano frenarlos, está perdido, no sabe por dónde va. Por primera vez se calientan zonas siempre heladas. Mira hacia abajo, y le tiemblan las piernas, y se le nublan los ojos; se arrepiente ya de su loca pretensión; aterrorizado, no sabe qué hacer. Cuando ve al Escorpión con sus pinzas y su cola erguida, pierde el control de sí mismo y suelta las riendas. Los caballos, desenfrenados, se precipitan contra las estrellas fijas, llevan el carro por parajes remotos. Las zonas más altas del mundo empiezan a incendiarse; la tierra, reseca, se resquebraja; arden los árboles, los sembrados; se incendian las ciudades, las selvas, los montes; naciones enteras quedan calcinadas. El carro, al rojo vivo, está envuelto en nubes de cenizas, en humo, rodeado de tinieblas.

Fue entonces cuando se ennegreció la piel de los etíopes, y la Libia se convirtió en un desierto. Arden y se evaporan las aguas de los ríos; fluye fundido el oro que lleva el Tajo en su corriente; el mar se encoge, el océano es casi un campo de arena; tres veces Neptuno saca del agua su rostro amenazador y no soporta el fuego del aire. La Tierra, que apenas puede ya hablar por el calor, se dirige a Júpiter en un lamento desgarrador, pidiéndole que acabe con ella, si es su deseo, con sus rayos, pero que no la deje sufrir así, ni a las aguas y los mares, ni a los cielos; están a un paso de la confusión del antiguo caos. Júpiter blande su rayo –ya no le quedan nubes– y lo lanza contra Faetón, el osado auriga, que cae, con sus cabellos ardiendo, al río Erídano, describiendo en el aire un largo trazo como si fuera una estrella.

El Sol, desesperado por la muerte de su hijo, tardó un día en volver a salir. Los incendios iluminaron la oscura tierra. Los dioses tuvieron que rogar a Febo que no dejara así, cubierto de tinieblas, al mundo; el propio Júpiter se excusa de haber lanzado el rayo contra su hijo y le ruega también que vuelva a conducir su carro. El Sol reunirá sus caballos enloquecidos –Pírois, Eoo, Eton, Flegonte– y los golpeará, furioso, con el látigo, echándoles la culpa de la muerte de su amado hijo.

Las Helíades, hermanas del joven, lloran sin consuelo su muerte durante cuatro lunas –tres meses–. De pronto Faetusa, la mayor, ve que sus pies se quedan rígidos; Lampetie, al oír sus gritos, no puede ya acercarse a ella porque una raíz la fija en tierra, y la tercera, en vez de cabellos, se arranca hojas: los dioses las transformaron en álamos y permanecieron así a la orilla del río, donde cayó el cadáver humeante de su amado hermano.

Cigno, medio hermano de Faetón, llena de su desesperado llanto el Erídano y el bosque, que había aumentado con los cuerpos de sus hermanas, hasta que, lentamente, blancas plumas ocultan sus cabellos, su cuello se alarga, salen alas de sus costados y su boca es ya un pico: es un cisne y busca la superficie de los lagos y de los estanques.

Dicen que el canto del cisne es dulcemente triste.

Calisto

Júpiter revisa las murallas del cielo por si algún lugar ha sufrido daños por el fuego y puede derrumbarse. Al ver que están perfectas, mira la tierra y los desastres que viven los hombres. Le preocupa, sobre todo, su querida Arcadia. Le devuelve las fuentes y los ríos, que no se atrevían aún a fluir; da hierba a la tierra y hojas a los árboles, y ordena que las selvas recobren su verdor. Mientras hace todo esto, descubre de pronto a Calisto, una hermosa muchacha, que no se preocupaba ni de su cabello, sujetado sólo por una cinta, ni de su vestido, prendido sólo con un imperdible, porque lo que le gustaba era lanzar la jabalina y el arco; era la compañera más querida de Diana, la diosa de los bosques.

El sol había recorrido ya más de la mitad de su camino cuando ella se adentra en un frondoso bosque que nunca se había talado. Cansada, se quita del hombro la aljaba, destensa el arco y se tiende en el suelo. Júpiter, al verla sola y cansada, se le acerca; pero para que no huya, toma el aspecto de la diosa Diana y le pregunta dónde ha estado cazando. La muchacha la saluda con reverencia; Diana es para ella mayor en dignidad que el propio Júpiter. El dios se sonríe, ¡lo prefiere a sí mismo! Los abrazos que le da lo delatan; Calisto intenta en vano liberarse de ellos, nada puede hacer ante el dios de dioses. Júpiter regresará al cielo, y ella se marchará de aquel bosque odiado porque conoce su secreto.

Diana y su séquito la encontrarán; la ninfa no se atreve a acercarse a la diosa por miedo de que sea otra vez un disfraz de Júpiter, hasta que la presencia de las otras ninfas la tranquiliza. Avergonzada, ya no quiere estar al lado de la diosa.

La luna había cambiado nueve veces cuando Diana, cansada de cazar, encuentra un arroyo de aguas limpias escondido en la espesura del bosque. Toca con el pie las aguas y decide bañarse en ellas; invita a hacerlo a sus ninfas. Todas se despojan de sus vestidos, menos Calisto, que no quiere. Se lo quitan las demás, y queda patente su embarazo. Diana la echa de su lado y le ordena, enojadísima, que se vaya lejos.

Juno, que ya sabía de la infidelidad de su esposo, al ver que su rival había dado a luz a un niño, Arcas, furiosa, se venga brutalmente de la pobre muchacha. La coge por los cabellos y la tiende boca abajo: sus brazos empiezan a llenarse de crines negras, sus manos se curvan en forma de patas y acaban en uñas ganchudas, su boca se convierte en hocico, una voz aterradora sale de su garganta. Sólo permanecen sus sentimientos, y gime alzando sus patas al cielo. Vaga errante por la selva y pasa por delante de su casa y de sus campos; la persiguen perros; huye ella, la gran cazadora, de los cazadores. Olvidándose muchas veces de que era una osa, huye de los osos.

Ha pasado el tiempo. Su hijo Arcas tiene ya quince años. Caza en los montes, persigue a las fieras. Un día, se encuentra frente a frente con su madre; es decir, con una osa que le mira fijamente y que se le acerca. Él cree que va a atacarle y, para defenderse, está a punto de atravesarle el pecho con su lanza; pero Júpiter se lo impide. Un torbellino los arrebata a los dos y los lleva por el espacio hasta colocarlos como constelaciones en el cielo: son la Osa Mayor y el Guardián de la Osa, Arturo.

Juno, al verlos en el cielo, redobló su furia. Se fue a visitar a la abuela Tetis y al viejo Océano, y ante ellos dio rienda suelta a su rabia. «Otra posee el cielo en vez de mí», exclamaba. «La convertí en fiera y se la ha hecho diosa», añadía. Y les ruega que no reciban a los nuevos astros en sus aguas. Los dioses del mar se lo conceden. Por eso esas constelaciones no se sumergen nunca en el océano, están siempre visibles en alguna parte de nuestro cielo.

Coronis y Esculapio

En toda la Tesalia no había mujer más bella que Coronis. Apolo se enamoró de ella, y la joven aceptó gozosa los abrazos del dios.

El cuervo, ave de Apolo, que antes era blanco como la plata y tenía alas de nieve, se enteró de que Coronis no le había sido fiel al dios. Delator inexorable, se dirige a ver a su señor para contárselo. Le sigue la charlatana corneja porque le gusta enterarse de todo. Cuando el cuervo le cuenta el motivo de su viaje, intenta persuadirlo de que no lo haga. Le advierte de que no desdeñe los presagios de su lengua, que mire cómo es ella ahora y que recuerde lo que fue: la fidelidad la perdió. Le cuenta su historia.

Palas había puesto a Erictonio, niño nacido sin madre –porque nació de la tierra ateniense fructificada por el semen de Vulcano–, en una cesta de mimbre que confió a las hijas de Cécrope, rey que tenía medio cuerpo de hombre y medio de serpiente. No les dijo qué era y además les prohibió que miraran aquel secreto suyo. La corneja, escondida entre las leves hojas de la copa de un olmo, miraba lo que las muchachas hacían. Dos de ellas, Pándrosos y Herse, guardaron sin mirar la cestita; pero la tercera, Aglauro, las llama miedosas, desata los nudos de la cesta, y entonces las tres ven al niño y a un dragón tendido a su lado. La corneja fue volando a contar a Palas lo ocurrido, y la diosa, furiosa, la aleja de su lado y la sustituye por la lechuza, el ave de la noche.

Por ello le advierte al cuervo de que no se busque complicaciones hablando, diciendo lo que no debe. ¡Fue la propia Palas la que acudió a buscarla a ella y le dijo que vigilara! Pero luego no quiso oír lo que no hubiera querido saber. La corneja le cuenta después al cuervo quién había sido antes ella.

Era la bella hija del rey Coroneo; muchos ricos pretendientes aspiraban a su mano. Su belleza la perdió. Un día paseaba lentamente por la arena de la playa cuando la ve Neptuno, el dios de los mares, y se enamora de ella. Le confiesa su amor y le ruega en vano que la joven le haga caso; al ver su desdén, quiere abrazarla a la fuerza, y ella se escapa. Huye por la blanda arena hasta agotarse; grita a los hombres, pero nadie le oye; clama a los dioses, y Minerva la escucha y la socorre. Los brazos que tendía al cielo se cubren de negras plumas; quería quitarse el vestido de los hombros, pero el vestido era ya su plumaje y echaba hondas raíces en su piel. Quería golpearse el pecho con las manos, pero ya no tenía ni pecho desnudo ni manos. Corría, pero sus pasos ya no eran lentos al hundirse en la arena, rozaba la superficie del suelo, y en seguida nota que se remonta en el aire. Minerva la convirtió en su ave compañera. Hasta que por haberle dicho lo que había visto, la diosa la cambió por Nictímene, que fue convertida en lechuza por su espantoso crimen.

La corneja le pregunta al cuervo si no ha oído hablar de la hija del rey de Lesbos, que se enamoró de su padre y que fue por esa espantosa falta convertida en lechuza, que luego será el ave sagrada de Minerva. Como todavía tiene conciencia de su culpa, evita que la vean, huye de la luz, oculta su vergüenza en las tinieblas. ¡Por ella la ha sustituido la diosa! ¡Y todo por decirle a la diosa lo que no quería oír!

Pero el cuervo no hace caso a la corneja y desprecia sus avisos. Prosigue su viaje y va a contar a su señor que ha visto a Coronis abrazando a un joven.

Cuando Apolo oye la delación del cuervo, se le cae la corona de laurel, se le escapa de las manos la cítara y se le demuda el semblante y el color. Le hierve el corazón por la furia que siente, coge su aljaba y dispara una flecha certera a aquel pecho que tantas veces había juntado con el suyo.

Coronis, herida mortalmente, arranca el dardo de su cuerpo, y la sangre enrojece su bello y blanco cuerpo. En un último esfuerzo, le dice gimiendo al dios: «Hubiera podido, Febo, pagarte mi culpa, pero después de haber dado a luz; ahora somos dos los que morimos a la vez». Y derrama al mismo tiempo la sangre y la vida; el frío de la muerte invade su cuerpo, vacío de alma.

Tarde, ¡ay!, se arrepiente del cruel castigo el dios enamorado y se odia a sí mismo por haberse enfurecido, por haber escuchado al cuervo. Y al ave la odia todavía más por haberle obligado a saber la culpa que provocó su enfado, y odia el arco y la mano y las flechas. En vez de premiar al cuervo, como él esperaba, por su lengua verdadera, le quitó su lugar entre las aves blancas; su color negro es imagen del odio del dios.

Calienta con su cuerpo –es el Sol– el cuerpo frío de su amada Coronis, intenta vencer la muerte con un socorro que llega tarde, aplica en vano su saber médico. Cuando ve que todo es inútil, que ya le estaban preparando a la joven la pira funeraria y que el bello cuerpo iba a arder con el último fuego, gime desesperadamente, porque los dioses no pueden llorar, no pueden derramar lágrimas.

Febo no quiso que su hijo se convirtiera también en ceniza y lo arrebató de las llamas y del vientre de su madre. Llevó el niño a la cueva de Quirón, el sabio y virtuoso centauro –cuerpo y patas de caballo, busto, brazos y cabeza de hombre– para que lo educara. Llegaría a ser el más sabio médico de todos los tiempos, Esculapio, que incluso consiguió resucitar a Hipólito a ruegos de Diana. Zeus, su abuelo, tendría que fulminarlo con el rayo para que no siguiera violando la ley de la muerte ¡tanta era su sabiduría!

Ocírroe

El centauro Quirón educa, muy contento, al hijo de Febo. La hija del centauro y de la ninfa Cariclo, que nació a la orilla de un río impetuoso –por eso se llama Ocírroe, «la de la rápida corriente»–, al ver al niño, sintió el delirio de la profecía en su pecho. Ocírroe tenía los cabellos rojos, había aprendido de su padre las artes y era adivina. La voz del dios que tenía dentro le hace dirigir al niño, a Esculapio, estas palabras:

«Crece, niño salvador del mundo entero. Muchas veces los cuerpos mortales te deberán la vida, tú podrás incluso devolverles las almas que se les haya arrebatado. Una vez te atreverás a ello indignando a los dioses, y la llama de tu abuelo te impedirá que lo puedas hacer por segunda vez. De dios pasarás a ser cuerpo sin vida y, después de haber sido cuerpo, volverás a ser dios en el firmamento, te llamarán Ofiuco, "el que sujeta la serpiente"; serás una constelación, renovando así dos veces tu destino.

»Y tú, padre querido, que ahora eres inmortal, querrás poder morir cuando te atormente la sangre de la serpiente funesta, la hidra de Lerna, que habrá entrado en tu cuerpo, herido sin querer por la flecha de Hércules. Los dioses escucharán tu desgarrada súplica y dejarás de ser eterno para poder sufrir la muerte; entonces las tres diosas –las Parcas– soltarán los hilos de tu vida».

Aún le quedaba algo por profetizar –porque también los dioses llevarían a Quirón al firmamento, allí está, es el Centauro–, pero desde lo más hondo del pecho le salen suspiros, y lágrimas se deslizan por sus mejillas. Y con voz entrecortada dice:

«Los hados se me anticipan: se me prohíbe seguir hablando y me cortan el uso de la voz. ¡De qué me sirven estas artes si los dioses se enfadan conmigo! Preferiría no haber sabido el porvenir. Noto cómo me están quitando ya mi figura humana, me apetece ya comer hierba, siento el impulso de correr por los anchos campos: me estoy

transformando en yegua. ¿Por qué voy a serlo toda entera? ¡Tengo un padre de dos formas! ¿Por qué yo no?».

Su última queja ya casi no se entiende, son palabras
confusas y pronto no son ni palabras, tampoco parecía
relincho de yegua, sino alguien que imitaba a una yegua,
hasta que, por fin, son ya relinchos estremecedores. Mueve los brazos hacia la hierba, sus dedos se unen y una pe-
zuña enlaza sus cinco uñas en una sola de cuerno. Crecen
su boca y su cuello; sus rojos cabellos sueltos se transforman en crines; su largo vestido es ya su cola.

Bato

Un día, unas vacas sin guardián entraron en los campos
de Pilos en Mesenia. Las ve el dios Mercurio, hijo de
Maya, y con sus habilidades las atrae a unos bosques,
donde las oculta. Nadie se da cuenta del robo más que
un anciano, Bato. Guardaba los bosques y los pastos y las
manadas de espléndidas yeguas del rico Neleo. Mercurio, al darse cuenta, le ruega al viejo, poniéndole la mano
sobre los hombros, que si alguien va en busca de ese ganado, le diga que no lo ha visto, y le da como premio de
su silencio una hermosa vaca. Bato, contento por el regalo, le dice al dios que antes una piedra contará el robo
que él diga nada.

Mercurio finge que se va; pero al poco vuelve con la
voz y la apariencia cambiadas. Se acerca al viejo y le pregunta por las vacas; le dice que si le resuelve el misterio
del robo, le dará una vaca y un toro. Bato, al ver que gana
el doble, le revela dónde están.

Entonces Mercurio, riéndose, le espeta: «¿Me traicionas a mí en mi propio beneficio, pérfido? ¿A mí me traicionas para beneficiarme a mí mismo?». Y lo convierte en un duro pedernal, en una piedra de toque, ¡aunque ni la piedra merecía tal infamia!

Aglauro

Mercurio se eleva por el aire con las alas de sus sandalias y, volando, contempla la tierra ateniense, tan querida por Minerva, y las arboledas del cuidado Liceo. Aquel día las muchachas llevaban en la cabeza canastas llenas de flores y ofrendas sagradas a la diosa. Las ve el dios alado y, en lugar de seguir su camino, lo tuerce trazando en el aire una curva. De la misma forma que el rapidísimo milano, al ver los despojos de una víctima sacrificada, mientras el lugar del sacrificio está aún lleno de gente, va dando vueltas sobre él y no se arriesga a alejarse, y, ávido, vuela una y otra vez sobre la presa batiendo las alas, así Mercurio vuela en el aire en círculo sobre las muchachas.

En el cielo el lucero vespertino brilla mucho más que los otros astros, y más aún que él, la Luna; también sobresalía así la belleza de Herse, la hija de Cécrope, sobre la de las otras doncellas: ella era el centro espléndido de la procesión. El dios hijo de Júpiter queda preso de su hermosura y en los aires se abrasa por el fuego amoroso, de la misma forma que el plomo lanzado por la honda de Baleares vuela y se pone incandescente por el fuego que encuentra en las nubes. Mercurio deja de volar y desciende a la tierra sin cambiar de aspecto ¡tanta confianza tiene en su belleza! Pero se acicala: alisa su cabellera, se arregla la clámide –la capa corta– para que caiga con gracia y para que se vea bien el borde dorado que tiene, saca brillo a sus sandalias aladas para que reluzcan en sus pies tersos y lleva en la mano derecha el caduceo, la varita con que da y quita el sueño. Satisfecho de su aspecto, se dirige a la casa de Cécrope.

La parte más reservada de la casa tiene tres habitaciones decoradas con marfil y conchas, son las de las tres hijas del rey: Pándrosos ocupa la de la derecha, Aglauro la de la izquierda y la bellísima Herse la de en medio. Aglauro fue la primera en ver al dios y le pregunta quién es y a qué viene. Mercurio sin rodeos le dice que es el dios que lleva los mensajes de su padre Júpiter, que está enamorado de su hermana Herse y le pide también que le ayude en conseguir su amor. Aglauro le mira con los mismos ojos que poco antes habían visto el misterioso secreto de la rubia Minerva y le pide al dios mucho oro a cambio de su ayuda.

La diosa guerrera mira desde el cielo a la avara muchacha con sus ojos amenazadores y suspira con tanta fuerza que se estremece su pecho y el escudo –la égida, hecha con la piel de la cabra Amaltea– que lleva. Se acuerda muy bien de que esta mujer, sin hacer caso a su prohibición, miró qué había oculto en el cesto de mimbre que le había confiado y descubrió a Erictonio, el niño nacido sin madre. Y se da cuenta de que goza de una posición privilegiada, porque va a tener la confianza del dios y de su bella hermana y ve además que se va a hacer rica con el oro que le exige a Mercurio por su papel de intermediaria.

Palas toma una decisión y se dirige a la morada de la Envidia, sucia de negra sangre cuajada. Es una casa oculta en un hondo valle, a la que no llega viento alguno, sin sol, rodeada siempre de bruma tenebrosa, triste, donde hace un frío espantoso que entorpece el cuerpo. Al llegar allí, la temible diosa se detiene delante de la puerta, porque no le está permitido entrar en ella, y llama con la punta de la lanza.

Al golpe se abren las dos hojas de la puerta y se ve dentro la Envidia comiendo carne de víbora. La diosa aparta sus ojos de ella. La Envidia se levanta perezosamente de la tierra, deja a medio comer cuerpos de serpientes y avanza con paso perezoso. Al ver a Palas resplandeciente por su hermosura y sus espléndidas armas, gime y suspira hondamente. Los gemidos hacen que la diosa vuelva a mirarla. Tiene un rostro tremendamente pálido, un cuerpo demacrado, nunca mira de frente, tiene los dientes verdes de moho, su pecho del color de la hiel, su lengua empapada de veneno. Sólo se ríe de la desdicha y nunca duerme porque su continua inquietud la desvela: ve la felicidad de los hombres y se consume al verla; hace daño y se hace daño a la vez, ella es su propio suplicio.

Minerva, aunque la odia, le manda que emponzoñe con su veneno a Aglauro, a una de las hijas de Cécrope. Se lo dice con muy pocas palabras y huye en seguida, apoyando con fuerza su lanza en la tierra para alejarse de ella más rápidamente.

La Envidia mira de reojo cómo la diosa huye y, murmurando, se lamenta del éxito que espera a Minerva. Toma su bastón, cubierto de espinas, y, envuelta en negras nubes, emprende el camino de la casa de Cécrope. Por donde pasa, quedan pisoteadas las flores del campo y doblados los tallos de las amapolas, la hierba se agosta; con su aliento ensucia ciudades, pueblos, casas. Llega a Atenas y, al verla en paz, rica, próspera, apenas puede contener las lágrimas. Entra en la habitación de Aglauro y hace lo que le ordenó la diosa. Le toca el pecho con su mano mohosa, le llena el corazón de espinas que pinchan, le sopla un pestífero virus y difunde por sus huesos y esparce por sus pulmones un veneno negrísimo. Y para que la causa del mal no se extienda por un amplio espacio, le pone ante los ojos la imagen de su hermana Herse, del bello dios y de la felicidad que sienten ambos con su amor, pero todo se lo ofrece muy aumentado.

Aglauro sufre la mordedura del dolor oculto, está angustiada todo el día, gime y se consume lentamente, como el hielo que va derritiendo un sol inseguro. La felicidad de su hermana la devora por dentro como cuando se prende fuego desde abajo a un montón de plantas espinosas que, sin producir llamas, se van quemando lentamente. Muchas veces quiso morir para no ver esa felicidad que le mata; muchas otras estuvo a punto de contárselo a su severo padre para que castigara a la feliz Herse. Al fin, decide sentarse en el umbral del aposento de su hermana e impide el paso al dios.

Mercurio intenta convencerla con buenas palabras, incluso con súplicas; pero Aglauro, inflexible, le dice que no se moverá de ese sitio hasta haberle echado de la casa. Y el dios, al oírla, asiente, «que así sea» dice y con su vara celeste abre la puerta. Aglauro intenta levantarse, pero la articulación de su rodilla está rígida, no puede desdoblar la pierna porque una torpe pesadez se lo impide; el frío le llega hasta las uñas, y sus venas, sin sangre, pierden el color; del mismo modo que el cáncer, ese mal incurable, se extiende por el cuerpo y añade a las partes enfermas otras que estaban sanas, así ese invierno, ese frío mortal le llega poco a poco al pecho, en donde cierra el camino de la respiración y de la vida. No intentó hablar; pero si lo hubiera hecho, no hubiera podido porque su cuello era ya de piedra como lo era también su rostro. En el umbral de la puerta queda sentada una estatua, y no es de piedra blanca; el veneno de su alma la había vuelto negra.

Europa

Un día, Júpiter llamó a su hijo Mercurio para darle una curiosa orden: tenía que ir a Sidón –Fenicia– y llevar a la playa un rebaño de toros que pastaba en la montaña. Así lo hace. Allí, en esa playa, la hija del rey se divertía en compañía de otras jóvenes; pero esto se lo calla el dios.

Júpiter transforma su apariencia, deja su majestad y adopta la forma de un espléndido toro blanco, del color de la nieve no pisada, musculoso, de pequeños cuernos que brillan; se mezcla con los novillos, tiene un aspecto pacífico, no inspira temor alguno.

Europa, la hija del rey, lo ve y queda admirada de su belleza, de su apariencia tranquila. Primero no se atreve a tocarlo; pero lentamente se acerca a él y le da flores en la boca. El toro le lame las manos, da saltos en la hierba, se recuesta en la arena roja; ella se atreve ya acariciarle, a ponerle guirnaldas de flores en los cuernos. Engañada por su mansedumbre, jugando con él, llega a sentarse en su lomo; y entonces el toro se levanta, pasa de la arena al agua y se adentra en el mar con su preciosa carga. La muchacha se asusta, ve cómo se alejan de la playa; con una mano se apoya en el lomo del toro y con la otra se agarra a uno de sus cuernos. Sus ropas ondean con la brisa. En la isla de Creta, el dios recobrará su forma y le dirá quién es.

Cadmo

El padre de Europa, que no sabe dónde está y la busca vanamente por todas partes, manda a uno de sus hijos varones, Cadmo, que no regrese a su tierra si no la encuentra. El joven recorre todo el mundo sin hallarla, porque es imposible descubrir los engaños del dios todopoderoso. Desesperado, decide consultar el oráculo de Febo para saber dónde tiene que quedarse, porque no puede volver a su patria. El dios le anuncia que verá una vaca a la que nunca han puesto el yugo para el trabajo, que tiene que seguirla; y donde ella se pare a descansar, tiene él que construir unas murallas y fundar una ciudad.

No lejos de la cueva en donde mana la fuente Castalia, la dedicada al mismo dios Febo, llamado también Apolo, y a las Musas, ve una ternera que camina libre, sin señal de haber sido uncida al yugo. La sigue y da gracias al dios de que así le indique su destino. La vaca, pausadamente, avanza hasta un lugar de la Beocia, allí se arrodilla y tiende su costado sobre la hierba; sus mugidos llenan el aire. Cadmo besa la tierra escogida y manda a sus servidores que vayan a buscar agua para hacer un sacrificio a Júpiter.

Al lado había un frondoso bosque, cuyos árboles nunca habían sido talados, y en él hay una caverna de donde mana abundante agua. Pero en lo hondo se escondía una serpiente que tenía una cresta de oro; los ojos le brillan como fuego, tiene tres lenguas que vibran, tres filas de dientes, y su vientre está lleno de veneno.

Cuando los criados de Cadmo llegan a la cueva a buscar agua, la serpiente saca la cabeza con espantosos silbidos; quedan ellos aterrorizados, se les caen de las manos los recipientes y parece que sus cuerpos se quedan sin sangre. La serpiente desenrosca sus nudos y de golpe forma un arco inmenso que se alza en el aire; mira a los desdichados hombres y a unos los mata a mordiscos, a otros los ahoga con sus nudos; a otros los envenena la ponzoña de su aliento.

Cadmo espera, impaciente, el regreso de sus servidores. Cuando el sol está en su punto más alto, decide ir a buscarlos. Va cubierto con la piel de un león, lleva una lanza y una jabalina, y es muy valiente. Entra en el bosque y descubre con espanto los cuerpos de sus amigos y sobre ellos la enorme serpiente que lame las horribles heridas con su lengua llena de sangre. Levanta una enorme piedra y se la lanza con un gran esfuerzo; pero lo que hubiera derribado murallas no daña al monstruo, que tiene la negra piel llena de escamas como si fuera una coraza. En seguida le arroja la jabalina, que queda clavada en la curva de su espinazo; la serpiente, furiosa por el dolor que siente, se arranca con los dientes el asta clavada, pero el hierro le queda dentro. Los movimientos que la bestia hace con los anillos de su cuerpo parecen un río desbordado por las lluvias, derriba como él los árboles que encuentra. Cadmo alarga la lanza y se la clava en la boca espantosa que le amenaza; sólo consigue herirla levemente al primer golpe, y el veneno de su paladar empieza a regar las hierbas. Cadmo no ceja en su ataque y, por fin, consigue clavarle el hierro en la garganta; la serpiente, herida, retrocede hasta que una encina la detiene; Cadmo aprieta la lanza y la punta que sobresale ya de la cabeza del monstruoso animal se clava también en el árbol. Entonces, una voz misteriosa que no puede saber de dónde sale le anuncia al valiente guerrero que también él acabará siendo una serpiente.

Durante un largo rato no puede hacer nada, horrorizado. Pero se le aparece Palas, la diosa que le protegía, y le manda labrar la tierra y enterrar en ella los dientes de la serpiente. Cadmo la obedece; abre un surco con el arado y los esparce en él. Y de pronto los terrones empiezan a moverse: aparecen primero en el surco las puntas de unas lanzas, después cascos con penachos de colores, y, por fin, pechos, hombros y brazos armados; brota una cosecha de hombres con armas. De la misma forma que en el teatro, cuando se levanta el telón, van surgiendo las imágenes desde abajo, y se les ve primero la cara, después todo el cuerpo hasta que ponen los pies en el escenario, así surgieron los guerreros de la tierra.

Cadmo, al verlos, creyó que era un nuevo enemigo e iba a enfrentarse con ellos; pero uno le grita que no intervenga en una guerra civil y al momento él mismo ataca con la espada a uno de sus hermanos, mientras otro desde lejos le hiere de muerte con una jabalina. Todos los guerreros recién salidos de la tierra empiezan a luchar entre sí; sólo sobreviven cinco de aquellos jóvenes a los que les había tocado en suerte tan poco tiempo de vida. Uno de ellos arrojó las armas al suelo y pidió la paz entre hermanos. Esos cinco guerreros fueron los compañeros de Cadmo en la fundación de la ciudad de Tebas.

El joven se casó con Harmonía, hija de Marte y Venus, y tuvo muchos hijos. Pero siempre hay que esperar hasta el último día de la vida para poder llamar feliz a una persona. El destino de un nieto suyo, Acteón, le llenaría de dolor.

Acteón

El joven Acteón había pasado toda la mañana cazando con sus compañeros; la montaña estaba llena de la sangre de las muchas fieras que habían abatido. Era el momento en que el sol alcanzaba el centro del cielo, y hacía mucho calor; Acteón decide que es mejor seguir cazando al día siguiente y así se lo dice a los otros cazadores. Él empieza a adentrarse en la espesura de un monte que no conoce y llega a un valle lleno de pinos y de cipreses, consagrado a Diana. En su rincón más escondido hay una gruta rodeada de árboles, y en ella fluye un manantial de agua limpísima.

Diana, la diosa de los bosques, solía bañarse en esa agua después de una cansada jornada de caza. Ese día, al llegar a la gruta, entrega la jabalina, la aljaba y el arco a una de las ninfas de su cortejo; a otra le da el vestido, dos le desatan las sandalias y una muy hábil le recoge en un moño los cabellos. Varias ninfas cogen agua de la fuente cristalina y bañan su cuerpo.

En ese momento, Acteón, vagando por el bosque, llega al paraje. Las ninfas, desnudas, al ver a un hombre, gritan y rodean a la diosa para que no vea su cuerpo. Pero Diana es más alta que todas, les saca la cabeza; al darse cuenta de que el hombre la ve desnuda, sus mejillas enrojecen como las nubes cuando les da el sol de frente. Como no tenía más que agua a su alcance –las flechas estaban lejos–, la echó a la cara del joven diciéndole: «Ahora podrás contar que me has visto desnuda... si puedes contarlo».

A Acteón le empiezan a salir unos cuernos de viejo ciervo en la cabeza; el cuello se le alarga, sus orejas acaban en punta, sus manos se transforman en pies y sus brazos en largas patas, y su cuerpo queda cubierto de piel con manchas. Acteón, ya temeroso como el animal que ahora es, se ve en el agua y, cuando va a pronunciar un desesperado lamento, sólo le sale un balido; sus lágrimas corren por un rostro que no reconoce como suyo. No sabe qué hacer ni hacia dónde ir; pero mientras duda, llegan sus perros.

Uno de ellos, Melampo, el de las patas negras, ladra al verle y se lanza contra él; los demás lo siguen; Acteón en su forma de ciervo huye de sus propios perros por parajes por donde otras veces él perseguía a las fieras, por rocas y por peñascos, por caminos difíciles, por donde no hay camino. Quería gritarles que él era su dueño, que era Acteón, pero los ladridos acallan su voz de ciervo. Es inútil la huida; sus perros le alcanzan y le clavan los dientes.

Llegan sus compañeros siguiendo los ladridos de los perros y le llaman, como si él estuviera ausente; él, que sufre terriblemente, vuelve la cabeza; pero ellos comentan que, por sus ganas de descansar, se está perdiendo la cacería de tan buena presa. A Acteón ya le hubiera gustado que así fuera, que hubiera estado ausente; pero está allí, y ellos no pueden saberlo.

Dicen que la furia de Diana no se calmó hasta que vio que se le escapaba la vida a Acteón por las innumerables heridas que las dentelladas de sus propios perros le habían hecho.

Sémele

Una hija de Cadmo, Sémele, había sido seducida por Júpiter y estaba esperando un hijo. Juno, de nuevo furiosa por las infidelidades de su esposo, juró por la laguna Estigia que o ella no era hija de Saturno o el propio Júpiter causaría la muerte de la muchacha. Se pone manos a la obra. Se oculta en una nube dorada hasta llegar a casa de Sémele; toma la apariencia de la vieja nodriza de la joven; sus canas, sus arrugas y su paso vacilante no dejan lugar a dudas. Sémele cree realmente que está hablando con ella; charlan sobre todo lo que se les ocurre, y cuando la muchacha le habla de Júpiter, la falsa nodriza le expresa sus dudas: ¡Hay tantos que se hacen pasar por dioses para conseguir lo que quieren! Tendría que darle una garantía de que realmente es el dios de dioses, por ejemplo, abrazarla tal como es él en su apariencia magnífica de dios, igual que abraza a su esposa Juno. No hacen falta más mentiras, la joven está ya deseando hacer la prueba.

Cuando Júpiter va a ver a Sémele, ésta le dice que quiere pedirle una cosa, pero no le precisa cuál es. El dios está dispuesto a concederle lo que quiera y lo jura por la laguna Estigia. Sémele le repite lo que le ha dicho la astuta

Juno; el dios quiere cerrarle la boca antes de que sus palabras salgan, pero ya han huido por los aires. Hubiera querido no haber jurado y que ella no hubiese hablado, pero las dos cosas han sucedido ya. Tristísimo, sube al cielo; arrastra nubes, rayos, truenos, lluvias. Intenta quitarse parte de su grandeza, de su esplendor, de su gloria; coge el rayo menos poderoso; pero todo es inútil: el cuerpo mortal de la muchacha no resiste su presencia.

Júpiter, para salvar al niño, lo saca del vientre de su madre muerta y se lo cose en el interior de su muslo; allí el niño acaba de hacerse. Cuando nazca, lo criará su tía Ino y después las ninfas. Será Baco, un dios muy poderoso porque reina sobre las vides y el vino.

Tiresias

Un día que Júpiter estaba eufórico por el néctar que había bebido, se olvidó por un momento de sus preocupaciones y se puso a bromear con su esposa Juno, que también estaba muy alegre. Acaban hablando del amor y del placer que da a los dioses y a los mortales. Júpiter le dice que entre unos y otros quien goza más es la mujer, pero Juno opina lo contrario. Como ninguno de los dos podía dar fe más que de su propio placer, deciden preguntárselo al sabio Tiresias.

Tiresias sí podía saberlo porque había sido hombre y mujer. Paseando por el bosque, vio un día acoplarse a dos grandes serpientes y les dio un golpe con el bastón. Al momento se convirtió en mujer y lo fue durante siete años. Al octavo las volvió a ver del mismo modo, y otra vez las golpeó con el bastón recobrando su antigua condición de hombre.

Júpiter y Juno lo convierten en juez de la disputa lúdica. Tiresias dice sin dudar que tiene razón el dios, que es la mujer quien consigue un placer mayor. Juno, que no sabe perder, se disgusta más de la cuenta –¡estaban jugando!– y condena a noche eterna a los ojos de Tiresias. Júpiter no puede anular la obra de su furiosa esposa –ningún dios puede deshacer lo que otro ha hecho–, pero, para compensarle de la luz que no ve, le da la facultad de ver el futuro.

La fama del adivino ciego se extendió por toda Beocia.

Eco y Narciso

La gente iba a consultar a Tiresias porque sus respuestas eran siempre certeras. Una ninfa muy bella, la azul Liríope, tuvo un niño precioso, Narciso, y quiso saber si viviría muchos años. Tiresias le dijo que sí siempre que no se conociera a sí mismo. El tiempo daría luz a esa respuesta oscura, y de nuevo quedaría probado el don del adivino.

El bellísimo Narciso tenía ya dieciséis años. Todas las muchachas se enamoraban de él, pero el joven las rechazaba a todas. Un día, cazando ciervos, vio a Eco, una ninfa tan charlatana como bella. Júpiter, que lo sabía, la tenía como aliada suya, y ella entretenía con largas charlas a Juno mientras el dios se divertía con otras ninfas. Cuando la diosa se dio cuenta de su engaño, la castigó a que sólo pudiera repetir las últimas palabras que oyera.

Eco vio a Narciso y se enamoró perdidamente de él. Lo seguía sin que él se diera cuenta; cuanto más lo ve, más lo quiere; su corazón arde como el azufre cuando en la punta de las antorchas se le aplica la llama. Ya no puede hablar, pero sí repetir palabras. Narciso, al oír pasos, dice: «¿Hay alguien aquí?», y Eco responde: «Aquí». No ve a nadie y sigue gritando frases que le devuelve Eco. Llega a decir al aire: «Reunámonos», y Eco no sólo lo repite entusiasmada, sino que sale y se le acerca. Narciso huye de la ninfa, y ella, avergonzada por su desprecio, se esconde en el bosque y desde entonces vive en cuevas solitarias.

Pero su amor por el joven no desaparece y crece al mismo tiempo que su dolor por saberse rechazada; no duerme. Su cuerpo va adelgazándose hasta que sólo le quedan los huesos y la voz. Los huesos se transforman en piedra, por eso nadie la ve, pero todo el mundo la oye en los montes. Sólo un sonido vive en ella, el que le damos para que nos lo devuelva.

Como Narciso seguía despreciando a todo el mundo, una de las personas rechazadas deseó que amara igual que ella y que de la misma forma tampoco consiguiera al objeto de su amor, así sabría lo que era el dolor de amar sin ser correspondido. Némesis, la diosa de la venganza, escuchó este ruego.

En lo más hondo de la espesura, protegida del sol por los árboles, había una fuente de aguas limpísimas, donde nadie había ido a beber; ni tan siquiera los pájaros habían enturbiado su superficie. Un día, llegó a ese paraje Narciso, acalorado, sediento y cansado de cazar. Se acercó a la fuente para saciar su sed, pero de pronto le nació una sed mucho más intensa: había visto su imagen en el agua.

Cree que es un cuerpo lo que es sólo agua, no sabe que es un reflejo de sí mismo. Se queda inmóvil, como una estatua de blanco mármol de Paros; contempla casi sin aliento sus propios ojos, sus cabellos, sus mejillas lampiñas, sonrosadas, su rostro blanquísimo. Admira él sin saberlo lo que los otros habían admirado; se desea él mismo ignorándolo. Sumerge los brazos en el agua para abrazar el cuello que ve en ellas, pero desaparece entonces. Intenta en vano apresar una imagen que le huye, no sabe que es el reflejo de su belleza. Si se aleja, ella también lo hace; si se acerca, ella le imita.

Ni quiere ya comer ni puede ya dormir. Tendido en la hierba que rodea la fuente, no hace más que contemplar su propia imagen, enloquecido de amor por ella sin saber que él mismo es el que la forma. Se lamenta, desesperado, por desear algo que no puede alcanzar, pero que parece que tiene a su alcance; no le separan montañas de la imagen amada, sólo un poco de agua. La imagen está además ansiosa de sus abrazos porque tiende los brazos hacia él cuando él lo hace, le mira cuando él la mira, le sonríe cuando él le sonríe, llora cuando él no puede reprimir sus lágrimas, su boca le habla cuando él le dirige palabras de amor. Hasta que se da cuenta de lo que pasa: ¡Es él mismo! ¡Se ha enamorado de sí mismo! Y le gustaría separarse de su propio cuerpo para poder abrazarlo. El dolor le va debilitando, quisiera morir, pero no soporta pensar que su imagen también moriría. Se golpea el pecho desnudo con sus puños, y su piel blanquísima enrojece, como las manzanas o como las uvas no maduras que empiezan a tomar color rojo; al verlo, se consume aún más por el fuego que le devora. Su cuerpo se va fundiendo lentamente como la escarcha con el sol tibio del invierno. Eco, aunque siente todavía rencor por su desprecio, al oír su ¡ay!, lo repite. La última palabra de Narciso, antes de que su cabeza cayera desmayada por la muerte, fue un adiós para esa imagen adorada, que es la suya; y Eco también repitió: «¡Adiós!».

Baja al reino de las sombras y aun allí sigue mirándose en las aguas de la Estigia.

Los dioses transformaron su cuerpo en una bella flor amarilla con pétalos blancos, que se llamó como él, narciso.

Penteo

Al conocerse la suerte de Narciso, todos admiraron la certera predicción de Tiresias, cuya fama se extendió por toda Grecia. Sólo una persona se ríe de él, es Penteo, que también desprecia a los dioses. Se burla de su supuesta facultad y le compadece por haber perdido la vista, por las tinieblas que le rodean. El anciano Tiresias mueve la cabeza llena de canas y le dice:

«¡Qué feliz serías tú también si te vieras privado de la luz y no pudieras ver los ritos de Baco! Llegará un día –y auguro que no está lejos– en que vendrá un desconocido, Baco, el hijo de Sémele, al que también llaman Líber. Si no le honras construyéndole templos, te despedazará y extenderá tu cuerpo por mil sitios, y tu sangre manchará los bosques y también a tu madre y a las hermanas de tu madre. Sucederá así, porque no me vas a hacer caso y no honrarás a ese dios, y vas a lamentar que yo haya visto demasiado a pesar de las tinieblas que me rodean».

Penteo, furioso, lo echa de su casa.

El oráculo del adivino se cumple. Llega Baco, y los campos se llenan de gritos de borrachos. El pueblo y los nobles, los hombres y las mujeres, todos se juntan y se mezclan para celebrar las orgías de Baco, las bacanales.

Penteo les grita:

«¿Qué locura, tebanos, hijos de la serpiente, nubla vuestra razón? ¿Tanto pueden los platillos, las flautas y los engaños de la magia que aquellos a quienes no asustó la espada ni la trompeta ni los ejércitos enemigos se dejan ahora vencer por voces de mujeres, por tambores huecos, por la locura que produce el vino? Ancianos, vosotros que sufristeis largas y duras travesías por mares tormentosos, ¿ahora os dejáis cautivar sin lucha? Y vosotros, jóvenes que tendríais que empuñar las armas y no tirsos, esas varas con hiedras y parras; que tendríais que llevar casco en la cabeza y no ramas como ahora, ¡acordaos de vuestro origen y sed bravos como la serpiente de la que procedéis! Ella mató a valientes, echad vosotros a los cobardes y conservad la dignidad de vuestros padres. Si el destino quería que Tebas fuera destruida, ¡que lo sea por la guerra!, ¡que destruyan sus murallas la artillería y el fuego y las armas de los héroes! Seríamos así desgraciados sin culpa; lamentaríamos nuestra suerte, pero no la ocultaríamos; no lloraríamos avergonzados. Ahora, en cambio, Tebas va a ser destruida por un niño desarmado, un niño a quien no le gusta la guerra ni las armas ni los caballos, sino el cabello perfumado con mirra, las coronas blandas, las ropas bordadas de oro y de púrpura. Pero yo, yo solo, voy a enfrentarme a él –vosotros os apartais–, y le haré confesar que no es verdad que sea hijo de Júpiter y que sus ritos son inventos, son falsos».

Y al instante manda a sus criados que cojan al que él llama falso dios y que lo traigan encadenado.

Cadmo, su abuelo, y sus amigos intentan convencerle de que no lo haga, pero Penteo se enfurece todavía más con las advertencias, es como el torrente que fluye mansamente y sin ruido cuando nada se opone a su paso y, en cuanto troncos y piedras frenan su corriente, se llena de espuma y sus aguas rompen con furor contra lo que encuentran.

Sus criados vuelven ensangrentados y le dicen que no han visto a Baco, pero que han cogido a uno de sus seguidores y le entregan, con las manos atadas a la espalda, a uno de los primeros devotos del dios.

Penteo lo mira furioso y, aunque está impaciente por castigarle para que su muerte sirva a todos de escarmiento, quiere saber cómo se llama, quién es y por qué sigue al dios y practica sus ritos. El hombre le dice su nombre, se llama Acetes, y le cuenta su vida.

Acetes y los marineros tirrenos

Acetes nació en Lidia, era hijo de padres humildes. No heredó campos ni rebaños; su padre era pescador, con hilo y anzuelos cogía peces que saltaban al izarlos con la caña. Su oficio era su riqueza: es lo único que le dejó a él, y las aguas, sólo las aguas. Para no estar toda la vida junto a las mismas rocas, aprende el oficio de marinero. Sabe ya manejar el timón de un navío, conoce las estrellas, las moradas de los vientos y los puertos convenientes para los barcos.

Navegando, llega a la isla de Quíos. Pasa en la playa la noche; cuando la Aurora empieza a enrojecer, se levanta y manda a sus compañeros –que eran tirrenos o etruscos– que traigan agua y les indica el camino que lleva a la fuente. Él sube a una colina para ver desde allí lo que promete el viento y regresa al navío. Los marineros que habían ido a buscar agua regresan con un niño de extraordinaria belleza; parecía que no podía andar, se tambaleaba por el sueño que le vencía y por el vino que había bebido. Acetes mira sus ropas, su andar, su semblante: no parecía mortal. Y se lo dice a sus compañeros, él no sabe qué dios puede ser, pero está convencido de que es un dios. «Quienquiera que seas –le dice–, favorécenos y ayúdanos en nuestro trabajo, a mí y a todos éstos.» Dictis, el marinero que subía hasta las últimas antenas del navío y volvía a bajar más rápido que nadie deslizándose por las cuerdas, le dice a Acetes que se ocupe de él, que no pida favores en su nombre. Y lo mismo le dice el vigía de proa y el que marcaba el ritmo de los remos y todos los demás. Están pensando en el botín que conseguirán a cambio del bello niño.

Acetes quiere impedirles que suban al barco, pero Lícabas, que había sido desterrado de su tierra por un crimen que había cometido, le dio un puñetazo que le rompió la cara y le habría arrojado al mar si no hubiese quedado enganchado, sin sentido, a una cuerda. Los demás aprueban con gritos lo que había hecho. Pero el niño, que no era otro que Baco, como si con los gritos hubiera desaparecido su sopor, y como si volviera a su alma la lucidez de sus sentidos, les pregunta qué hacen, por qué gritan, quién le ha traído al navío, adónde piensan llevarle. Uno de los marineros le dice que no tema, que les diga adónde quiere ir y que allí le llevarán. Baco les contesta que a Naxos, que es su tierra, y que encontrarán allá hospitalidad. Los pérfidos marineros le prometen que así lo van a hacer y obligan a Acetes a largar las velas del navío.

A la derecha estaba Naxos, y Acetes dirige hacia allá las velas; pero los marineros, unos por señas y otros al oído, le obligan a que cambie el rumbo, que vaya a la izquierda. Acetes deja el timón porque no quiere ser cómplice del crimen que maquinan. Le acosan todos a gritos, pero uno de ellos, más atrevido, se hace cargo del timón.

Entonces el dios, burlándose de ellos, hace ver que sólo en ese momento se ha dado cuenta del engaño, mira el mar desde la popa y, fingiendo llorar, les dice:

«No son éstas las costas que me habéis prometido, marineros; no es ésta la tierra que os he pedido. ¿Qué os he hecho para que me castiguéis así? ¿Qué gloria vais a conseguir engañando a un niño, a un solo niño cuando vosotros, adultos, sois tantos?».

Acetes, al oírle, llora, y los marineros se burlan de él y del llanto del niño y reman con más fuerza. Pero de pronto se dan cuenta de que de nada sirve su esfuerzo: el navío estaba inmóvil en medio del mar como si estuviera varado en un astillero. Atónitos, los marineros siguen remando en vano, sueltan las velas, intentan correr con el doble impulso. Ramas de hiedra se enlazan a los remos e impiden su movimiento, sarmientos y pámpanos de vid cubren las velas con sus pesados racimos. El niño es ya

Baco, lleva la frente coronada de racimos de uvas, empuña una lanza a la que rodean hojas de vid, y a su alrededor descansan vanas apariencias de tigres, linces y panteras.

Los marineros, aterrorizados y enloquecidos, se lanzan al mar de un salto. El cuerpo de Medón, uno de ellos, fue el primero que se volvió negro y se redondeó en torno a su espina dorsal. Un compañero suyo, Lícabas, le iba a preguntar en qué monstruo se estaba convirtiendo, pero, al intentar hablar, tenía ya la boca muy ancha, la nariz ganchuda y su piel, dura, estaba recubierta de escamas. Un remero, que quiso volver a los remos que se le habían resistido, se da cuenta de que sus manos se encogen hasta quedarse convertidas en aletas. Otro, que quería alargar los brazos para agarrarse a las cuerdas, ve que ya no tiene brazos y, arqueando el tronco de su cuerpo, salta al mar; su cola tiene forma de hoz, como los cuernos de la media luna. Los marineros saltan alrededor del barco, lo salpican con el agua, salen una y otra vez a la superficie y vuelven a sumergirse, parece que juegan o que bailan, echan por sus anchas narices el agua que ha entrado antes: son delfines.

Habían sido veinte marineros, sólo quedaba Acetes. Aterrorizado, temblando, lo había contemplado todo. El dios lo tranquiliza y le dice que ponga rumbo a la isla de Naxos. Allí se hace seguidor del dios y de sus ritos.

Muerte de Penteo

Penteo, después de escuchar el relato de Acetes, ordena a sus esclavos que primero lo torturen con atroces suplicios y después que lo maten. Lo cogen y lo encierran en una mazmorra mientras preparan los crueles instrumentos para atormentarle, el hierro y el fuego, como les había ordenado su señor. Pero de pronto, maravillosamente, las puertas de la cárcel se abren por sí solas, y las cadenas caen de sus brazos sin que nadie lo libere.

Pero Penteo no ceja ni ante el prodigio y va él mismo donde celebran los ritos báquicos. De la misma forma que un caballo impetuoso, cuando oye la trompeta que indica el comienzo de la lucha, no puede estar quieto por las ansias de entrar en combate, así se excita Penteo al oír los cantos de las bacantes y los gritos que llenan el aire. Va a la llanura que hay en mitad de un monte, rodeada de espesura, desde donde puede verse el panorama, y contempla desde allí con ojos profanos los cultos.

Pero una de las bacantes lo ve, es su madre, y se lanza contra él en enloquecida carrera diciendo a gritos a sus dos hermanas: «¡Venid aquí, hermanas! ¡Ese jabalí enorme que vaga por nuestros campos, ese jabalí lo tengo que matar yo!». Y le lanza el tirso hiriendo a su propio hijo, al que no reconoce. Al instante toda la muchedumbre enloquecida se arroja sobre uno solo; todas lo persiguen y Penteo, aterrado, huye. Empieza a darse cuenta entonces de su error y suplica con palabras suaves. Malherido ya, ruega a su tía: «¡Ayúdame, tía Autónoe! ¡Que la sombra de Acteón calme tu alma!». Pero ella no sabe quién es Acteón y le arranca la mano derecha; la otra se la destroza la furia de Ino, también tía suya. El desgraciado ya no tiene brazos con los que suplicar y muestra los muñones a su madre, pero ésta no oye su grito desgarrado «¡Mira, madre!», sino que con un alarido se lanza sobre su cabeza y se la arranca, la alza luego con sus manos ensangrentadas y la muestra a sus compañeras chillando: «¡Mirad, compañeras. Ésta es nuestra victoria!». Como las hojas, tocadas por el frío del otoño y ya mal sujetas, se desprenden de la copa de un árbol cuando el viento empieza a soplar, así los miembros del cuerpo de Penteo son destrozados y esparcidos por aquellas manos enloquecidas por el vino.

Avisadas por este escarmiento, las tebanas ofrecen incienso a Baco, adoran sus altares y celebran los nuevos ritos del dios.

Píramo y Tisbe

Las hijas de Minias, las Minieides, están trabajando en su casa mientras todos los demás, enloquecidos por el dios Baco, por el vino que beben sin parar, se divierten. Ellas hilan, tejen, sirven a Palas. Para que el tiempo les pase más deprisa, cuentan relatos turnándose. La primera que tiene la palabra narra la historia de los frutos del moral, que antes habían sido blancos y, luego, manchados de sangre, ennegrecieron; es la historia de dos jóvenes bellísimos, Píramo y Tisbe.

En Babilonia, ciudad rodeada de murallas de ladrillo, vivían en dos casas vecinas Píramo, el más apuesto de los jóvenes de la ciudad, y Tisbe, bella entre las bellas. Se querían, pero sus padres se oponían a su boda. A escondidas, se hablan por señas, por gestos. El muro que separa sus casas tiene una pequeña grieta que nadie había visto en años; ellos, cuyo amor crece con la prohibición, la descubren –¡qué no verá el amor!–, y por la estrecha hendidura se hablan, se dicen palabras de amor. Maldicen la pared por separar sus cuerpos, porque impide que los besos lleguen a su destino; pero a la vez la bendicen por haberles dado esa rendija para que sus palabras vayan y vuelvan. Al llegar la noche, se despiden.

Al salir el sol, vuelven los dos a su lugar furtivo de charla. Deciden aprovechar la noche para burlar a sus guardianes y salir de sus casas y de la ciudad. Se citan junto a la tumba del rey Nino y planean esconderse bajo un árbol que allí hay; es un moral, que bebe el agua de una fuente próxima.

Aunque tarda para los dos, llega al fin la noche. Tisbe abre lenta y silenciosamente la puerta de su casa; tapada la cara para no ser reconocida, sale de la ciudad, llega al lugar convenido y se sienta bajo el moral. El amor la hace audaz. Pero una leona, que tiene el hocico manchado de sangre de los bueyes que acaba de matar, llega sedienta a la fuente. Con la luz de la luna, Tisbe la ve venir y, asustada, huye y se refugia en una cueva vecina. Al salir corriendo, se le cae un velo que llevaba en los hombros. La leona, después de beber, huele el velo y lo desgarra con la boca ensangrentada.

Píramo sale un poco más tarde de su casa. Al acercarse al lugar de la cita, ve en el abundante polvo huellas de una fiera, y su rostro se vuelve blanco del espanto; en seguida descubre el velo sucio de sangre: no tiene ya dudas de lo ocurrido. Desesperado por la muerte de Tisbe, sus lamentos se esparcen por el aire. Pide que las fieras le despedacen también a él. ¡Él fue quien tuvo la idea del encuentro nocturno en tal lugar! ¡Ella era la más digna de los dos de gozar de una larga vida! ¡Él, además, fue el último en llegar, la dejó sola en sitio tan peligroso! Como desear la muerte es de cobardes, Píramo coge del suelo el velo de su amada, lo abraza debajo del moral, donde hubieran tenido que reunirse, lo besa llorando y le dice: «Ten ahora un trago de mi sangre». Hunde la espada en su costado y, moribundo ya, con sus últimas fuerzas se la arranca. Tendido en el suelo boca arriba, la sangre salta hacia el cielo como el agua al reventarse un tubo de plomo. Los frutos del árbol, al salpicarles la sangre, se tiñen de oscuro, y la raíz, que también se empapa, les da el color rojo a las moras.

Al poco rato, todavía con miedo, regresa Tisbe porque no quiere fallar a su amado. Lo busca con los ojos y con el alma, está deseosa de contarle el peligro que ha pasado. Ve el árbol, pero casi no lo reconoce porque sus frutos tienen otro color. Dudando, ve de pronto un cuerpo tendido en el suelo ensangrentado; se queda pálida y toda ella se estremece como lo hace el mar cuando una leve brisa roza su superficie. En seguida se da cuenta de que es su amado, su Píramo; abraza su cuerpo desesperadamente, se mesa los cabellos, se golpea el pecho, llena de lágrimas la herida de su amado; la sangre se funde con el llanto. Besa el rostro amado, frío, sin vida, y le llama, le pregunta si no la reconoce, si no ve que es ella, su adorada Tisbe. Al oír su nombre, Píramo abrió una última vez sus ojos, y después de mirarla, los cerró para siempre.

Tisbe ve el velo lleno de sangre que él abraza y lo reconoce; ve la vaina de marfil vacía y se da cuenta de lo que ha ocurrido. Si él se ha matado por su amor con su propia mano, ella también hará lo mismo; su amor le dará también fuerzas para ello. Si sólo la muerte se lo podía arrancar, ni ella lo conseguirá. Pide, en un ruego que formula al cielo, a los desdichados padres de los dos un único favor: que no les nieguen compartir la sepultura. Y al árbol que en ese momento da sombra a un solo cuerpo, pero que pronto la va a dar a dos, le pide que conserve la huella de su desgracia, que dé siempre frutos negros, de luto, en recuerdo de la sangre de los dos, que va a unirse en la muerte. Tisbe coloca la punta de la espada debajo de su pecho y se deja caer sobre ella, que todavía estaba tibia de la sangre de su amado.

Los dioses se conmovieron con sus súplicas, y también sus padres. Sus cenizas descansan en una única urna; el moral dio desde entonces frutos negruzcos, del color de la sangre oscura.

Venus y Marte

Otra de las hermanas empezó su relato. Las otras dos escuchaban. Les narró los amores de Febo, el Sol. Él fue quien descubrió primero –es el Sol– el idilio de Venus, la bellísima diosa, con Marte, el dios de la guerra. Se fue a contarlo al esposo de la diosa, Vulcano, el feo y habilísimo herrero.

Al enterarse éste, se pone a forjar unas sutiles cadenas, redes y lazos invisibles, más finos que la tela de araña, que ceden al mínimo contacto, y con ellos rodea su cama.

Cuando Marte y Venus se reúnen en el lecho, quedan prisioneros por la sutil trampa del marido burlado. Vulcano, entonces, abre las puertas de marfil del aposento y hace entrar en él a los dioses; allí ven todos a los amantes abrazados y atrapados.

Se cuenta que los dioses se rieron con risa inextinguible y durante mucho tiempo no hicieron más que hablar de ello en el cielo.

Leucótoe y Clitie

Venus, llamada también Citerea, se vengará del delator y hará que se enamore a su vez perdidamente de una bellísima joven, Leucótoe. ¿De qué le sirve ahora al Sol, al hijo de Hiperión, sus rayos y su esplendor? Él quema la tierra con su fuego, pero ahora también él se abrasa por esa llama desconocida que es el amor. A veces, por mirar a la muchacha, sale antes, y otras tarda más de lo acostumbrado en sumergirse en el mar y alarga las horas del invierno; su luz, de pronto, se oscurece como su alma, y el eclipse asusta a los hombres. No es que la luna se le haya puesto delante, es el amor el que le da ese color.

En el cielo occidental, están los pastos de ambrosía que comen los caballos del Sol; se reponen así de su carrera diaria. Mientras los corceles pastan allí y la noche hace su turno, el Sol toma la forma de la madre de la joven, Eurínome, y va a su aposento, donde la ve hilar entre doce doncellas. Les dice a las sirvientas que quiere hablar a solas con su hija, y cuando ellas se marchan, le revela a Leucótoe quién es: es el ojo del mundo, el que lo ve todo y, gracias al cual, también la tierra puede verlo todo; él es el que mide la longitud del año. Después le confiesa su amor. La joven se asusta muchísimo, la rueca y el huso se le caen de las manos. Pero el dios recobra su forma, su espléndida belleza, y ella, vencida por su esplendor, acepta sus brazos sin decir nada.

Su hermana Clitie, al saberlo, se puso celosísima, porque ella también había probado los abrazos del dios, y la delata a su padre. El violento, feroz y despiadado Órcamo no escucha las súplicas de su hija, que intenta explicarle lo ocurrido y bárbaramente la entierra viva en una honda fosa, que cubre con arena. El Sol, al enterarse, con sus rayos intenta llegar hasta ella, abrirle un hueco para que pueda respirar; pero llega tarde, Leucótoe es ya un cuerpo sin vida. Dicen que Febo, el que rige la carrera de los caballos voladores, no sintió nunca tanto dolor –salvo con la muerte de su hijo Faetón– como al descubrir que sus rayos no podían devolver la vida a ese amado cuerpo helado. Cuando vio que el destino se oponía a sus vanos intentos, echó néctar sobre el hermoso cuerpo y le dijo entre lamentos: «Sin embargo, tocarás el cielo». Al instante, el cuerpo se deshizo y empapó la tierra con su aroma; unas raíces entraron lentamente en el suelo, y una vara de incienso surgió del túmulo.

Febo no quiso volver a ver a Clitie, que se consumía de amor por el Sol. La joven delatora se sentó en el suelo, sin peinar sus cabellos, y allí estuvo, fuera de la casa, sin comer ni beber, durante nueve días; sólo bebía el agua del rocío y de sus lágrimas. No hacía más que mirar al Sol y seguía su trayecto en el cielo. Poco a poco quedó pegada al suelo, sus miembros se convirtieron en tallos y hojas; su rostro en una flor que sigue siempre al Sol: es el girasol.

Hermafrodito

Le llegó el turno de contar una historia a la tercera de las hermanas. Va a narrarles por qué la fuente Sálmacis quita las fuerzas a los varones que beben en ella. Las Náyades habían criado a un hijo de Mercurio y Venus en las grutas del monte Ida. Al cumplir quince años, dejó esos parajes familiares en donde había vivido y se marchó a vagar por lugares desconocidos.

En Licia, descubrió un estanque de aguas transparentes, limpísimas, rodeado de hierbas siempre verdes. Vive en él una ninfa que no sabe cazar ni disparar con el arco ni coger la jabalina ni correr velozmente. Aunque sus hermanas le dicen que cace, no lo hace nunca; sólo le gusta peinarse los cabellos, bañarse en el lago, echarse sobre la hierba con un vestido transparente o mirarse en las aguas como si fueran un espejo para ver qué es lo que le favorece más, qué es lo que la hace más hermosa.

A veces coge flores, y estaba ese día precisamente cogiéndolas cuando vio a Hermafrodito, que así se llamaba el joven. Se arregla con más cuidado que nunca para parecer lo más hermosa posible y se le acerca. Alaba su belleza, le dice lo afortunados que son sus padres, y sus hermanos, si los tiene, por serlo, pero que más dichosa que nadie debe de ser su prometida, si existe. E incluso se atreve a decirle que, si todavía no tiene novia, ella puede serlo. El joven, que no sabe qué es el amor, enrojece, y el rubor lo hace más hermoso aún. Parecen sus mejillas fruta que cuelga de un árbol al que le da el sol o marfil teñido o la luna enrojecida por debajo de su blancura. La ninfa quiere abrazarle, besarle; pero él le amenaza con marcharse si sigue importunándole. Sálmacis se queda anonadada y le dice que puede quedarse, que ella se va. Pero sólo se esconde para seguir mirándole.

Hermafrodito, creyéndose solo, vaga por las praderas, se acerca al agua del lago y se moja los pies. Al notar el placer del agua templada, se desnuda para sumergirse en ella. Al verle así, los ojos de la joven centellean como el sol cuando se refleja en un espejo; apenas puede seguir escondida. Él se golpea el pecho con las palmas de las manos y se lanza al agua; nada con movimientos armoniosos y brilla como si fuera una estatua de marfil o blancos lirios que se cubrieran con cristal transparente. La Náyade, al verlo en el agua, se desnuda y se lanza también a ella, gritando: «¡Es mío! ¡He vencido!». En medio de las aguas del lago, lo coge, lo abraza; y aunque él se resiste, rechaza sus besos y lucha con todas sus fuerzas, la ninfa, que está en su elemento, puede con él, lo enlaza como si fuera una serpiente a la que un águila coge con su pico y lleva por los aires: colgando como está, traba las patas y la cabeza del águila y con la cola lo hace a las alas extendidas, como se enlaza la hiedra a los troncos de los árboles, y del mismo modo que un pulpo sujeta a su presa con los tentáculos. Nada puede hacer Hermafrodito. Entonces, así pegada a él, la Náyade ruega a los dioses que nunca se separen de como están.

Los dioses la escuchan. Los dos cuerpos se funden; de la misma forma que algunas ramas al crecer se juntan bajo una misma corteza, así se unen sus miembros. Ya no son ni un joven ni una muchacha, son los dos y ninguno de los dos. Hermafrodito, al ver que las aguas en las que se sumergió varón lo han hecho mitad hombre mitad mujer, ruega a sus padres, los dioses, que le ocurra lo mismo a aquel que toque esas aguas, que sus fuerzas se debiliten y salga medio hombre. Desde entonces, las aguas de la fuente tienen ese maleficio.

Las Minieides

Las tres Minieides acabaron sus relatos, pero siguieron trabajando, despreciando la fiesta del dios Baco. De pronto, se oyen unos tambores invisibles, flautas, bronces; huele a mirra y a azafrán. Los telares donde trabajaban las muchachas se vuelven verdes; unos tejidos se cubren de hojas de hiedra, otros se transforman en vides, y los hilos en sarmientos; de las telas brotan racimos de uvas, y su púrpura colorea las uvas. En la dudosa luz del día –no era día ni noche aún–, parece que tiembla la casa, se ilumina de un resplandor rojo, aúllan fantasmas de fieras feroces.

Las tres hermanas intentan esconderse, huir del fuego, de las extrañas luces, y mientras buscan las tinieblas, sus cuerpos se empequeñecen, una membrana une sus extremidades, sus brazos se encierran en unas delgadas alas que les permiten volar, aunque no tienen plumas. En las tinieblas no ven su metamorfosis; quieren gritar y les sale una mínima voz, débiles lamentos: son murciélagos. Odian la luz, vuelan de noche alrededor de las casas; no les gustan los bosques.

Ino y Atamante

Ino, hija de Cadmo, había criado a Baco, su sobrino, y, orgullosa, iba hablando por todas partes del poder inmenso del dios. Presumía de estar casada con Atamante, se envanecía de sus hijos. Juno, furiosa por el poder creciente de Baco, no soportó el engreimiento de su tía y decidió castigarla.

Hay un camino al que dan sombra funestos tejos, lleva a la morada infernal por mudos silencios. La perezosa laguna Estigia exhala allí sus nieblas, y por ese lugar bajan las sombras de los que acaban de morir y los espectros de los que han sido sepultados. El frío y la palidez invaden esos parajes escabrosos; las almas recién llegadas vagan por ellos porque no conocen aún el camino por donde se va al reino infernal y no saben dónde está el espantoso palacio del oscuro dios Plutón. La ciudad de los infiernos tiene mil entradas y puertas abiertas por todas partes; recibe todas las almas, de la misma forma que el mar recoge las aguas de los ríos de toda la tierra; de tal forma que no se nota cuando se le añade una multitud. Las sombras sin sangre vagan sin cuerpo y sin huesos; unas llenan la plaza, otras el palacio del rey, otras trabajan, como en su vida anterior, y otras sufren el castigo que han merecido.

Juno deja su morada celeste para adentrarse en el reino de las sombras, llevada por su odio y su deseo de venganza. En cuanto cruje el umbral con el peso del cuerpo de la diosa, Cerbero, el perro guardián de la entrada del Infierno, ladra por sus tres bocas. Juno llamó a las Furias, las tres hermanas, hijas de la Noche, que estaban sentadas delante de las puertas de acero de esa prisión; negras serpientes peinaban sus cabelleras. Ellas, al reconocerla, acudieron en seguida a través de las sombras de aquella espesa oscuridad.

En ese reino maldito está el gigante Titio, de enorme cuerpo, a quien animales le comen el hígado, que le va creciendo para que el tormento sea eterno. Está Tántalo, que tiene una sed espantosa; puede tocar el agua, pero cuando la va a beber, se le aleja; tiene un hambre insoportable, un árbol le ofrece espléndidas frutas que penden sobre su cabeza, pero al querer cogerlas, se le retiran. Sísifo está empujando eternamente una enorme piedra hacia la cima de un monte; pero al llegar, ésta rueda por la ladera de la montaña, y él tiene que volver a empujarla hasta la cima. Ixión va dando vueltas sin parar en la rueda en la que está atado, a la vez se persigue y huye de sí mismo. Las cuarenta y nueve Danaides, que, obedeciendo a su padre, se atrevieron a matar a sus esposos, que eran además sus primos, la noche de su boda, cogen incesantemente agua de la laguna Estigia para llenar en vano un tonel sin fondo.

Juno, al ver a Sísifo, les dice a las Furias: «¿Por qué sufre él un castigo eterno y, en cambio, su hermano, tan orgulloso como su mujer, me desprecia y sigue viviendo en un riquísimo palacio?». Les cuenta el motivo de su viaje, su odio, quisiera que la locura arrastrase a Atamante a cometer un crimen, desearía ver destruido ese palacio. Mezcla órdenes, ruegos, promesas. Una de las Furias, Tisífone, sacudió sus canos cabellos enmarañados, apartó de su boca las culebras para poder hablar y le dijo que lo tuviera por hecho, que cumpliría su deseo.

Regresó contentísima Juno al cielo, y antes de entrar en él, Iris, la mensajera de los dioses, la purificó con agua fresca para que no quedara rastro alguno de su presencia en el reino de las sombras.

La malvada Tisífone se pone un vestido rojo que chorrea sangre, se lo ciñe con una serpiente que se le enrosca en la cintura, coge una antorcha empapada también en sangre y se marcha del Infierno. La acompañan el Luto, el Pavor, el Terror y la Locura, que siempre hace muecas.

Llega a las puertas del palacio de Atamante, que se estremecen ante su presencia; sus dos hojas de madera de arce empalidecieron, y el sol huyó de aquel sitio. Ino y Atamante, al ver estos prodigios, quedaron aterrados y quisieron huir. La Furia les cierra el paso; extiende sus brazos llenos de víboras enroscadas, sacude sus cabellos que suenan por las serpientes que están enredadas en ellos: unas le caen por los hombros, otras se deslizan por el pecho dando silbidos, vomitando sangre podrida, disparando sus lenguas. Tisífone se arranca dos serpientes de los cabellos y se las tira a los dos. Recorren los regazos de Ino y de Atamante, no les hacen ningún daño en sus cuerpos, pero les echan su aliento pestífero y envenenan su alma. La Furia había traído un veneno, que había hecho mezclando espuma de la boca del perro Cerbero, veneno de Víbora, que era hija de la laguna Estigia, extrañas alucinaciones, olvido, crimen, lágrimas, rabia, deseo de muerte, triturado todo y disuelto en sangre reciente, que luego coció en una olla de bronce y fue moviendo con una vara verde de cicuta. Mientras Ino y Atamante están paralizados por el espanto, les echa el veneno en lo más hondo del pecho. Después da vueltas a la antorcha en círculos haciendo que el fuego siga al fuego. Cumplida su misión, regresa al reino de la muerte, y allí se quita la serpiente que le servía de cinturón.

En el palacio, Atamante, enloquecido, grita que acaba de ver una leona con dos cachorros, les dice a sus servidores que tiendan las redes en esa selva. Persiguiendo a la fiera, va detrás de su mujer que tiene a su hijo Learco en brazos; el niñito al ver a su padre, le sonríe y le tiende sus bracitos. Atamante, sin reconocerlo, lo coge, lo voltea en el aire como si fuese una honda y lo estrella sin piedad contra una roca. Ino, alucinada también por el veneno de la Furia, o por el dolor de lo que ha hecho su esposo, lanza alaridos espantosos, con el cabello suelto, huye con su otro hijo pequeño y grita el nombre de Baco, al que ella crió. Juno, al oírla, se ríe y le dice: «Que te sirva para eso el que tú criaste».

Ino llega al mar. Hay en él una roca socavada por las olas que se inclina por encima del mar abierto. Ino, llevada por su locura, se sube a ella y se lanza con su hijo al abismo. Las olas, por el choque, se llenaron de espuma.

Venus se compadece de los sufrimientos de su nieta y le pide a Neptuno, el dios del mar, que tenga lástima de madre e hijo, que los añada a sus dioses. Le recuerda que ella también nació de la espuma del mar, y por ello se llama en griego Afrodita, nombre que deriva de «espuma». Neptuno accedió a su ruego. Les quitó a los dos lo que tenían de mortales, les cambió nombre y figura: son ya los nuevos dioses marinos Leucotea y Palemón.

Las compañeras y servidoras de la reina Ino, al ver sus huellas al borde de la roca, la lloraron desesperadamente y reprochaban a Juno que quisiera extender el odio que tenía a Sémele a toda la familia. Juno, al oírlas,

las hizo víctimas también de su crueldad. La más fiel de ellas, que quería seguir a la reina al abismo, no pudo ya saltar; quedó clavada, convertida en parte de la misma roca. Otra, que había tendido sus brazos hacia el mar, así quedó, transformada en piedra. Otra que se mesaba, por el dolor, los cabellos, fue estatua en esa posición. Todas quedaron convertidas en piedras con el mismo gesto que estaban haciendo. Algunas se metamorfosearon en aves, son las Isménides, que todavía hoy rozan con sus alas la superficie del mar.

La metamorfosis de Cadmo y Harmonía

Cadmo no sabe que su hija y su nieto son dioses del mar; sólo conoce su tragedia. Abrumado por el dolor, por las desgracias que abaten a su familia, cree que es el país, la ciudad que él fundó, la que trae la fatalidad, y no él, no su descendencia. Con su esposa Harmonía se marchan lejos, muy lejos. Llegan a Iliria, cargados de desgracias y de años. Repasan las tragedias vividas, se preguntan por la causa. ¿Sería sagrada la espantosa serpiente que él mató sembrando sus dientes en la tierra? Si es así, y por ello la venganza es tan terrible, Cadmo llega a rogar a los dioses que lo transformen también en serpiente. Al instante, nota que en la piel ya endurecida le salen escamas, se tiende como una serpiente sobre su largo vientre, su cuerpo, negro, se llena de manchas azuladas; sus piernas se van juntando y adelgazando hasta acabar en una punta redondeada. Tiende los brazos, que aún tiene, hacia su querida esposa y, llorando, la llama, le pide que le dé la mano mientras siga siendo mano. Ya no puede seguir hablando porque su lengua se ha partido en dos; en vez de palabras, le salen silbidos.

Harmonía, desesperada, le dice: «Cadmo, quítate esta forma monstruosa. Cadmo, ¿qué es esto? ¿Dónde están tus pies? ¿Dónde están tus hombros y tus manos y tu cara y tu color? ¿Dónde estás tú?».

Y se dirige luego a los dioses pidiéndoles que también la transformen a ella en reptil. Él lamía el rostro de su esposa, quería abrazarla como antes. Todos están horrorizados; pero ella acaricia el cuello del dragón con cresta. De pronto ya son dos y reptan los dos juntos; van a esconderse a un bosque cercano. Son dragones inofensivos, que todavía hoy ni huyen del hombre ni le hacen daño.

Perseo y Atlas

Acrisio era también de la familia de Cadmo. Un horóscopo predijo que su nieto le mataría; para evitarlo encerró a su hija Dánae en una torre. Pero Júpiter vio su belleza y la sedujo en forma de lluvia de oro. Nacería un hermoso hijo, Perseo. Acrisio encerró a madre e hijo en un cofre y lo lanzó al mar Egeo. Llegaron a una isla, Serifos, cuyo rey Polidectes se enamoró de la bella mujer. Perseo protegía a su madre de las pretensiones del rey, pero un día en que, invitado a una fiesta real, se le había olvidado llevar un regalo, se le ocurrió decir que, si era necesario, le llevaría la cabeza de Medusa. El rey le tomó la palabra para alejarlo de palacio, y Perseo emprendió su dificilísima empresa; le ayudaron en ello tres dioses: Júpiter, Mercurio y Palas Atenea; las ninfas le dieron unas sandalias aladas con las que podía volar.

Al pie del helado Atlas hay un lugar resguardado por las rocas como si fueran murallas; guardan la entrada las hermanas Fórcidas, que comparten el uso de un único ojo. Perseo alargó la mano en el momento en que se lo pasaba una a la otra y se apoderó del ojo. Pudo así burlar su vigilancia y, a través de escarpados lugares, de roquedales con vegetaciones tupidas, llegó a donde habitaban las tres Gorgonas. Los campos y los caminos estaban llenos de estatuas de hombres y de animales convertidos en piedra al ver a la más temible de las tres, Medusa. Perseo, para no correr igual suerte, evitó su mirada, que petrificaba.

Mientras dormían ella y las culebras que eran sus cabellos, Perseo mirando su espantosa figura reflejada en el escudo de bronce que llevaba en su brazo izquierdo, le cortó la cabeza con el derecho. Cuando, llevándola por los aires, sobrevolaba las arenas de Libia, cayeron en ellas gotas de sangre de la cabeza de la Gorgona y se transformaron en serpientes al tocarlas, por eso esa tierra está llena de culebras venenosas. También brotó de esa sangre el velocísimo caballo alado Pegaso y su hermano, Crisaor.

Empujado por contrarios vientos en el espacio inmenso, Perseo es arrastrado como si fuera una nube cargada de agua. Desde lo alto del cielo contempla la tierra; tres veces vio las heladas Osas; tres, los brazos de Cáncer. A veces los vientos lo empujan hacia oriente, otras, a occidente. Cuando caía el día, temiendo la noche, se detiene, para descansar, en los límites del ocaso, en los reinos de Atlas, hasta que el lucero matutino llamara a la Aurora y ella al carro del Sol.

El gigante Atlas tenía un cuerpo inmenso, era el rey del extremo occidental de la tierra, donde los caballos jadeantes del Sol se sumergen en el mar después de su carrera diaria. Pastaban en sus tierras mil rebaños; no tenía vecinos que las limitaran. Las hojas de sus árboles eran de oro, y sus ramas y frutos también lo eran.

Perseo le pide hospitalidad al rey, le dice que desciende de Júpiter y que ha realizado grandes hazañas. Atlas se acuerda del oráculo que en el Parnaso le dijo Temis: «Un día un hijo de Júpiter se llevará el oro de tus árboles». Para evitarlo, el gigante había encerrado entre montañas sus huertos, les había puesto como guardián a un enorme dragón y rechazaba a todo extranjero que llegaba a sus tierras. Con Perseo hace lo mismo amenazándolo y quiere echarlo con sus enormes manos. El joven, que se sabía muy inferior en fuerzas al gigantesco rey –él sostenía en sus hombros el cielo entero–, hace tiempo mezclando palabras dulces y firmes, le anuncia que, dado que aprecia tan poco su amistad, le va a hacer un regalo. Y en un momento, vuelto él de espaldas, sacó hacia adelante con su mano izquierda la horrible cabeza de Medusa: Atlas quedó convertido en una cordillera inmensa. La barba y el cabello son selvas; sus hombros y brazos, montes; su cabeza, la montaña más alta; los huesos, piedras. Los dioses quisieron que creciera enormemente, y el cielo y todos los astros descansaron sobre él.

Eolo había encerrado a todos los vientos, el lucero matutino había aparecido, y Perseo se calza las alas en los pies, se ciñe su alfanje y reanuda su vuelo por los aires.

Perseo y Andrómeda

Llega a la tierra de los etíopes. Allí el injusto oráculo del dios Amón había ordenado que la bella Andrómeda pagara el castigo que merecía su madre. Casiopea se había jactado de ser más bella que Juno; el oráculo dijo que había que encadenar a su hija en una roca que lamían las aguas del mar para que un monstruo marino la devorase. Allí la ve Perseo como si fuera una estatua de mármol; sólo la brisa mueve sus cabellos, y sus lágrimas descienden por las mejillas sin un quejido. El joven queda deslumbrado por su belleza, casi se olvida de agitar en el aire las alas de los pies. Se detiene y le pregunta quién es, cómo se llama su país, por qué está allí cargada de cadenas. Primero ella calla, no se atreve, como doncella, a hablar con un hombre desconocido; hubiera querido taparse el rostro con las manos, pero no le dejan las cadenas. Sólo llora. Perseo insiste una y otra vez, y por fin, para que no creyera que ella era culpable de tan espantoso castigo, le dice el nombre de su tierra, el suyo y cómo su madre presumió sin mesura de su belleza. No había aún acabado de contárselo, cuando se embravecen las olas, y sale del mar un enorme monstruo.

La joven chilla; sus padres, desconsolados, contemplan la escena. No pueden hacer más que gritar y llorar. Perseo les habla: «Para llorar queda mucho tiempo; para socorrerla sólo un instante. Si yo, Perseo, hijo de Júpiter y de Dánae, vencedor de Medusa, la Gorgona de cabellera de serpientes, si yo, que me he atrevido a atravesar los aires agitando unas alas, pidiera en matrimonio a esta joven, sin duda me escogeríais como yerno entre todos los pretendientes. Voy a añadir ahora otro mérito, si los dioses me acompañan: si mi valor la salva, quiero que sea mía». Los padres no sólo aceptan en seguida –¿quién no lo habría hecho?–, sino que además le prometen darle como dote el reino.

Igual que un rápido navío surca las aguas con su espolón de proa, empujado por los brazos de los remeros, el monstruo, abriéndose paso entre las olas con su pecho, se dirigía hacia la roca y la muchacha. Le quedaba aún el espacio que puede recorrer por el aire un plomo lanzado por una honda balear, cuando el joven, dándose un fuerte impulso golpeando con los pies la tierra, subió hasta las nubes. El monstruo ve en las aguas la sombra del héroe y se enfurece terriblemente. De la misma forma que el águila veloz, cuando ve una serpiente, le clava en el cuello escamoso sus garras para que no pueda volver sus fauces feroces, así Perseo se abalanza verticalmente en un vuelo raudo sobre el lomo del monstruo y le clava en el hombro derecho su alfanje. Al sentirse herido el monstruo, tanto se levanta erguido en el aire como se hunde en las aguas, o se revuelve como el jabalí al sentirse acosado por los perros que ladran a su alrededor. El héroe, gracias a sus alas, evita sus mordiscos, y va golpeando, por donde puede, el cuerpo del terrible animal: su lomo de duras conchas, las costillas, la parte final de la cola, que es como de pez. La fiera vomita sangre y queda a veces oculta por el mar agitado. Perseo ya no se atreve a fiarse de sus alas empapadas; ve una roca que sobresale del agua cuando está en calma, se agarra con la mano izquierda a un saliente del peñasco y atraviesa tres y cuatro veces con su arma el cuerpo del monstruo sin descansar un instante.

Retumbó entonces una cerrada ovación en aquellas orillas, pero también en las moradas celestes de los dioses.

Los padres de la joven, Casiopea y Cefeo, lo abrazan como yerno. Andrómeda, causa y premio de su hazaña, se ve libre de sus cadenas.

Perseo se lava las manos victoriosas con agua, pone plantas marinas sobre la arena, y encima, la cabeza de la Gorgona Medusa. Los tallos absorben el poder del monstruo, que petrifica, y sus ramas y hojas se endurecen. Las ninfas del mar hacen lo mismo con otros tallos, entusiasmadas al ver su metamorfosis, y echan al mar las semillas de aquellas plantas endurecidas. Aún ahora los corales, plantas flexibles dentro del agua, se endurecen con el aire.

Para dar gracias a los tres dioses que le habían ayudado, Perseo prepara tres altares y sacrifica en ellos una vaca a Palas, un becerro a Mercurio y un toro a Júpiter. Él tiene como premio de tan extraordinaria hazaña a la bellísima Andrómeda. Sus bodas se celebran por todo el reino: en el fuego de los pebeteros se ponen intensas fragancias, se adornan con guirnaldas los techos; por todas partes se oyen liras, flautas, cantos: todos están alegres. Los grandes del reino asisten al convite real maravillosamente preparado y servido.

Medusa

Acabado el banquete, Perseo pregunta por las costumbres del país, por la forma de ser de su gente. Uno de los nobles le interroga a su vez por las hazañas que hizo hasta conseguir apoderarse de la cabeza de la Medusa, que tiene serpientes por cabellos. Él les narra lo que le ocurrió desde que burló a las Fórcidas, las que tenían un solo ojo, y los peligros de su largo viaje volando por el cielo; pero calló antes de lo que se esperaba. Y otro de los nobles quiso saber por qué Medusa era la única de las tres hermanas que llevaba serpientes por cabellos. Perseo les cuenta su historia.

Medusa era una joven de belleza espléndida, y lo más bello de su cuerpo eran sus cabellos. Tenía muchísimos pretendientes. Un día la vio Neptuno, el rey de los mares, y se enamoró de ella. Se acercó a ella y la abrazó en el templo de Minerva, llamada también Palas Atenea, la diosa casta, que para no verlos se cubrió el rostro con su escudo, la égida. Pero, furiosa, transformó lo más bello de la joven, los cabellos, en repugnantes reptiles.

La cabeza de su odiada Medusa está ahora en su escudo, en la égida; con ella paraliza de espanto a sus enemigos.

Fineo

Mientras Perseo cuenta la historia de Medusa, invade el palacio una muchedumbre gritando. Lo mismo que el mar en calma, cuando de pronto los vientos lo enfurecen, agita sus olas tempestuosas, el banquete se convirtió de repente en una feroz lucha. Fineo, hermano del rey, es el que promueve la guerra. Con su jabalina de punta de bronce desafía a Perseo, le dice que no está dispuesto a que le quite a su prometida, y que de nada le servirán ni sus alas ni Júpiter convertido en falso oro (aludiendo a su origen). Estaba ya a punto de lanzarle la jabalina al héroe cuando el asombrado rey Cefeo le increpa, le recuerda que no fue Perseo quien le arrebató a Andrómeda, sino el monstruo marino; que fue cuando se la destinó a morir que se la quitaron. No le bastó que la encadenaran en su presencia; él, siendo su tío y su prometido, nada hizo para impedirlo ni para salvarla. ¡Y ahora quiere matar al que la ha salvado! ¡Podía haber ido él a enfrentarse al monstruo! Ahora tiene que cumplir la palabra que todos dieron al joven: si la salvaba, era suya. No prefieren a Perseo frente él, Fineo, sino frente a la muerte.

Fineo escucha a su hermano, pero no le contesta. Mira al rey y a Perseo y no sabe a cuál de los dos lanzarle la jabalina; al final, con todas sus fuerzas, la arroja contra el joven, pero no le alcanza. Perseo se levanta y le devuelve el golpe con la misma arma, pero el traidor Fineo se esconde tras el altar –¡un criminal amparándose en un altar!–. Al esquivar la jabalina, ésta le da en la frente a Reto, que salpica con su sangre las mesas. La multitud, enfurecida, empieza también a luchar y quiere matar a Cefeo a la vez que a Perseo. El rey abandona el palacio, no quiere intervenir en la contienda entre su hermano y su yerno y pone a los dioses por testigos que la revuelta se produce contra su voluntad.

Palas, la diosa guerrera, se pone al lado de su hermano Perseo, que es hijo de Júpiter, como ella, y le anima. Entre los combatientes había un joven indio, Atis, bellísimo; tenía sólo dieciséis años, vestía fastuosamente: llevaba una clámide –una capa corta– con una cenefa dorada, adornaba su cuello con collares de oro y su cabello, perfumado con mirra, con una peineta curva. Era un habilísimo tirador de la jabalina y del arco. Precisamente cuando estaba tendiendo el arco, Perseo le golpeó el rostro con un leño ardiendo desfigurándolo. Cuando lo vio así el asirio Licabante, desesperado, se lanzó contra Perseo desafiándole. ¡Con él tenía que luchar y no con un niño! Al mismo tiempo le lanzó una flecha agudísima, que pudo evitar Perseo, pero se le quedó enganchada en los pliegues de su vestido. El héroe hundió entonces su alfanje en el pecho de Licabante, que, con los ojos nadando en negra noche, se apoyó sobre el cuerpo sin vida de su amigo Atis y murió.

Sigue con toda su fiereza el combate entre unos y otros. Fineo no se atreve a medir sus fuerzas cara a cara con Perseo y le lanza la jabalina. Yerra su blanco y va a dar a Idas, que no había querido intervenir en la refriega. Al verse herido de muerte, se arranca el arma del cuerpo y quiere lanzarla a Fineo, que le ha arrastrado a implicarse en una lucha que evitaba; pero no pudo hacerlo, se desplomó sin sangre y sin vida.

Lampétida había cantado y tocado la cítara en el banquete. Abrazado al instrumento musical, se mantenía apartado, mirando horrorizado la cruel lucha. Pero Pátalo, burlándose de él –«Cántales ahora a los dioses de la laguna Estigia», le dijo–, le clavó la punta de la espada en la sien izquierda. Al caer sin vida, trata de tocar por última vez las cuerdas de la cítara y se oyen unos acordes desgarradores. Licormas lo venga; coge la barra del cerrojo de la puerta y se la estrella al cruel Pátalo en la cabeza; cayó como un ternero sacrificado.

Perseo sigue luchando con todas sus fuerzas, pero por todas partes lo acosan. Sus suegros y Andrómeda lo animan con sus gritos, pero apenas se oyen por el ruido de las armas y los gemidos de los que caen muertos; el palacio está lleno de sangre. Fineo y mil guerreros que lo apoyan rodean al héroe. Silban junto a sus oídos los dardos, como granizo invernal. Perseo apoya su espalda contra una enorme columna, así la defiende, y resiste las acometidas. Molpeo le ataca por la izquierda, y Equemon por la derecha. De la misma forma que un tigre hambriento oye en los dos extremos de un valle mugidos de rebaños y, ansioso, no sabe a cuál de los dos grupos atacar, Perseo no sabe adónde dirigir sus golpes. A Molpeo le atraviesa la pierna, se contenta con su retirada porque a su lado tiene a Equemon, que, sin calcular bien, al querer darle un golpe en el cuello desde arriba, lo descarga en el borde de la columna, y la hoja de metal, que salta en pedazos, se clava en la garganta de su dueño; Perseo lo remata –tendía aún sus brazos desarmados– con el alfanje.

Pero el héroe se da cuenta de que sus fuerzas disminuyen y sus enemigos no. Advierte entonces a sus amigos que no miren y saca la cabeza de Medusa. Los que todavía le apuntaban con sus jabalinas quedaron en esa posición hechos estatuas de mármol. Su castigo fue justo. En cambio, un soldado de Perseo, Aconteo, miró la cabeza y quedó también convertido en mármol. Uno de los enemigos, creyendo que aún estaba vivo, lo golpeó con la espada, que sonó sobre la piedra. Se quedó estupefacto antes de convertirse a su vez en mármol, en el que quedó su gesto de asombro. Doscientos quedaron petrificados al ver a Gorgona.

Fineo, al ver a sus hombres convertidos en estatuas, se arrepiente por fin de su injusta guerra. Se acerca a las estatuas, llama a cada uno por su nombre, les toca, atónito, los cuerpos: son de mármol. Y entonces, el cobarde suplica a Perseo que le perdone la vida, que aleje el rostro petrificador de Medusa; justifica su lucha por defender una esposa que le habían prometido primero a él; dice que no la ha provocado ni por odio ni por ambición y así se delata. Renuncia también a esa esposa perdida, sólo le suplica la vida. Y Perseo, con un enorme desprecio, le dice que lo que él le puede dar –y es un gran regalo para un cobarde como él– se lo va a dar: no le va a herir arma alguna, se le va a poder contemplar siempre en el palacio de su suegro para que su esposa se consuele con la imagen de tal prometido. Fineo se refugia en vano en un rincón; Perseo le lleva hasta allí la cabeza de Medusa, de la que aún él intenta apartar la mirada; su cuello se queda rígido y sus lágrimas se endurecen; también le queda a la estatua su gesto cobarde, su cara y manos suplicantes.

Entonces Palas deja ya a su hermano Perseo, el nacido de la lluvia de oro. Ha vencido a todos sus enemigos y puede vivir tranquilo con Andrómeda en su reino.

Pero el héroe querrá ver a su abuelo y volverá a Argos, su patria. Al saberlo Acrisio, temeroso de que el oráculo se cumpla, se irá al país vecino. Allí participará Perseo en unos juegos y, al disparar el disco, desviado por un repentino viento, golpeará a Acrisio, que asistía como espectador, y lo matará. Perseo, con gran dolor, honrará el cuerpo de su abuelo y dejará para siempre Argos.

Polidectes

Polidectes, el rey de la pequeña Sérifos, aprovechando la ausencia de Perseo, acosa a su bella madre, Dánae. Ella se refugia en un templo, protegida por Dictis, hermano del rey. Fue él quien los había recogido cuando el viento empujó a las costas de la isla el cofre en el que iban Dánae y su hijo.

Cuando llega Perseo triunfante, Polidectes, que ve que nada puede hacer ya a Dánae, odia profundamente al joven, y su odio le lleva al desprecio y a intentar desacreditarle afirmando que no es cierta la muerte de Medusa.

Perseo le dice al tirano: «Yo te mostraré la prueba de que es verdad». Y añade al mismo tiempo que le enseña la cabeza de la Gorgona: «¡Cuidado con los ojos!». El rey se convirtió al instante en roca sin sangre.

Perseo dio el gobierno de la isla a Dictis.

La fuente Hipocrene

Minerva se rodea de una nube hueca y se va al monte Helicón. Allí están las nueve Musas, sabias hermanas, compañeras de Apolo. La diosa quiere ver la fuente que brotó de la coz que dio en el suelo el volador Pegaso, el caballo que ella vio nacer de la sangre de Medusa, porque protegía a Perseo cuando ocurrió. Urania, la Musa de la astronomía, muy contenta con su presencia, la acompaña a la fuente. Palas Atenea admira las aguas nacidas de una coz, mira la espesura del bosque, las flores de las praderas, y llama felices, por el lugar y por su tarea, a las Musas, hijas de Mnemosine, la Memoria.

Una de las hermanas le dice que, en efecto, viven felices y que sabe que ella, Minerva, diosa de la sabiduría, las hubiera acompañado si su valor no la hubiera llevado a otras empresas; pero también le confiesa que tiene miedo de que les quiten esa felicidad. Le cuenta lo que les sucedió con el horrible Pireneo.

Se lo encontraron yendo al monte Parnaso, las saludó con veneración falsa y les ofreció resguardarse de la lluvia en su casa. Como, en efecto, llovía mucho, aceptaron su invitación. Pero cuando la lluvia cesó, porque soplaba el viento Aquilón y los negros nubarrones huían del cielo ya limpio, ellas quisieron irse, y el gigante les cerró la puerta haciéndolas prisioneras. Con sus alas pudieron escaparse. Pireneo se subió a lo alto de su ciudadela y, diciendo que las seguiría a donde fueran, se lanzó desde la torre más alta. Cayó de cabeza, que quedó hecha pedazos, y el suelo se humedeció con su sangre.

Las Piérides

Mientras la Musa habla, se oyen unas alas y unas voces que saludan desde lo alto de las ramas. Minerva mira para ver de dónde vienen esos sonidos nítidos de lenguas porque parece que es un ser humano el que habla. Es un pájaro. Son nueve urracas que se posan en las ramas, aves que todo lo imitan.

Al ver el asombro de la diosa, la Musa le cuenta su historia. Las urracas eran antes las nueve hijas de Píero, rey de Macedonia. Orgullosas de ser nueve, las tontas hermanas fueron al monte Helicón a desafiar a las Musas. Presumen de ser superiores a ellas en voz y en arte, y son también nueve como ellas ¡las necias! Si ganan a las Musas, tendrán que dejar la fuente Hipocrene; si pierden ellas, se irán a los países nevados. Y piden que las ninfas juzguen el certamen.

A las Musas les parece vergonzoso aceptar el desafío, pero más todavía se lo parece rehusarlo. Eligieron a unas ninfas como jueces, que juraron por los ríos y se sentaron en altos asientos hechos de roca viva.

Sin echarlo a suertes, comenzó la que había hecho el desafío. Canta, acompañada por la cítara, la guerra de los dioses con los Gigantes, y les da a éstos más mérito del que tenían; dice que los dioses huyeron del espantoso Tifoeo, hijo de la Tierra, y que se ocultaron tomando falsas apariencias: Apolo, la del cuervo; Baco, la del macho cabrío; Diana adoptó la del felino; Juno, la de la blanca vaca; Venus, la del pez.

Calíope, la Musa de la poesía épica, es la encargada de competir en nombre de las Musas. Con los cabellos recogidos con hiedra, prueba con el pulgar las cuerdas y luego empieza a cantar al compás de la cítara. Cuenta la historia de Ceres y Proserpina.

Ceres y Proserpina

Ceres fue la primera que trabajó la tierra con el curvo arado, la primera que dio cosechas al mundo, la primera que dio leyes. Todo esto se lo debemos a ella, que es digna de un poema.

Uno de los Gigantes, Tifoeo, que quiso apoderarse del cielo, yace hoy bajo la enorme isla de Sicilia; él trata de liberarse en vano de su peso y escupe arenas y vomita llamas por la boca del Etna, bajo el cual tiene la cabeza. Cuando intenta quitarse de encima la gran masa de tierra, tiembla ésta y se estremece hasta el rey de los silenciosos, Plutón, porque tiene miedo de que el suelo se resquebraje y penetre luz en el reino de las sombras.

Con este temor, el soberano del Hades había salido de su morada tenebrosa y recorría las raíces de la tierra de Sicilia en su carro tirado por negros caballos. Después de comprobar que no había ningún peligro, vagaba ya sin preocupación. Fue entonces cuando lo vio Venus. Abraza a su hijo Cupido y le dice:

«Tú, que eres mi arma y mi poder, Cupido, hijo mío, coge tus flechas con las que vences a todos y traspasa el pecho del dios que reina en el infierno. Tú dominas a los dioses del cielo y al propio Júpiter, que sobre ellos reina, tú mandas sobre los dioses del mar y sobre su rey, Neptuno, pero has dejado escapar el Tártaro, el reino de las sombras, una tercera parte del mundo. ¿Por qué no le muestras tu poder y el de tu madre? En el cielo se me desprecia, y la influencia del Amor disminuye como la mía: se me han escapado ya Palas y Diana, la flechadora. También está libre de amor la hija de Ceres, Proserpina. Te pido, Cupido, por el reino que compartimos, que juntes con tus dardos a esa muchacha con Plutón».

El dios alado cogió una sola de sus mil flechas, pero la más aguda, la más infalible, la que obedece más al impulso de su arco. Adelantó la rodilla, curvó los extremos flexibles del arco y alcanzó a Plutón en el corazón.

En el centro de Sicilia, en Hena, hay un hermoso lago de aguas profundas, surcadas por cisnes. Lo rodea un espeso bosque, que no deja pasar el fuego del Sol. Las ramas de los árboles dan frescor; la tierra, flores de todos los colores; en el lago es eterna la primavera. Allí estaba Proserpina cogiendo violetas y blancos lirios, llenaba con ellos cestos y su propio regazo. Allí la vio Plutón, se enamoró de ella y la raptó: el amor es muy impaciente. La diosa grita aterrorizada, llama a su madre; se le desgarra el vestido, queda suelta la túnica y se le caen las flores que había cogido. El raptor llama a cada uno de sus caballos por el nombre para acelerar su carrera, se desliza por hondos lagos, por lugares pantanosos que huelen a azufre y burbujean por las hendiduras de la tierra.

En una laguna cercana a Siracusa, vivía la más famosa de las ninfas de Sicilia, Cíane, que salió en medio de las aguas y vio el rapto. Le dijo a Plutón que no debía llevársela contra su voluntad, que tenía que habérsela pedido a su madre, Ceres. Intenta, con los brazos en cruz, impedirles el paso. Pero Plutón hunde su cetro en las profundidades del abismo, la tierra se abre y les deja el paso abierto hacia el Tártaro. El carro se abalanzó hacia el fondo del cráter, hacia el reino de las sombras.

Cíane, desconsolada por el rapto de la diosa y por la ofensa a sus aguas, se consume lentamente, se va deshaciendo en lágrimas y va aumentando las mismas aguas sobre las que antes reinaba. Primero se hacen líquidas las partes más finas de su cuerpo: los cabellos azulados, los dedos, las piernas, los pies. Después, los hombros, la espalda, los costados, el pecho se van convirtiendo en pequeños arroyos; por último en sus venas ya no hay sangre sino agua; nada queda en ella que pueda agarrarse.

Mientras tanto, Ceres, angustiada, busca a Proserpina por todos los rincones de la tierra, por todos los mares. Nadie la ha visto, ni la Aurora ni el lucero vespertino. La busca sin descanso desde occidente a oriente. Estaba exhausta por la búsqueda desesperada. Tenía mucha sed, no había bebido en parte alguna. De pronto vio una choza cubierta de paja y llamó a la puerta. Salió una vieja y, al pedirle agua la diosa, le dio una bebida dulce que había cubierto de una capa de harina tostada. Un niño de mirada insolente ve beber con ansia a la diosa, se ríe de ella y la llama ávida. La diosa, indignada, lo rocía con la harina tostada mezclada con el líquido. El hueso se empapa de las manchas, sus brazos se convierten en patas, todo su cuerpo se transforma; se le añade una cola, se reduce su tamaño. La vieja, asombrada, llora y quiere tocar ese monstruo, pero él huye y busca un escondrijo: es una salamanquesa.

Ceres acaba el mundo en su búsqueda. Se tardaría mucho tiempo en decir los países y los mares por los que anduvo buscando a su hija. Llega también a la laguna de Cíane; la ninfa se lo habría contado todo, pero le faltan boca y lengua, no tiene cómo decírselo. Hace que Ceres vea sobre las aguas el cinturón de Perséfone, que se le había caído al sumergirse hacia el abismo. Al verlo, la diosa se da cuenta de lo ocurrido, se mesa los cabellos despeinados y se da golpes en el pecho. Llama ingratas a las tierras, indignas de las cosechas; sobre todo a Sicilia, en donde está la huella del rapto de su querida Perséfone. Maldice esa tierra, mata a bueyes y a labradores, hace que las semillas no fructifiquen. Desde entonces, aquella tierra tan fértil ya no da más cosechas. Unas veces las mieses mueren al despuntar los tallos, otras las quema el sol tórrido y otras las echa a perder la lluvia torrencial; los vientos las destrozan, los pájaros se llevan las semillas, la cizaña y otras malas hierbas ahogan el trigo de los campos.

Al verlo, Aretusa, una ninfa convertida en lago, saca la cabeza de sus propias aguas, aparta de la frente los cabellos chorreantes y le pide a Ceres que no castigue más esa tierra, que ninguna culpa tiene de lo ocurrido. Sicilia no es la patria de la ninfa, pero sí su hogar; ella es extranjera, pero ésa es la tierra que más quiere, en donde vive. Le cuenta a Ceres que, mientras ella se deslizaba bajo tierra por la laguna Estigia, vio en el infierno a su Proserpina. Estaba triste, todavía le quedaba miedo en el rostro, pero era ya la reina del mundo oscuro, era la esposa del soberano del Infierno.

Ceres, al oírla, se quedó atónita, como de piedra. Cuando el dolor inmenso reemplaza a su asombro, se aleja con su carro hacia el cielo. Allí, sueltos los cabellos, con el rostro ensombrecido, llena de odio, le habla al dios de dioses:

«Vengo a suplicarte, Júpiter, por mi sangre y la tuya; si no te conmueve la madre, al menos que lo haga la hija. Después de buscarla mucho tiempo, por fin la he encontrado, si puede llamarse encontrar a tener la certeza de haberla perdido, o si saber dónde está puede llamarse encontrar. Estoy dispuesta a perdonar su rapto si Plutón me la devuelve. Tu hija no se merece un ladrón por marido».

El dios le contesta:

«Nuestra hija es un don y una obligación para los dos; pero si hay que llamar a las cosas por su nombre, no hay injuria en la acción, sino amor. Y no me avergonzaré de tener al rey del infierno por yerno si tú estás de acuerdo. ¡Es nada menos que mi hermano y soberano del reino de las sombras! Pero si te empeñas en que Proserpina vuelva al cielo, lo hará si no prueba allá alimento alguno, porque así lo dice la ley de las Parcas, hijas de la Noche».

A pesar de las palabras de Júpiter, Ceres sigue queriendo recuperar a su hija. Pero Proserpina, errando por un huerto de frutales en el reino subterráneo, había cogido una granada de un árbol, que se inclinaba por el peso de la fruta, y arrancando de la pálida corteza siete granos, los había exprimido en la boca. Sólo la vio Ascálafo, era él el único testigo de que había roto el ayuno y de que, por tanto, ya no podía regresar a la tierra. La delató, y ella le salpicó la cabeza con agua del Flegetonte, uno de los cinco ríos del Infierno. Al instante aparecieron en la cabeza, que creció, plumas, grandes ojos y pico. Se curvan las uñas de Ascálafo y, privado de su propio ser, se protege bajo alas oscuras. Es un torpe búho, que anuncia desgracias a los mortales.

Él mereció el castigo por haber sido un delator, pero, en cambio, nada hicieron las Sirenas, que también vieron sus cuerpos transformados. Tienen plumas y patas de aves, pero rostro de doncella. Acompañaban a Proserpina cuando ésta cogía flores y la raptó Plutón. La buscaron por todo el mundo, y para que los mares supieran también su dolor, quisieron posarse sobre las olas con el apoyo de unas alas, y los dioses accedieron a su deseo. Pero como cantaban maravillosamente, les quedaron las caras de doncellas y la voz humana para que pudieran seguir haciéndolo.

Júpiter actúa como intermediario entre sus dos hermanos, Plutón y Ceres, y divide el año en dos mitades. Proserpina pasará con su madre tantos meses como con su esposo. Con ella, la primavera y el verano; con él, el otoño y el invierno. La naturaleza con su verdor o con su tristeza nos muestra cuando está en la tierra o cuando está en el Infierno.

El alma de Ceres se alegra, y su cara refleja su contento, como el sol cuando sale triunfante de las nubes cargadas de agua que lo ocultaban. Feliz por haber recuperado a su hija, le pregunta a Aretusa por qué es una fuente sagrada. Callaron las ondas, y la ninfa sacó la cabeza del profundo manantial de las aguas, se secó con la mano los verdes cabellos y le contó los amores del río Alfeo.

Aretusa

Cuenta Aretusa cómo antes era una ninfa que recorría alegremente los montes y tendía con entusiasmo las redes para cazar pájaros. No le interesaba parecer hermosa, pero así la llamaban, aunque a ella no le gustara. Un día, hacía calor, volvía cansada del bosque, y al ver unas aguas calmas y transparentes, que apenas se movían y dejaban ver las piedrecillas del fondo, rodeadas de sauces y álamos que les daban sombra, se acercó y mojó en ellas primero la planta del pie, luego la pierna, y por último, se desnudó, dejó las suaves ropas en un sauce de tronco curvado y se sumergió desnuda en el río.

Mientras nada, se desliza por las aguas, agita y extiende los brazos, oye un extraño rumor en medio del cauce y, asustada, se acerca a la orilla más cercana. Alfeo, el río, desde sus ondas, le dice: «¿Adónde vas con tanta prisa, Aretusa?», «¿Adónde vas?», le repite con voz que retumba. La ninfa corre desnuda, pero la persigue Alfeo. Como el gavilán acosa a las palomas de alas temblorosas, así sigue a la bella Aretusa. Ella era tan rápida como él, pero no tenía sus fuerzas. Corren por campos, por montes cubiertos de bosques, por peñas y por donde no había camino alguno. Tenían el sol a sus espaldas. Aretusa vio cómo una larga sombra aparecía delante de ella, oía el ruido de los pies de su perseguidor, notaba el jadeo y el aliento de su boca en su nuca. Agotada, le pide ayuda a Diana, la diosa de los bosques, cuyo arco había llevado muchas veces ella.

La diosa se conmueve por su ruego, coge una nube espesa y envuelve con ella a la ninfa. El río pasa a su lado sin verla, oculta por la oscuridad; la busca entre la neblina; dos veces llega donde ella se había escondido llamándola. Como la oveja que oye aullar a los lobos en torno a los establos o como la liebre, que escondida en el matorral, ve acercarse los hocicos de los perros, Aretusa no se atreve a hacer movimiento alguno. Pero Alfeo, como no ha visto huellas de pies, no se marcha, vigila sin descanso la nube. Un sudor frío llena el cuerpo de la ninfa acosada, gotas de color azul resbalan por él; de sus pies mana agua y de sus cabellos rocío, y en seguida se convierte en una fuente. El río reconoce las aguas que él amaba y, dejando la figura humana que había tomado, se transforma de nuevo en río y mezcla sus aguas con las de Aretusa.

Triptólemo y Linco

Ceres unce a su carro dos serpientes, les sujeta las bocas con frenos y vuela por los aires entre el cielo y la tierra. Va a Atenas para dejarle el carro a Triptólemo, al que manda que siembre semillas en tierras jamás cultivadas y en las que hacía tiempo no se podía arar. Ya había sobrevolado el joven Europa y Asia; llega a la fría Escitia. Triptólemo va a ver a Linco, el rey del país, quien le pregunta quién es, cómo ha llegado allí, de dónde viene y cuál es el motivo de su visita.

Triptólemo le dice que es ateniense y que no ha llegado a ese país del norte ni en barco ni por mar, ni a pie ni por tierra; le cuenta cómo el aire se abrió a su paso y que por él ha venido. Le da los dones de Ceres, las semillas, para que las siembre por los anchos campos y así den a su pueblo cosechas cargadas de grano y alimentos necesarios.

El bárbaro lo envidia profundamente y, para ser él mismo quien dé un don tan extraordinario, lo hospeda en palacio disimulando lo que siente y, cuando está durmiendo, intenta matarlo con su arma. A punto está de atravesarle el pecho, pero Ceres convierte al malvado rey en lince y ordena a Triptólemo que se marche de esas tierras, para siempre yermas, espoleando los sagrados corceles.

La victoria de las Musas

La musa Calíope acabó su canción, en la que había contado la búsqueda de Proserpina por su madre, Ceres. Las ninfas tenían que decidir quién había vencido en el certamen, si las necias Piérides o las sabias Musas. Fueron unánimes al sentenciar que habían triunfado las diosas que habitan el Helicón, las sabias Musas.

Las vencidas, en lugar de aceptar su derrota, empezaron a insultarlas. Se ríen incluso cuando las Musas las amenazan con castigarlas. Sigue su necio griterío, y se atreven a intentar pegarles cuando, de pronto, notan que de sus uñas salen alas y que sus brazos se llenan de plumas. Cada una ve cómo el rostro de las otras se endurece formando un pico; al querer, desesperadas, golpearse el pecho, levantan el vuelo con sus alas: son ya las urracas, las deslenguadas de los bosques.

Aracne

Aracne era de una familia humilde de Lidia, su padre era tintorero, teñía la lana esponjosa con púrpura. Ella, con su esfuerzo, se había hecho famosa por su arte en tejer la lana. Para ver su trabajo admirable, iban a visitarla las ninfas; no sólo querían ver los vestidos que hacía, sino cómo los hacía, por la elegancia de su arte. Sin esfuerzo formaba los ovillos, suavizaba con los dedos los mechones de lana, que eran como de niebla; con el pulgar daba vueltas al huso, dibujaba con la aguja con maestría: se notaba que Palas le había enseñado. Pero Aracne se envaneció con su arte y negaba a su maestra, y no sólo eso, ¡se atrevió a desafiarla a que compitiera con ella!

Palas toma la forma de una vieja, se pone en las sienes falsas canas y ayuda sus pasos inseguros con un bastón. Se acerca a charlar con Aracne y le dice que haga caso a la experiencia de una vieja, que siga su consejo. Puede considerarse la mejor entre los mortales en el trabajo de la lana, pero debe aceptar la maestría de la diosa Palas y pedirle perdón humildemente por sus temerarias pretensiones.

Aracne la mira con rostro torvo, deja el trabajo que hacía y, furiosa, le responde a la vieja que ocultaba a la diosa Palas: «Vienes ya sin seso y agotada por la vejez; vivir demasiado es malo. Puedes decirle esto a tu nuera, si la tienes, o, si no, a tu hija. Me basto yo para aconsejarme. ¿Por qué no viene Palas en persona a decírmelo? ¿Por qué no quiere competir conmigo?». Entonces la diosa le dijo: «Ya ha venido», y dejó la figura de vieja y se le mostró como Palas. Todo el mundo la adora, menos la joven Aracne, que no se asusta aunque enrojece un momento, del mismo modo que el cielo se pone rojo cuando sale la Aurora y luego pierde ese color cuando aparece el Sol. Insiste neciamente en su desafío a la diosa, que acepta y no añade ninguna advertencia más.

Colocan ambas en lugares distintos los dos telares y los tensan con fina urdimbre. Las dos tejen muy deprisa, con los vestidos recogidos junto al pecho, mueven con habili-dad los brazos. Tejen la púrpura y los delicados matices que apenas se diferencian, de la misma forma que el arco que sale cuando la lluvia atraviesa los rayos del sol tiñe con su enorme curva un largo trozo de cielo; en él aunque hay mil colores, se desdibujan los límites entre uno y otro. Añaden oro a los hilos y tejen las imágenes de una historia.

Palas borda la ciudad de Atenas y la vieja disputa sobre el nombre y la posesión del lugar. Doce dioses están sentados en altos sitiales, Júpiter está en el centro. Palas dibuja a Neptuno de pie, golpeando con su tridente una roca, de donde brota un mar, que es el don con el que pretende ganar la ciudad. Se pinta a sí misma con casco, escudo, lanza de aguda punta, se protege el pecho con la égida, en el momento en que también golpea con su lanza la tierra, de la que surge un olivo con sus frutos, y deja admirados a los dioses.

Para que su rival se dé cuenta de su locura, añade cuatro competiciones con figuras más pequeñas; en ellas todas las que se atreven a desafiar a las diosas acaban transformadas en animales. Rodea, por fin, los bordes de la tela con ramas del olivo de la paz, que es su árbol.

Aracne dibuja a Europa, engañada por la apariencia del toro, que oculta a Júpiter. Parecía un mar verdadero, un toro auténtico. Europa parece que mira a tierra llamando a sus compañeras, evita el contacto del agua encogiendo los pies. Pinta también otras metamorfosis de Júpiter para seducir a sus amadas, ahí está como lluvia de oro en el aposento de Dánae. Y a Neptuno con sus múltiples formas que engañan a doncellas. Y a Febo, y a Baco y a Saturno, todos con sus falsas apariencias. En el extremo de la tela, teje flores entrelazadas con hiedra.

Ni Palas ni la Envidia podían decir nada de aquella obra maravillosa. Pero la diosa, furiosa por el éxito de su rival, rompe la tela bordada que es además testimonio contra los dioses y golpea la frente de Aracne dos o tres veces con la lanzadera. No lo soportó la infeliz y tuvo la fuerza de ahorcarse. Colgaba ya cuando Palas la sostuvo y le dijo: «Vive sí, pero colgando, malvada. Y que lo mismo les pase a todos tus descendientes». Y la regó con los jugos de una hierba de Hécate, la diosa maga. Sus cabellos, la nariz, los ojos quedan consumidos; la cabeza y todo su cuerpo se vuelven pequeñísimos; al lado tiene, en vez de piernas, dedos finísimos; todo lo demás es vientre, del que hace brotar hilo y, como araña, trabaja sus antiguas telas.

Níobe

En Lidia también había vivido antes de casarse Níobe y conoció a Aracne y supo su espantoso castigo, pero no le sirvió a ella para darse cuenta de que con los dioses hay que utilizar siempre un lenguaje humilde. Podía estar orgullosa de su marido, Anfión, poeta y músico, que consiguió con su lira que las piedras formaran, ellas solas, la muralla de Tebas. Podía estar orgullosa de su linaje, porque los dos eran nietos de Júpiter; de su reino, la poderosa Tebas; pero ella se envanecía sólo de sus hijos, se creía la más feliz de las madres: tenía siete hijos y siete hijas, todos hermosos.

Un día una adivina, Manto, hija de Tiresias, pregona por las calles de la ciudad un mandato: que todas las tebanas ofrezcan incienso y rueguen a Latona y a sus dos hijos, Diana y Apolo, el Sol y la Luna, y que entrelacen con laurel, el árbol de Apolo, sus cabellos.

Todas las tebanas obedecen. Llega Níobe, elegantemente vestida, con un numeroso cortejo, hermosísima. Furiosa, agitando la cabeza y los hermosos cabellos que le caen por los hombros, las increpa. ¿Por qué adoran a Latona y a ella no? Les recuerda su linaje: ella es nieta de

Júpiter, y su otro abuelo es Atlas, el gigante que sostiene el mundo sobre sus hombros. Su padre fue Tántalo, quien comió en la mesa de los dioses (no cuenta su eterno castigo por criminal y deslenguado). Ella vive en el palacio de Cadmo. Mire donde mire, ve riquezas; ella parece una diosa, es hermosísima. Y sobre todo ¡tiene siete hijas y siete hijos! Latona, en cambio, no encontraba sitio ni en la tierra ni en las aguas para dar a luz (la cólera de Juno la perseguía); sólo su hermana, transformada en una isla flotante, Delos, le dio un lugar inestable para que diera a luz ¡sólo a dos hijos! Níobe lo subraya, sólo la séptima parte que ella. Proclama su felicidad y su seguridad; son demasiado grandes para que la Fortuna le pueda hacer daño; aunque le quitara algo, le quedaría mucho más. Aunque le robe a alguno de sus hijos, siempre le sobrevivirán más de dos. Incita además a las tebanas a quitarse el laurel del cabello, a dejar de adorar a Latona. Ellas la obedecen, aunque en voz baja siguen venerándola.

Latona, en Delos, habla furiosa a sus dos hijos. Les cuenta cómo las tebanas abandonan su culto, y sobre todo les dice los insultos que Níobe le dirige, cómo la ha llamado «madre sin hijos». Quería añadir ruegos a las quejas, pero sus hijos no la dejan acabar. «Una larga queja dilata el castigo», dice Febo y, junto con su hermana Diana, bajan veloces por los aires y llegan a Tebas.

Junto a las murallas, había un extenso campo, apisonado por carros y caballos, por gran cantidad de ruedas y de pezuñas. Allí están montando los siete hijos de Níobe sobre caballos con monturas rojas de púrpura y riendas llenas de oro. De pronto, el mayor, Ismeno, que estaba haciendo girar su caballo y le sujetaba el hocico que espumeaba, da un grito: se le ha clavado en medio del pecho una flecha, y aflojando la brida su mano moribunda, resbala lentamente por el lado derecho del caballo hasta caer al suelo. Uno de sus hermanos, al oír en el aire el sonido de la aljaba, suelta las riendas como el navegante que, al ver la nube tempestuosa, despliega las velas para que no se escape ni el más leve soplo de viento y huye lo más rápido que puede. Pero es inútil su huida, una flecha se le clava en la nuca y la punta le sale por la garganta. Uno tras otro fueron cayendo los siete hermanos, atravesados por las flechas de Apolo y Diana. A Damasicton, que todavía no tenía barba, una flecha se le clavó en la pierna, y mientras intentaba sacársela con la mano, otra le entra por el cuello; la sangre la despide por los aires, brota por la herida y salta como un surtidor. El más joven, Ilioneo, levanta los brazos en un ruego que nada iba a conseguir y pide perdón a todos los dioses, sin saber que no a todos debía suplicar. A Apolo le da pena, pero ya no podía hacer regresar la flecha que había disparado; el joven murió sólo de una mínima herida porque la flecha le hiere levemente el corazón.

La fama de la tragedia y el dolor y las lágrimas de todo el pueblo le dan a conocer a la desdichada madre la repentina catástrofe. Queda anonadada de que haya podido ocurrir, pero aún tiene fuerzas para enfurecerse por lo que han hecho los dioses, por el poder que tienen. Anfión, el padre, no lo soporta y con su arma pone fin a su vida y a su inmenso dolor.

La Níobe que se acerca a los cuerpos muertos de sus hijos no tiene nada que ver con la que se paseaba con su cortejo por las calles de la ciudad y apartaba a las tebanas de la adoración a Latona. Ahora daba pena hasta a sus enemigos. Se inclina sobre sus hijos y, enloquecida de dolor, les da besos aquí y allá. Levanta los brazos al cielo y le dice a Latona: «Aliméntate, cruel Latona, con mi dolor y sacia tu fiero corazón con mi luto. Estas siete muertes son mi muerte. Goza y triunfa, enemiga victoriosa; pero ¿por qué victoriosa?, más me queda a mí aún en mi desdicha que a ti en tu felicidad, ¡todavía te gano!».

Dejó de hablar y se oyó la cuerda que se tensaba en el arco; todos quedaron aterrorizados, menos Níobe, audaz por la desgracia. Delante de los lechos mortuorios de sus hermanos, estaban las hermanas con vestidos negros y el pelo suelto. Una de ellas intentó arrancarse la flecha que se le había clavado en su cuerpo y cayó moribunda con la cara apoyada en uno de sus hermanos. Otra, que intentaba consolar a su desdichada madre, quedó muda de repente y cayó desplomada por una herida invisible. Una tras otra, seis, caen muertas; sólo quedaba una, la última. La madre la abrazó enloquecida, cubriéndola con su cuerpo, con sus ropas, gritando con todas sus fuerzas: «¡Déjame a una sola, a la más pequeña! ¡Sólo a una, entre tantas, sólo a una! ¡A la más pequeña, por favor!». Y mientras se lo ruega a la diosa, muere aquella por la que ruega.

Sin hijos ya, se sentó entre los cadáveres de sus hijos, de sus hijas, de su esposo. Y lentamente se va volviendo rígida: la brisa ya no mueve sus cabellos, su cara se vuelve pálida, sus ojos quedan fijos en sus mejillas sombrías; nada hay ya vivo en aquella figura. La lengua se le hiela y queda unida al paladar duro; las venas ya no tienen movimiento.

Ni el cuello puede ya doblarse ni los brazos moverse ni el pie caminar. Sigue, sin embargo, llorando. Un torbellino de viento la lleva a la cumbre de una montaña de su patria; todavía allí los mármoles lloran.

Apolo dio los años que habrían vivido los hijos de Níobe, si su madre no se hubiese vanagloriado neciamente de ellos, a Néstor, su sobrino, que fue el más longevo de los héroes y alcanzó con los años la discreción y la prudencia.

Los licios

Todos temieron la terrible cólera de la diosa y la adoraron y le dieron ofrendas para aplacarla. Como suele ocurrir cuando pasa algo, siempre se cuentan otros casos. Uno de los tebanos narró lo que les había sucedido a los licios, a los que también Latona había castigado por su desprecio.

Cuenta cómo su padre, ya mayor e incapaz de soportar un largo viaje, le había mandado a él a Licia a buscar unos bueyes. Recorría los pastos con un hombre de aquellas tierras cuando ve que se levanta en medio de un lago un antiguo altar, negro por el fuego de los sacrificios. Su guía, al verlo, asustado, dijo en un murmullo: «Socórreme». Él lo repite y le pregunta a quién está dedicado. El forastero le dice entonces que es de Latona, la diosa que anduvo vagando sin encontrar sitio donde dar a luz, hasta que su hermana, la errante Delos, todavía isla flotante, le dejó su tierra. Allí, apoyándose en una palmera y en un olivo, dio a luz a dos gemelos. De allí se fue, llevando en el regazo a sus hijos, huyendo de Juno, que la perseguía.

Llegó, por fin, a Licia. Quemaba el sol; la diosa estaba agotada y sedienta, y sus hijos ya no encontraban leche en su pecho. Vio entonces, en el fondo de un valle, un lago no muy profundo. Unos campesinos cogían allí mimbres y juncos. Latona se acercó al lago y, doblando la rodilla, se apoyó en la tierra para beber agua; pero los campesinos no la dejaron.

La diosa les pregunta, atónita, la razón de su conducta.

«El uso de las aguas es público –les dice–, ni el sol ni el agua ni el aire es de nadie, sino de todos; sin embargo, yo os pido humildemente que me dejéis beber. Mi boca ya no tiene saliva; casi no me sale la voz por la garganta seca. Un sorbo de agua será como néctar para mí. Mirad mis pobres hijitos y cómo tienden sus brazos hacia mi pecho.»

Sus palabras hubieran conmovido a cualquiera, pero aquellos crueles hombres la insultan, la amenazan si no se aleja. Y no les bastan las palabras, con sus pies y manos agitan el fondo del lago y esparcen en el agua su cieno.

Latona ya no ruega ni dice palabras más humildes de las que debe decir una diosa. Su ira le aplaca la sed. Levanta los brazos al cielo y dice: «Que viváis eternamente en esta laguna». Su deseo se cumple. A esos hombres licios les gusta estar bajo las aguas, sumergirse en las charcas, sacar a veces la cabeza o nadar en la superficie, posarse en la orilla o volver a saltar a las frías aguas. Pero incluso entonces siguen insultando con sus odiosas lenguas, con su voz ronca; el cuello se les hincha y se llena de aire, y sus roncas voces ensanchan aún más su enorme boca. No tienen cuello, la espalda está pegada a su cabeza; el dorso es verde y la enorme tripa, blanca. Son ranas que saltan en la charca cenagosa.

Marsias

Cuando el tebano acaba el relato del castigo de aquellos licios, otro recuerda a Marsias, el sátiro que había recogido la flauta que Minerva había inventado, alargada y con dos tubos iguales. La diosa, al ver en las aguas de un arroyo lo fea que se ponía al soplar por ella, la había tirado.

El frigio Marsias tocaba maravillosamente, pero se ensoberbeció por ello y se atrevió a competir con Apolo. El dios lo vence con la belleza de su música y lo castiga por haberle retado. Lo colgó de un pino y lo desolló. Marsias gritaba desesperadamente: «¿Por qué me quitas a mí mismo? ¡No vale tanto una flauta!». Pero el dios no detuvo su suplicio. Le arrancaron la piel de toda la superficie del cuerpo, no había nada que no fuera una herida. Se le ven los músculos, las venas palpitantes están a la vista, de todas partes mana sangre; se le podían contar las vísceras que latían y las entrañas que se transparentaban en el pecho.

Le lloraron los Faunos, dioses de las selvas, y sus hermanos, los Sátiros, y su discípulo, el flautista Olimpo, y las Ninfas y todos los pastores y guardianes de ganado de aquellas montañas.

La tierra fértil se empapó de las lágrimas y, una vez empapada, encauzó las aguas y las llevó al mar: es Marsias, el más cristalino de los ríos de Frigia.

Pélope

Después de oír los relatos, la gente vuelve a su trabajo. Sienten el exterminio de la familia de Anfión, pero odian a Níobe: la culpa fue de ella. Sólo la siguió llorando su hermano Pélope. Se desnudó el pecho y dejó así ver el marfil de su hombro izquierdo.

Nació con este hombro igual al otro, de carne. Fue su espantoso padre, Tántalo, quien lo despedazó y dio a comer a los dioses los miembros de su hijo; pero ninguno de ellos probó su carne, salvo Ceres, que comió el hombro. Los dioses, después de castigar a ese monstruoso padre con el tormento eterno, recompusieron el cuerpo de Pélope; y como les faltó esa parte que está entre el cuello y el extremo superior del brazo, le pusieron una pieza, el hombro, de marfil.

Progne, Tereo y Filomela

Todas las ciudades mandaron a sus reyes para que participaran en el duelo. Sólo faltó Atenas porque estaba en guerra. Ejércitos bárbaros, llegados por mar, rodeaban sus murallas. Tereo, rey tracio, la liberó.

Tereo había casado con Progne; a sus bodas no asistieron los dioses protectores del matrimonio. Fueron las Furias las que sostuvieron las antorchas que habían cogido de un entierro, las que prepararon el lecho; y encima de él se posó un búho siniestro. Tereo y Progne tuvieron un hijo, Itis. Celebraron solemnemente su nacimiento, dieron gracias a los dioses, y todos les felicitaron.

Pasaron cinco años. Un día Progne le dijo a su esposo cuánto echaba de menos a su hermana, hacía ya mucho que no la veía. ¿Podía ir a verla o ella venir a visitarla? Tereo complace al punto el deseo de su esposa. Navega él mismo hasta el Pireo, el puerto de Atenas, y va al palacio de su suegro a decirle el encargo de Progne y a prometerle que su cuñada regresaría al poco tiempo. Estaba hablando con el rey cuando de pronto aparece ella, Filomela, bellísima, vestida lujosamente, y avanza majestuosa, como se dice que avanzan las Náyades por el corazón de los bosques. Del mismo modo que cuando se prende fuego a las espigas que blanquean o a la hojarasca amontonada, así se encendió el corazón de Tereo al ver a la maravillosa joven. El rey accede, y la joven acepta muy contenta, también tiene ganas ella de ver a su hermana.

Tereo está ya impaciente por hacerse a la mar con ella. Hubiera querido sobornar al cortejo de Filomela, a la nodriza; ofrecerle a ella misma regalos desmesurados, gastar todo su reino: lo hubiera hecho todo por satisfacer esa pasión que le devora, que ya no puede apenas ocultar en su pecho. Se hace un elocuente portavoz de los deseos de su esposa, incluso acompaña los ruegos con lágrimas, como si ella se las hubiera también encargado. ¡Cuánta noche ciega guardan los corazones de los mortales! Cuanto más prepara su fechoría, más creen que es un fiel esposo. Y Filomela lo apoya con sus ruegos; rodea los hombros de su padre con los brazos, le pide que le deje ir a ver a su hermana. Tereo la contempla, quisiera ser su padre cuando ella lo besa y lo abraza. El rey accede. Ella está feliz porque cree que es un triunfo de las dos lo que va a ser su desgracia.

Ese día le quedaba ya al carro del Sol muy poco camino. Cenan un banquete regio y entregan sus cuerpos a un plácido sueño. Sólo Tereo no puede dormir porque se abrasa en el fuego amoroso que le quita el sueño.

Se hace de día, y el rey Pandión abraza a su hija y a su yerno. A Tereo le ruega que la cuide, que la proteja y que se la devuelva pronto, porque su amada Filomela es el único consuelo de su vejez. La abraza a ella llorando y pidiéndole que regrese cuanto antes. Une las manos derechas de los dos para sellar el compromiso del regreso de Filomela, les pide que abracen a Progne y a su hijo y, casi sin poder hablar por los sollozos, les da el último adiós. El rey estaba asustado de los negros presagios de su propio corazón.

Están ya en alta mar. Tereo apenas puede contenerse de declararle ya a la muchacha su pasión. No hace más que mirarla, sabe además que no puede escaparse. De la misma forma que el águila mira en su alto nido una liebre que ha llevado por el aire con sus patas ganchudas, así contemplaba Tereo a Filomela. Desembarcan. Tereo lleva a la fuerza a la joven a un caserío apartado y se encierra con ella. Filomela palidece, pregunta por su hermana, aterrorizada, llora. De nada le sirvieron los gritos con que llamaba a su padre, a su hermana, a los dioses. La abraza y la posee contra su voluntad con toda la violencia de su criminal pasión. Cuando la deja, Filomela queda temblando como la oveja despavorida que, escapándose herida de la boca del lobo gris, no se siente todavía segura, o como una paloma que, manchadas las plumas de sangre, aun tiene miedo de las garras de las que acaba de salvarse.

Luego vienen sus gritos desgarrados, sus lamentos, sus palabras desesperadas contra aquel bárbaro. Le pide que la mate, se lamenta de que no la haya matado antes. Le dice que pagará por su vil acción, que los dioses le castigarán, que ella misma la contará por todas partes. Que si la deja encerrada, llenará el bosque con su gritos, convencerá a las piedras, testigos de su desgracia. El cielo la oirá, y si los dioses existen, también.

El feroz tirano, enfurecido y miedoso, saca de su vaina la espada, coge a Filomela por los cabellos, le sujeta los brazos a la espalda con cadenas, y, cuando ella creía que iba a matarla, le coge con unas tenazas la lengua, que seguía pronunciando el nombre de su padre, y se la corta. De la misma forma que la cola cortada de una culebra salta, se retuerce y busca, al morir, las huellas de su cuerpo, así lo hace la lengua cortada en el suelo, se agita en la tierra negra, parece que murmura aún.

Tereo regresa luego a palacio y le cuenta a su esposa, entre lágrimas y gemidos, la supuesta muerte de Filomela. Progne no duda de lo que le dice su esposo; se quita los vestidos de fiesta, se viste ropas negras y hace sacrificios al alma de su hermana, a la que llora desesperadamente.

Había pasado un año. Filomela sigue encerrada en el caserío, de muros de sólida piedra; su boca está muda para siempre. Pero el dolor aguza el ingenio. En un telar que allí encuentra, pone una tela blanca y entreteje en ella señales con hilos de color rojo, que son la denuncia del crimen sufrido. Cuando acaba, le entrega el trabajo a una esclava y le pide con gestos que se lo lleve a la reina. Así lo hace, y Progne entiende el mensaje. Calla. El dolor le sella la boca. Ni encuentra las palabras para expresar toda su rabia ni tampoco puede llorar. Sólo piensa en la venganza; va a confundir el bien con el mal.

Era la época en que se celebraban de noche fiestas en honor a Baco, el dios del vino. La reina sale del palacio de noche y se disfraza de seguidora del dios, de bacante; se cubre la cabeza con pámpanos y sarmientos, se cuelga una piel de ciervo en el hombro izquierdo y coge una jabalina. Llevada por su odio, por su deseo de venganza, parece que está borracha, como las seguidoras del dios. Llega al oculto caserío, echa abajo la puerta, coge a su hermana, la viste también como seguidora de Baco, le tapa la cara con hojas y ramas de hiedra y, tirando de ella, que está muy asustada, la lleva a palacio.

Allí se quita el disfraz y se lo quita a Filomela, y las dos hermanas se abrazan llorando desesperadamente. La joven no puede decirle nada, quiere contarle que ella no tiene la culpa, quiere hablarle de la violencia sufrida, su mano hace las veces de voz. Progne no quiere ya oír lamentos ni ver lágrimas; su furia le hace olvidar su dolor. Sólo piensa en la venganza. Todavía no sabe qué hacer, quiere arrancarle los ojos o la lengua al propio Tereo o coserle a puñaladas. Mientras está maquinando atrocidades, completamente cegada por el odio, se le acerca su hijo Itis. Lo ve tan parecido a su padre que de pronto se le ocurre la espantosa venganza.

Cuando su hijo se le abraza y le besa, se le humedecen los ojos a la madre, pero ha tomado ya su terrible determinación. No quiere mirar al niño y fija sus ojos sobre el rostro mudo de su desgraciada hermana. Piensa que el niño puede llamarla madre, pero que Filomela no puede llamarla ya hermana. Y vuelve a enfurecerse. Como un tigre que arrastra a la cría de una cierva por la selva, así arrastró la feroz Progne a su hijo por palacio. Lo lleva a un rincón, y allí, mientras él la llama madre y quiere abrazarla, ella le clava la espada en el corazón. Luego lo despedaza, hierve y asa el cuerpo troceado y se lo sirve a Tereo como comida. El rey no sospecha nada; come. Luego quiere ver a su hijo y manda que lo llamen. Entonces la feroz Progne, que quiere ser mensajera de su propia destrucción, le dice: «Tienes dentro al que llamas». Desconcertado, mira Tereo a todas partes, y entonces Filomela le lanza la cabeza ensangrentada del pobre niño.

El rey, gritando, derriba la mesa, invoca a las Furias, quiere abrirse el pecho y sacar lo que tiene dentro, llora, chilla y persigue con la espada desnuda a las dos hermanas. Los dioses convierten a los tres en pájaros. Él es una abubilla, parece un guerrero armado, tiene cresta y un largo pico. Progne vuela al tejado en forma de golondrina; su hermana Filomela es ya un ruiseñor y vuela al bosque.

Pandión, el viejo rey ateniense, cuando supo la tragedia, murió antes de tiempo.

Bóreas y Oritía

Le sucedió en el trono su hijo Erecteo, justo y valiente. Tenía cuatro hijos y cuatro hijas; dos de ellas, bellísimas. Una era Procris, que se casó con Céfalo; se amaron los dos hasta la muerte. Otra era Oritía, a quien quería locamente el viento del norte, Bóreas; pero como era tracio como Tereo, ni ella ni su padre –nadie– querían saber nada de él.

El viento helado primero suplica, ruega en vano; pero luego, rabioso, con la furia que le caracteriza se dice:

«¿Por qué he abandonado las armas, la fiereza, la violencia, la cólera y he recurrido a las súplicas indignas de mí? A mí me va la fuerza: con ella alejo las nubes tristes, con ella conmuevo los mares y derribo los viejos robles, con ella endurezco las nieves y azoto las tierras con granizo. Mi campo de batalla es el cielo y, cuando me reúno allí con mis hermanos, lucho con tanta fuerza que el cielo retumba con nuestros choques y saltan fuegos, rayos, de las nubes huecas. Cuando penetro en las cuevas cóncavas del interior de la tierra y pongo mi espalda bajo las profundas cavernas, mis latidos se notan en todos los mares y en el mundo entero. ¡Así tenía que haber pedido a mi novia! ¡Así tenía que haber obligado a Erecteo a ser mi suegro en vez de rogarle que lo fuera!».

Luego agita las alas con toda su furia. La tierra entera sufre el espantoso soplo, y se estremece la vasta llanura del mar. Arrastra por las cimas de los montes más elevados su manto de polvo, barriendo el suelo. Luego se oculta con una espesa neblina, abraza amoroso con sus alas azafranadas a la bella y asustada Oritía y se la lleva por los aires. Mientras vuela, con el mismo movimiento aumenta su fuego, y no frena su carrera aérea hasta llegar a Tracia con su amada. Allí la hizo su esposa. Tuvieron dos gemelos, iguales a su madre, pero con las alas del padre, Calais y Zetes. Pero las alas no les nacieron con el cuerpo; mientras no tuvieron barba, tampoco tenían plumas. Cuando las mejillas se les poblaron de barba rubia, les salieron de los costados las alas, como si fueran pájaros.

Irían con los Argonautas a la búsqueda de los resplandecientes vellones de oro por un mar desconocido en el primer navío que los hombres construyeron, *Argo*.

Medea y Jasón

Los Argonautas, con su nave *Argo,* fueron los primeros navegantes. Desde Grecia iban en busca del vellocino o piel de oro del carnero, que estaba colgada de un árbol en un bosque bajo la vigilancia de un dragón. El reino que lo tuviera tenía garantizada la prosperidad.

Habían llegado ya al país del rey Eetes, a la Cólquide, donde estaba el vellocino. Al pedirle al rey que les dejara conquistarlo, él les encomendó una serie de tareas dificilísimas. Tenían que uncir al yugo unos toros de aliento de fuego y pezuñas de bronce para que araran un campo, donde sembrarían los dientes de la monstruosa serpiente que le sobraron a Cadmo y luego enfrentarse y vencer a los nuevos guerreros que iban a brotar también de ellos.

Una hija del rey Eetes, Medea, al ver a Jasón, el jefe de los Argonautas, se enamora locamente de él. Lucha con su sentimiento largo tiempo, pero no puede vencer su locura amorosa. Se lo confiesa a sí misma:

«Medea, luchas en vano. Lo que sientes es lo que se llama amor. ¿Por qué tengo miedo de que lo que mi padre les ha ordenado sea excesivamente duro? ¿Por qué tengo miedo de que muera el que apenas acabo de conocer? ¡Quita de tu corazón las llamas que lo consumen, si puedes, desgraciada! Si yo pudiera, sería más dueña de mí, pero me arrastra contra mi voluntad una fuerza poderosísima. Veo lo mejor y lo apruebo, pero sigo lo peor. ¿Por qué tú, hija del rey, te has enamorado de un extranjero? En esta tierra también podías haber encontrado un hombre al que amar. De los dioses depende que viva o muera, pero ¡que viva! Aun sin quererle, tendría que desearlo, porque ¿qué delito ha cometido Jasón? ¿A quién no conmovería la edad, el linaje, el valor de Jasón? ¿A quién no seduciría su apostura? Al menos ha cautivado mi corazón. Si yo no le ayudo, o le quemará el aliento de los toros o le matarán los enemigos que él mismo sembrará o acabará con él el dragón. Si soporto ver todo esto, es que he nacido de un tigre y mi corazón es de piedra. Pero ¿voy a traicionar a mi padre y ayudar a un recién llegado cualquiera para que, luego, se marche sin mí y se case con otra mientras yo, Medea, me quedo para recibir el castigo? Si es capaz de hacer esto y de preferirme a otra ¡que muera el ingrato! Pero ni su cara, ni su encanto ni la nobleza de su alma me hacen temer que me engañe; además, antes se lo haré prometer y haré que los dioses sean testigos de su promesa. ¿Qué temes, Medea, estando segura? No tardes más, hazlo ya. Pero ¿yo voy a abandonar a mi hermana y a mi hermano y a mis dioses y a mi patria, llevada por los vientos? Es cierto que mi padre es un hombre brutal, y mi país, bárbaro; mi hermano es todavía un niño, los deseos de mi hermana están conmigo y dentro llevo al mayor de los dioses: el amor. No es mucho lo que dejaré, y sí mucho lo que voy a buscar: la gloria de haber salvado a los Argonautas, los jóvenes aqueos; la de conocer un país mejor, su cultura, y sobre todo, la de tener a Jasón, por quien estaría dispuesta a dejar todas las cosas del mundo. Siendo su esposa, seré feliz y amada de los dioses y tocaré los astros con la cabeza. Es verdad que se habla de los peligros que se encuentran al navegar; he oído decir que Caribdis, enemiga de los navíos, unas veces chupa las aguas y otras las escupe, y que, delante de ella, la monstruosa Escila, rodeada de perros furiosos, ladra en el estrecho de Mesina. Aunque es cierto que, si tengo al que quiero, me abrazaré a él y no tendré miedo de nada. Pero, Medea, piensa en el enorme delito que vas a cometer; evítalo mientras puedas. ¿No estarás ocultándolo con el bello nombre de matrimonio?».

Medea deja de hablar a solas. La fidelidad a su padre y a su país y la vergüenza habían vencido al amor. Se sentía fuerte, el fuego de su corazón había menguado, cuando de pronto ve a Jasón, y su amor renace. Sus mejillas y todo su rostro enrojecen y, como suele un mínimo rescoldo escondido bajo una capa de ceniza alimentarse del viento y crecer y recobrar su antigua fuerza, así el amor de Medea, que parecía apagado, al ver al joven, volvió a recobrar toda su fuerza. Se puede disculpar a la enamorada, porque aquel día Jasón estaba más guapo que nunca. Lo mira y sigue mirándolo como si lo viera por primera vez y, enloquecida, cree que está contemplando el rostro de un dios y no puede dejar de hacerlo.

Y cuando el extranjero le empezó a hablar, le cogió la mano derecha y en voz baja le pidió ayuda prometiéndole casarse con ella, Medea, llorando, le dijo:

«Sé muy bien lo que voy a hacer; no es la ignorancia de lo que hago lo que me lleva a hacerlo, sino el amor. Mi ayuda te va a salvar; una vez salvado, cumple tú tu promesa».

Jasón jura por la diosa maga Hécate y por la divinidad de aquel bosque y por el Sol, padre de su futuro suegro, y por el éxito de su empresa y sus enormes peligros. Medea le creyó y le dio unas hierbas encantadas y le dijo cómo usarlas.

Al día siguiente, se reúne el pueblo en el campo sagrado de Marte, y el rey, vestido de púrpura y con su cetro de marfil, se sienta en el centro. Allí están los toros de patas de bronce, sacando fuego por sus narices de acero. Sus pechos resuenan con las llamas que tienen dentro como la cal viva cuando le echan chorros de agua en un horno de tierra. Jasón va a su encuentro. Cuando se les acerca, le miran ferozmente, tienen un aspecto temible, los cuernos les acaban en puntas de hierro; patean en el suelo polvoriento y llenan el aire con sus mugidos humeantes. Los Argonautas estaban aterrorizados, pero Jasón, impávido, se sigue acercando a los toros, no siente el fuego que respiran gracias a los hechizos, y con la audaz mano derecha les acaricia las papadas mientras les coloca el yugo. Les obliga luego a tirar del arado y abrir un surco en aquel campo no acostumbrado a recibirlo.

Sus compañeros le aplauden, y crece el valor del héroe. Saca del casco de bronce los dientes de la serpiente y los siembra en la tierra recién arada. Empapada con una poderosa droga, la tierra madura aquellas semillas, y los dientes van creciendo y formando cuerpos. De la misma manera que en el vientre de la madre el niño va adquiriendo figura humana, se le van formando todos sus órganos y no sale a la luz hasta que está perfectamente terminado, sólo cuando en aquella tierra grávida se han formado los hombres, salen a la luz y, al mismo tiempo que surgen, empuñan las armas. Cuando los compañeros griegos vieron que esos hombres iban a lanzar sobre la cabeza de su jefe Jasón sus lanzas, bajaron, con miedo, la cabeza; y hasta la propia Medea, que le había dado la seguridad que tenía, se asustó al ver que a un solo joven lo acosaban tantos enemigos. Por si las hierbas que le había dado fallaban, pronuncia en voz baja un conjuro. Jasón lanza a la cosecha de guerreros un enorme bloque de piedra y desvía a ellos mismos la guerra que le dirigían. Se matan unos a otros en sangrienta guerra civil.

Los Argonautas abrazan a Jasón entusiasmados; también Medea hubiera querido hacerlo. Sólo puede alegrarse hondamente y dar las gracias a sus hechizos y a los dioses que los han hecho eficaces.

Todavía queda adormecer con las hierbas al dragón que siempre vela. Tiene cresta, tres lenguas y dientes ganchudos. Guarda el árbol donde está colgado el vellocino de oro. Jasón le echa un tallo de jugo infernal, pronuncia tres veces palabras que dan un sueño plácido y que calman al mar tempestuoso; viene, en efecto, el sueño a esos ojos que no lo conocían. Jasón entonces coge el vellocino de oro, y llevándose a Medea como esposa, regresa victorioso a su tierra.

Los padres de los héroes los reciben entusiasmados y, agradecidos, hacen sacrificios a los dioses. Pero no puede hacerlo Esón, el padre de Jasón, muy viejo ya y cercano a la muerte. Su hijo, que sabe muy bien el poder mágico que tiene su esposa Medea, le pide un nuevo don: que le quite a él algunos años y se los dé a su padre. Medea se conmueve por el amor filial de Jasón y piensa con dolor en su padre abandonado y traicionado, pero no le confiesa sus pensamientos. Se niega a trasladar un trozo de vida de uno a otro, ni puede hacerlo ni es justo; pero le dice que va a intentar conseguir otra cosa: rejuvenecer a su suegro, pero sin quitarle a él años.

Faltaban tres días para que hubiera luna llena. Tres días esperó Medea. El día de luna llena, sale de palacio, descalza, vestida con una túnica y con los cabellos que le caen, sin adornos, sobre los hombros. A través del mudo silencio de la noche, camina sola. Hombres, pájaros y fieras duermen. Todo está silencioso, y ella se desliza sin el más leve ruido. Sólo brillan los astros; tiende a ellos tres veces los brazos, tres veces coge agua del río y la echa en sus cabellos y tres veces grita. Apoya la rodilla en tierra y dice:

«Noche que escondes misterios, y vosotros, dorados astros, que con la luna sucedéis a los fuegos del día, y tú, Hécate, la de las tres cabezas, que me ayudas siempre, y vosotros, encantamientos y artes mágicas, y tú, tierra, que das a los magos hierbas poderosas, y vosotros, vientos, montes, ríos, lagos y dioses de todos los bosques y de la noche, ayudadme. Con vuestra ayuda, he hecho remontar el agua de los ríos hasta su fuente, he calmado los mares tempestuosos y he revuelto los mares en calma; con ella, quito las nubes y las hago venir, alejo a los vientos y los llamo; con mis conjuros, rompo las fauces de las víboras, muevo las rocas y los robles, arrancándolos del suelo, y los bosques; hago temblar a los montes y mugir a la tierra. También a ti, Luna, te arrastro con mis encantamientos; con ellos, palidece la Aurora. Vosotros hicisteis que no quemaran a Jasón las llamas de los toros y que pudiera uncirlos al yugo cuando nunca habían soportado peso alguno; vosotros provocasteis la guerra feroz entre los nacidos de la serpiente, adormecisteis al guardián que no conocía el sueño y llevasteis el oro a las ciudades griegas. Ahora necesito unas hierbas para que una vejez recupere sus primeros años, y vosotros me las vais a dar, porque no brillan las estrellas en vano ni tampoco está aquí en vano mi carro, tirado por dragones voladores».

Y, en efecto, allí estaba su carro, bajado del cielo.

En cuanto sube a él, le da unas palmadas a los cuellos de los dragones y tira de las ligeras riendas, la alzan por el aire. Va buscando en los más altos montes las hierbas que necesita, unas las arranca y otras las corta con una curva hoz de bronce; hace lo mismo en las orillas de los ríos y lagos. Después de ocho días y ocho noches, regresa con su preciosa recolección; los dragones sólo olieron las hierbas que llevaba y mudaron la vieja piel que les cubría.

No entra en palacio, evita los abrazos de Jasón. Levanta dos altares: a la derecha, el de Hécate; a la izquierda, el de Hebe, diosa de la Juventud. Sacrifica en ellos una oveja de lana negra, echa vino y leche, y dice las palabras mágicas. Aplaca con plegarias a los dioses de la tierra y pide a Plutón y a Proserpina, los dioses del Infierno, que no tengan prisa de quitar la vida del cuerpo del anciano. Luego manda que saquen fuera de palacio el cuerpo agotado del rey Esón, lo duerme con sus hechizos, lo manda poner en un lecho de hierba y ordena a todos que se vayan, porque sus ojos no pueden ver los misterios mágicos.

Medea, con los cabellos sueltos, da vueltas alrededor de los altares en llamas, empapa antorchas en la sangre del sacrificio y las enciende en los dos altares; purifica al anciano rey tres veces con fuego; tres veces con agua; tres veces con azufre. En un caldero hierve el brebaje; allí cuece Medea las hierbas, añade piedras traídas del Extremo Oriente, arenas que lavan las mareas del Océano, escarcha recogida en luna llena, infames alas y carne de un vampiro, y las entrañas de un lobo que a veces toma la forma de hombre. Echa también membrana escamosa de una serpiente de agua, el hijo de un ciervo muy viejo, pico y cabeza de una viejísima corneja, y otras mil cosas. Lo agita todo con una vieja rama seca de olivo. Al dar vueltas en el mágico brebaje, el viejo leño primero se vuelve verde, luego se llena de hojas y después de gruesas aceitunas. La tierra en donde van a caer las gotas que salpica el caldero hirviendo reverdece y se llena de hierbas y flores.

Medea, al ver esos prodigios, hiere el cuello del anciano con la espada, deja que salga la vieja sangre y en su lugar pone el brebaje. Su barba y sus cabellos dejan de ser blancos y toman rápidamente un color negro; se llenan las arrugas con carne nueva, desaparece su vejez. Esón se maravilla al verse como era cuarenta años antes.

Baco, desde el cielo, vio el prodigio, aprendió cómo hacerlo y devolvió la juventud a sus nodrizas, las Ninfas.

Pelias

Para vengarse de Pelias, que había destronado a su suegro, Medea simula una pelea con Jasón y se refugia en casa de las hijas del rey. Les cuenta sus hazañas como muestra de una amistad fingida y, sobre todo, les dice que había conseguido rejuvenecer a Esón. Como Pelias era ya muy viejo, sus hijas ven de pronto la posibilidad de devolverle también a él la juventud y ruegan a Medea que las ayude, puede pedir lo que quiera. Medea hace ver que duda y tiene así, con su fingida vacilación, pendientes a las jóvenes, que le siguen suplicando. Al fin les dice que va a mostrarles lo que puede hacer con un carnero; que traigan el más viejo de su rebaño y ella lo transformará con su brebaje en corderito. Así lo hacen; le traen un carnero viejísimo, con los cuernos con muchas espiras en sus sienes hundidas. En cuanto corta su cuello y lo sangra, lo mete en el caldero con el juego mágico: el carnero disminuye de tamaño, desaparecen los cuernos y los años, y en mitad del caldero se oye un tierno balido. De pronto salta un corderito que busca unas ubres que le den leche.

Las hijas de Pelias, maravilladas por el prodigio que habían presenciado, insisten mucho más en que Medea les indique cómo hacerlo con su viejo padre. Habían pasado ya tres días cuando la malvada Medea accede y coloca en el fuego un caldero con agua pura y hierbas sin poder alguno. Las hijas de Pelias entran en la habitación del rey, que dormía por efecto del encantamiento de la maga, lo mismo que sus guardianes; pero dudan aún en comenzar su empresa; Medea las anima:

«¿Por qué dudáis, cobardes? Sacad la sangre vieja para que rellene yo las venas vacías con la nueva. En vuestras manos está la vida y la edad de vuestro padre. Cumplid con vuestro deber filial, y con la espada haced salir la vieja sangre».

Las hijas de Pelias no se atreven a mirar lo que hacen y, vueltas de espaldas, dan ciegos golpes con la espada. El padre, lleno de sangre, puede incorporarse todavía sobre el codo y, medio muerto, les habla a su hijas: «¿Qué hacéis, hijas? ¿Qué es lo que os da valor para matar a vuestro padre?». Al oírle, a las hijas se les cayeron las manos y el valor. Medea le corta entonces la garganta y sumerge su cuerpo en el caldero lleno sólo de agua caliente. Huye inmediatamente por los aires llevada por sus dragones alados.

Teseo

Egeo, rey de Atenas, dará hospitalidad a Medea. Estaba ya allí Teseo, el hijo al que no conocía el rey –se había criado con su madre–. Medea quiere acabar con él. Llevaba la malvada maga el venenoso acónito que había cogido en las orillas de la Estigia. Se dice que la planta nació de la boca del perro Cerbero. En el tenebroso abismo, en el Hades, hay una pendiente por la que Hércules arrastró al Cerbero encadenado, que, furioso, se resistía porque no soportaba la luz del día. Ladraba por sus tres bocas y salpicó de espuma los campos cercanos. De la espuma sólida nació el acónito.

Egeo, engañado por Medea, le dio la hierba a su hijo creyéndole un enemigo. Ya Teseo, sin sospechar nada, había cogido con su mano derecha el vaso, cuando su padre reconoció el puño de marfil de su espada (se la había dejado escondida en la tierra de la madre de Teseo) y apartó bruscamente el vaso de la boca de su hijo, a quien acaba de encontrar. Medea escapará de las iras del rey envuelta en una nube encantada.

Egeo está horrorizado de la atrocidad que estuvo a punto de cometer. Agradecido por haberla evitado, hace sacrificios a los dioses. Todos están contentos de que el gran héroe Teseo sea su príncipe. Todos conocen sus numerosas hazañas que son muchas más que sus años. En toda la ciudad no hay lugar triste; todos celebran con fiestas al más valiente, a Teseo; por él beben todos y brindan.

Pero como no hay gozo completo y siempre se mezclan las inquietudes con las alegrías, no pudo disfrutar Egeo del todo el haber recuperado a su hijo. Sabe que el rey de Creta, Minos, hijo de Júpiter y Europa, se está preparando para declararle la guerra, una guerra justa porque quiere vengar la muerte de su hijo Andrógeo, que, vencedor en los juegos atléticos atenienses, fue asesinado por los jugadores derrotados. Minos recorre los mares y las islas para conseguir aliados. Muchos le apoyan, pero no consigue la alianza de la isla de Egina, unida siempre a Atenas. Éaco, su anciano rey, se la niega.

Éaco y los Mirmidones

Aún se veía en el horizonte la armada de Minos, que se marchaba sin conseguir la ansiada alianza, cuando llega a la isla, a toda vela, un navío ateniense. Es Céfalo, que lleva un encargo de su patria. Los tres jóvenes príncipes lo reconocen –y eso que hacía mucho tiempo que no lo veían–, lo abrazan y lo llevan a palacio. Avanza majestuoso el héroe, lleva una rama del olivo de su tierra, símbolo de paz. Viene a pedir ayuda para Atenas; le dice al rey Éaco cómo Minos quiere apoderarse de toda Grecia.

Éaco, apoyando la mano izquierda en su cetro, le dice que tiene todo su apoyo; todas sus fuerzas están a su servicio. Los tiempos son buenos; gracias a los dioses, le sobran soldados. Céfalo le dice que, en efecto, al entrar en la ciudad ha visto muchísimos jóvenes, hermosos y todos de la misma edad; pero que, en cambio, echa de menos a muchos que había conocido antes.

El rey, con voz afligida, le dice que esos tiempos felices que vive siguieron a otros calamitosos. Le cuenta cómo su país padeció una terrible epidemia provocada por la cólera de Juno, porque Egina, su madre, había sido una rival odiada por la diosa implacable. Mientras creyeron que el mal era humano, lucharon contra él con la medicina; pero nada podían hacer para frenar la epidemia. El cielo llenó de oscuridad la tierra con sus nubes; durante cuatro lunas, el Austro cálido sopló un ardor de muerte. El mal llegó hasta las fuentes y los lagos; millares de serpientes llenaron de veneno los ríos. Mueren perros, aves, ovejas, bueyes; fieras también. Los fuertes toros caen en mitad de los surcos; a los rebaños se les cae la lana a mechones y los cuerpos desfallecen; el caballo victorioso en las carreras gime junto al pesebre ante la muerte próxima sin grandeza. Ni corren los jabalíes ni los ciervos ni los osos; por los bosques, por los campos, por los caminos hay cuerpos tendidos, muertos, que infectan con su olor pútrido el aire.

La epidemia alcanza luego a los desdichados campesinos y llega en seguida a la ciudad. A los enfermos se les hincha la lengua, la boca se les abre reseca por el aliento caliente; no pueden sufrir ni lecho ni ropa alguna, ni en el suelo se refrescan, es la tierra la que se calienta en contacto con los cuerpos que arden. No se puede frenar el mal; los mismos que intentan curarlo caen enfermos, cuanto más cerca están de un enfermo, más pronto se contagian de la enfermedad. Sedientos, buscan fuentes, ríos, pozos, y su sed se apaga con la vida, no con la bebida. Muchos se mueren al lado del agua, que otros siguen bebiendo. Vaga gente por las calles, medio muerta; otros, que ya no pueden sostenerse en pie, caen tendidos en tierra y en un último esfuerzo alzan sus brazos al cielo; después el alma se les escapa en cualquier sitio donde les coge la muerte.

Éaco le cuenta su desesperación al ver perecer a todo su pueblo. Caen los hombres como la fruta madura al mover las ramas de los árboles y como caen las bellotas al agitar la encina. Todos ofrecen en vano sacrificios en el templo de Júpiter; muchas veces, antes de ser sacrificados, los toros caen víctimas de la peste. No se pueden leer las vísceras de los animales para averiguar el futuro, porque, enfermas, han perdido los signos de la verdad. En el mismo templo se ven cadáveres abandonados. No dan abasto a enterrar a todos los muertos, o quedan al aire o los amontonan en altas piras. No hay ya quien llore a los muertos, y las almas van errantes, sin descanso, por no haber tenido los cuerpos ni lágrimas ni sepultura.

Como no sabe qué hacer ante tal catástrofe, Éaco le ruega a Júpiter que, si es verdad que, como dicen, es su padre, que por favor o le devuelva a su gente o lo mate también a él. Un relámpago y un trueno le indicaron al rey que el dios le había escuchado. Estaba al lado de una encina, de pocas pero frondosas ramas, consagrada a Júpiter. Mirándola, ve el rey una larga columna de hormigas que con grandes pesos en su boca diminuta suben por el tronco del árbol, y le dice a Júpiter: «Dame, padre magnífico, tantos súbditos como estas hormigas y llena así mis tierras vacías». La encina se estremece, y las ramas se mueven sin que sople viento. Al aterrorizado Éaco se le ponen los pelos de punta, pero besa la tierra y, en el fondo, tiene esperanzas.

Llega la noche, y, ya en palacio, se queda dormido. En sueños ve la misma encina y las mismas hormigas; el árbol se estremece y sus ramas se mueven de la misma forma que había visto. Se esparce el ejército de hormigas cargado de grano a los pies del árbol, y lentamente los insectos van creciendo, poco a poco dejan su forma y adoptan la de los seres humanos. El rey se despierta y se da cuenta de que todo ha sido un sueño y se lamenta de que los dioses lo desamparen. Pero oye de pronto mucho jaleo, le parece oír voces humanas a las que ya no estaba acostumbrado; empieza a creer que sigue soñando, cuando irrumpe en su estancia su hijo Telamón, abre las puertas y le dice que salga, que va a ver cosas increíbles. El rey sale y ve los mismos hombres que había visto en el sueño; se le acercan y le acatan como rey.

Hace sacrificios a Júpiter, reparte la ciudad y los campos entre los nuevos pobladores, a los que llama Mirmidones (porque recuerda el nombre griego de «hormiga»). Gente trabajadora, resistente, obstinada, ahorrativa, que guarda todo lo que gana. Ésos eran los soldados que le ofrece a Céfalo para la guerra contra Minos.

Céfalo y Procris

El rey y su huésped se pasan el día hablando. Al día siguiente, Céfalo no puede hacerse a la vela porque sopla el Euro y retiene las velas. Otro de los hijos del rey Éaco, Foco, acompaña a Céfalo a palacio. Hablando con él, se fija en la jabalina que lleva, es de madera de un árbol que no reconoce y tiene la punta de oro. Foco, aficionado a la caza y a andar por los bosques, le confiesa que no consigue averiguar de qué clase de madera es; si fuera de fresno, sería rojiza; si de cornejo, tendría nudos; pero el arma es espléndida. Céfalo le cuenta cómo su uso es mucho más admirable que su belleza, porque da siempre en el blanco sin que el azar domine su trayectoria y luego regresa, ensangrentada, a su punto de partida. Foco quiere saber quién se la ha dado, de dónde viene. Llorando amargamente, Céfalo le cuenta su historia y cómo llenó de tristeza su vida: por ella perdió a su amada esposa.

Llevaba dos meses casado Céfalo con la bella Procris; eran muy felices. Un día, al amanecer, Céfalo, aficionadísimo a la caza, tendía las redes en el florido Himeto, monte cercano a Atenas. Ve al joven la dorada Aurora y, enamorándose de él, lo rapta. Aunque la diosa es bellísima y tiene un maravilloso rostro sonrosado, aunque ocupa el límite entre la noche y el día y se alimenta de néctar, Céfalo sólo puede amar a Procris; su amada está siempre en su corazón y en su boca. El joven le habla a la diosa de su reciente esposa, de su amor por ella, de sus abrazos aún nuevos. La diosa, furiosa, le dice: «Deja de lamentarte. Vete con ella, pero, si mi mente ve bien el futuro, querrás no haberla conocido». Y le deja de nuevo en el monte.

Céfalo empieza a pensar en sus palabras y teme que Procris le haya traicionado. Era joven y bella, podía ser; pero su forma de ser lo hacía inverosímil. La duda se había ya instalado en la mente del joven y decide probar a su esposa. La Aurora le incita a ello y le cambia su apariencia: ya nadie puede reconocerle como Céfalo.

Regresa a su casa. Todos están angustiados por la desaparición de su dueño. Con mucha dificultad e inventando mil tretas, consigue llegar Céfalo ante Procris. Al verla, queda deslumbrado otra vez; casi se olvida del plan que tiene para probar su fidelidad; apenas puede contenerse para no confesarle la verdad y besarla, como estaba deseando. Ella estaba muy triste, sufría por no saber nada de su marido, y a pesar de su dolor, estaba bellísima. El apuesto joven desconocido la tienta una y mil veces, ella lo rechaza siempre. «Guardo mi gozo para uno sólo», le dice. Y a pesar de esa firmeza, él sigue intentando convencerla, le ofrece una fortuna por una noche, hasta que consigue que ella vacile ligeramente. Y entonces, Céfalo le grita: «Por desgracia es un falso pretendiente el que tienes delante, ¡es tu propio marido! ¡Te he cogido, pérfida! ¡Yo mismo soy testigo de tu traición!».

Procris no dice nada. Avergonzada, huye de su casa y de su mal esposo. Odia a todos los hombres, vaga por los bosques, sirve a la casta diosa Diana. Céfalo, desesperado, no puede vivir porque la pasión impetuosa por su amada le consume hasta el tuétano de los huesos. La busca, le pide perdón, le confiesa su falta, le dice que también él hubiera podido vacilar ante tales promesas. Un día, ella le perdona. Viven felices unos años.

Procris le regala a Céfalo un perro, que vence a todos en la carrera, y la jabalina; se los había dado a ella la diosa Diana.

Lelaps

Céfalo le cuenta entonces a Foco la suerte del perro.

Edipo había descifrado el enigma de la alada Esfinge, de patas y cola de león: el que primero andaba a cuatro patas, luego con dos y en su vejez, con tres, era el hombre. Vencida, se arrojó al abismo. Temis, la diosa profética, venga a la Esfinge, que poseía la ciencia oculta. Manda a Tebas una fiera, una zorra, que mata hombres y animales. Los campesinos estaban aterrados. Los cazadores rodean con redes los campos para atraparla, pero ella las evita saltando por encima. Los perros la persiguen, pero la zorra, más rápida que un pájaro, los deja burlados. Todos le piden a Céfalo su perro, a Lelaps, «Huracán», que ya llevaba tiempo queriendo librarse de sus ataduras, estirando el cuello por donde se lo rodean.

En cuanto lo libera, ya no se sabe dónde está. El polvo tiene las huellas de las patas, pero a él ya no se le puede ver. Sale disparado más rápido que una lanza o una bala que sale de la honda volteada. Desde un monte, Céfalo contempla la cacería del perro. Cuando ya parecía que apresaba a la zorra, ésta se le escapaba; astuta, no huye en línea recta ni en una sola dirección. Burla el hocico del perro y repentinamente da media vuelta para que su enemigo no saque provecho del impulso que lleva. El perro la acosa, la sigue sin dejarle ganar distancia y, cuando parece que la alcanza, se le escabulle y él da mordiscos en el aire.

Cuando Céfalo decide recurrir a la jabalina y la blande ya con su mano derecha, por un momento deja de mirar la persecución. Cuando vuelve a hacerlo, ve en medio del campo dos estatuas de mármol: una parece que huye y otra que la persigue. Un dios quiso que ninguno de los dos venciera al otro.

La muerte de Procris

Céfalo, después de contar el relato del perro, calla. Foco le pregunta entonces por la jabalina y la desgracia que le causó. El joven ateniense se lo cuenta.

Procris y él vivían felices. Se querían apasionadamente. En cuanto amanecía, él salía a cazar a los bosques; nadie le acompañaba, ni sirvientes, ni caballos ni perros. Iba solo con su jabalina. Cuando estaba cansado de matar fieras, buscaba la sombra y el aire suave de los frescos valles. Acalorado, estaba esperando la sensación placentera de la brisa. La llama diciendo: «Aura, ven, alivia mi fatiga». Le parece oír gemidos y repite su llamada: «Ven, tú, la mejor». Unas hojas, al caer, hicieron un leve ruido; Céfalo creyó que era una fiera y lanza su jabalina. Era Procris, que grita «¡Ay de mí!», apretando la herida del pecho que le ha hecho el arma. Céfalo reconoce su voz y va hacia donde la ha oído, desesperado. Allí la encuentra muriéndose, con los vestidos sucios de sangre, intentando arrancar de la herida el regalo que ella misma le había hecho a su esposo. Él levanta delicadamente el cuerpo que quiere más que el suyo, se desgarra la ropa e intenta ligar las heridas para contener la hemorragia rogándole que no le abandone convertido en un criminal. Procris, sin fuerzas ya, a punto de morir, consigue decirle unas pocas palabras: «Por los lazos de nuestro matrimonio, por los dioses del cielo y del infierno, por el amor que te tengo y que me ha llevado a la muerte, te pido que Aura no ocupe mi lugar en tu vida».

Céfalo comprende el error de su amada esposa, tiene tiempo de aclararle su confusión, pero en seguida ella se desmaya. Sus últimas fuerzas se le van con la sangre; mientras puede mirar a Céfalo, lo hace. Su último suspiro lo exhala en su boca y muere plácidamente, con el alma tranquila.

Foco y todos los que escuchan a Céfalo lloran y también lo hace él recordando aún a su amada esposa. De pronto llega el rey Éaco con sus otros dos hijos y con los nuevos soldados, que se ponen al servicio del héroe con sus poderosas armas.

Escila

Al amanecer, el Euro se calma y los amables vientos Austros permiten el regreso a Atenas de Céfalo y los soldados. Llegan a puerto antes de lo que creían.

Minos había empezado ya la guerra; atacó a Niso, el rey que tenía, en mitad de la cabeza, entre sus cabellos blancos uno de púrpura; de este cabello dependía su poder y su fuerza.

Había cambiado seis veces la luna desde que empezó la guerra, y su resultado no estaba aún claro. La alada Victoria había volado, vacilante, entre ambos contendientes.

La ciudad, Mégara, tenía una torre, junto a las murallas; en ellas Apolo había dejado su lira de oro, y su sonido quedó en las piedras. En tiempo de paz, allí solía subir a menudo la hija de Niso para oír la música dando golpes con una piedrecita en los sillares de la muralla. Desde que empezó la guerra, iba a ver los combates desde allí; conocía ya los nombres de los jefes, distinguía sus armas, sus caballos, pero sobre todo sabía muy bien –demasiado bien– quién era su rey, Minos. Le parecía que el casco con crestas de plumas le sentaba bien; si empuñaba el escudo de bronce, lo hacía con elegancia. Cuando lo veía, con los músculos tensos, disparar la lanza, le parecía que era el propio Febo, el flechador. Pero cuando se quitaba el casco y se le veía el rostro, y, vestido de púrpura, subía a lomos de su caballo blanco y regía con las riendas su hocico que espumeaba, la joven hija de Niso, Escila, apenas podía pensar; no era dueña de sí. Envidia a la jabalina porque él la toca, y a las riendas las llama felices porque las aprieta él en la mano. Le gustaría abrirse paso entre el ejército enemigo y llegar hasta él.

Mientras contempla, sentada, la blanca tienda del rey de Creta, piensa:

«No sé si alegrarme o desesperarme con esta guerra. Es espantoso que, amando a Minos, sea mi enemigo; pero si no hubiera habido guerra nunca, no lo hubiera visto. Podría cogerme a mí como rehén y poner fin a la guerra: yo sería su garantía de paz. Sería yo tres veces feliz si pudiera ir volando al campamento cretense, confesarle mi amor y preguntarle qué dote pide por convertirme en su esposa, siempre que no me pidiera la fortaleza de mi padre. ¡Prefiero renunciar a él a traicionar a mi padre! Aunque a veces, la derrota es útil si el vencedor es clemente. La guerra que hace Minos es justa porque la hace para vengar la muerte de su hijo; su fuerza está tanto en la razón como en las armas. Creo, pues, que nos va a vencer. Y si va a hacerlo ¿por qué van a ser sus armas y no mi amor las que abran las murallas de mi patria? Así vencerá sin que su sangre se derrame; y así ya no temeré yo más que alguien, sin saberlo, hiera tu pecho, Minos, porque ¿quién sería tan duro que te lanzara una flecha cruel sabiendo quién eres?».

Escila decide, pues, entregarse, y con ella a su patria como dote y así poner fin a la guerra; pero querer es poco. Sabe que guardias custodian la entrada y que sólo su padre tiene las llaves de la puerta. Llega a desear no tener padre; pero sabe que cada uno es su propio dios y que la Fortuna no escucha a quien no hace nada. Otra ya hace tiempo que hubiera intentado conseguir ese amor que la devora, ¿acaso ella era más cobarde? Si estaba dispuesta a andar a través del fuego y de las espadas, no hacía falta tanto; lo que sí necesitaba era un solo cabello de su padre, el cabello de púrpura.

Llega la noche, y su audacia crece con la oscuridad. Era la hora del primer sueño, cuando es más profundo porque se adueña de los corazones cansados por las preocupaciones del día. Entra sin hacer ruido en las habitaciones de su padre y le arranca el cabello portador de su destino. Con él atraviesa las líneas enemigas y llega hasta el rey Minos. Le da el cabello y le dice:

«Yo, Escila, la hija de Niso, te entrego mi patria y mi persona. El amor me lleva a ello. No pido más premio que a ti mismo. Este cabello de púrpura es la prenda de mi amor; no te estoy entregando un cabello, sino la vida de mi padre».

Minos coge su regalo, pero, horrorizado por la traición de la muchacha, la rechaza y la maldice: «¡Que los dioses te quiten de su mundo, infamia de nuestro siglo, y que se te niegue la tierra y el mar! Desde luego, Creta no la pisarás».

Vencedor, Minos, que es un legislador muy justo, impone leyes a los enemigos vencidos y se marcha con su escuadra.

Escila, al ver que se marchan los navíos, enloquecida, con los cabellos sueltos, grita a Minos, tendiéndole las manos:

«¿Adónde huyes, cruel, tú, cuya victoria es a la vez mi crimen y mi mérito? ¿No te mueven ni mi regalo ni mi amor ni saber que toda mi esperanza reside en ti sólo? Si tú me dejas, ¿adónde voy a ir? Mi patria está vencida; traicioné a mi padre, mi pueblo me odia con razón; no quieren recibirme en parte alguna para que nadie quiera imitarme. Si tampoco me dejas ir contigo a Creta, Europa no es tu madre, lo son los tigres; ni tu padre fue Júpiter, que por amor a tu madre se transformó en toro, no; fue un toro de verdad el que te engendró, que nunca tuvo amor por ninguna. ¡Niso, padre mío, castígame! Merezco la muerte. ¡Que sea alguno de los que traicioné el que me mate! ¿Por qué eres tú, que venciste gracias a mi traición, el que me castigas? ¿Me oyes o los vientos que empujan tus navíos llevan mi voz inútil? Las olas suenan cortadas por los remos, y tú te vas. Pero, aunque no quieras, te seguiré, y abrazada a la curva popa, seré arrastrada por el inmenso mar».

Y así lo hace, salta sobre las olas y va tras de los barcos, llevada por su pasión, y se agarra al navío del rey de Creta.

Su padre, que acababa de ser convertido en águila marina, se lanzó contra ella para desgarrarla con su pico curvo. Al verle, soltó ella la popa, y al caer, el aire la sostuvo, porque era ya un ave también: ciris.

Dédalo y el laberinto

Minos sacrificó a Júpiter cien toros al llegar a Creta, su tierra. Pero su mujer le había deshonrado. Pasífae, enamorada de un bellísimo toro, se unió a él y dio a luz a un monstruo, el Minotauro, con cabeza y dos patas de toro y el resto de su cuerpo de hombre.

Para alejar al monstruo de palacio, Minos manda encerrarlo en una casa múltiple, en una morada sin salida. Un célebre arquitecto, Dédalo, construye la obra y crea el engaño y la confusión con las vueltas y revueltas de interminables corredores: es el laberinto. Igual que el río Meandro va y vuelve, sale a su propio encuentro y unas veces va en dirección a su cuna y otras hacia el mar abierto, con aguas que no conocen su destino, así Dédalo llena de recodos los innumerables pasadizos, de tal forma que estuvo él mismo a punto de no encontrar la salida. Dentro de esa morada, del laberinto, encierran al Minotauro.

Teseo y Ariadna

Vencidos los atenienses por Minos, éste les exigió, para firmar la paz, que enviaran a Creta cada nueve años siete jóvenes atenienses de cada sexo para alimento del Minotauro. Dos veces ya habían entregado el tributo, cuando, la tercera vez, Teseo, el hijo del rey Egeo, mató al monstruo y pudo encontrar la salida gracias al hilo que Ariadna, la hija de Minos, le dio para desandar el laberinto y salir por la puerta que nunca nadie había podido traspasar dos veces. Teseo huyó de Creta con Ariadna, pero, despiadado, la abandonó en la isla de Naxos.

Ariadna, sola y en tierra extraña, se lamentaba desesperadamente cuando Baco la vio, se enamoró de ella y la llevó con él. Y, para que una constelación la hiciese resplandeciente para siempre, le quitó de la frente la corona que le había regalado y la envió al cielo.

Vuela la corona a través de los leves aires y, mientras vuela, las piedras preciosas se convierten en brillantes astros y, por fin, se detienen. Está ahora en el cielo, es la Corona Boreal, entre Hércules y Ofiuco, el que sujeta la serpiente.

Dédalo e Ícaro

El arquitecto del laberinto, Dédalo, echa de menos su país y ya no soporta más el destierro en la isla; pero Minos no le deja marcharse, no quiere que divulgue el secreto de su construcción laberíntica. Dédalo está rodeado de agua y no ve posibilidad de escaparse. Pero su ingenio no descansa y se dice: «Aunque me impida el paso por tierra y agua, el cielo está abierto, por ahí me iré. Aunque Minos lo tenga todo, no es propietario del aire». Y empieza a pensar en artes desconocidas y revoluciona la naturaleza.

Va colocando en orden una serie de plumas, de menor a mayor, de manera que parece formar con ellas el perfil de una montaña, de la misma forma que Pan puso las cañas en la zampoña. Ata con hilo las centrales y pega con cera las últimas, y, una vez dispuestas así, las curva un poco para imitar las alas de las aves.

A su lado está su hijo, Ícaro, aún niño, y, sin saber que estaba manejando su propia perdición, alegre, coge las plumas que una brisa pasajera se lleva o moldea la cera con el pulgar, estorbando con sus juegos el trabajo admirable de su padre.

Cuando Dédalo acaba su obra, pega a su cuerpo las dos alas y, agitándolas, se eleva en el aire. Le da otras dos a Ícaro y unas precisas instrucciones:

«Ícaro, debes correr siguiendo una línea central, ni muy alta ni muy baja, para evitar que las olas mojen las alas y den peso a las plumas si vuelas demasiado bajo, y para que el fuego no las haga arder si vuelas demasiado alto: vuela entre los dos extremos. No mires ni a Arturo, el guardián de la Osa, ni a la Osa Mayor ni a la espada de Orión. ¡Sígueme siempre!».

Le enseña también la forma de volar y le acomoda en los hombros las desconocidas alas. Mientras le habla y le pone las alas, las lágrimas le humedecen las mejillas y las manos le tiemblan. Besa y abraza a su hijo con besos y abrazos que no podría ya repetir.

Dédalo empieza a volar el primero y teme por su hijo, como el ave que desde el alto nido ha empujado a volar a sus tiernos polluelos. Le anima a seguirle, le va dando instrucciones, mueve él mismo las alas y mira las de su hijo. Los ven a los dos un pescador que estaba intentando coger peces con su caña temblorosa y un pastor que se apoyaba en el báculo y un labrador que estaba junto al arado, y los tres se quedaron atónitos mirando a los que creyeron dioses que surcaban el aire.

Tenían ya a su izquierda la isla de Samos, y a la derecha, Lebinto y Calimna, famosa por su miel, cuando el joven empieza a disfrutar con su atrevido vuelo. Se aparta de su guía y, llevado por la pasión de surcar el cielo, levanta más su camino. Se acerca demasiado al sol ardiente, que ablanda la cera olorosa que une las plumas y la derrite. Ícaro agita desesperadamente sus brazos desnudos, pero sin alas no recoge aire alguno. Su boca que llamaba en vano a su padre se sumerge en las aguas azules, que van a tomar de él su nombre; serán ya las del mar Icaria.

El desgraciado padre, que ya no lo era, lo llama desesperadamente: «Ícaro, Ícaro, ¿dónde estás?, ¿dónde te puedo buscar?». De pronto ve en las olas las plumas y maldice su arte. Sepulta el cuerpo de su hijo en una isla, que también se llamará como él.

Perdiz

Cuando Dédalo está sepultando a su desgraciado hijo, en una cercana y frondosa encina, una perdiz aplaude con las alas y canta alegre. Era una ave única, nunca vista antes, porque hacía poco que se había producido su metamorfosis, y era una acusación eterna para Dédalo.

Su hermana le había confiado a su hijo para que lo educara; era un muchacho de doce años muy inteligente, aprendía rápidamente. Ella no sabía el destino del joven ni, por tanto, qué es lo que estaba haciendo.

Perdiz, que así se llamaba, viendo la espina central de un pez, talló una hilera de dientes en un hierro afilado e inventó la sierra. Unió dos brazos de hierro con una juntura de madera de manera que, separados por una distancia constante, uno de los brazos se mantenía vertical y el otro trazaba un círculo: creó un compás.

Dédalo, envidioso del talento de su sobrino, lo empujó al vacío desde la sagrada fortaleza de Minerva y dijo que se había caído. Pero la diosa lo sostuvo –ella protege la inteligencia– y lo convirtió en ave, cubriéndole de plumas en medio del aire. Su ingenio subsistió en la habilidad de las alas y patas del animal; le quedó el mismo nombre. Esta ave no vuela muy alto ni hace sus nidos en las ramas o en las cumbres de los montes, revolotea cerca del suelo y pone sus huevos en los cercados porque tiene miedo de la altura al recordar su caída.

Cuando vio la desgracia de Dédalo, supo que los dioses lo habían vengado. Por eso aplaude con las alas y canta alegre en la encina.

Dédalo se refugió en Sicilia, junto al Etna, y el rey de la isla, Cócalo, lo defendió de la persecución de Minos.

El jabalí de Calidón

Atenas ya no tenía que pagar el espantoso tributo gracias a la hazaña de Teseo. Los atenienses dieron gracias con sus ofrendas y sus sacrificios a la guerrera Minerva, la diosa protectora de la ciudad, a Júpiter y a otros dioses. El nombre de Teseo había llegado a toda Grecia. Los pueblos suplicaban la ayuda del héroe en momentos de gran peligro. Así lo hizo el angustiado rey de Etolia, Eneo, porque su tierra estaba aterrorizada por la presencia de un gigantesco jabalí. Lo había enviado Diana, irritada contra el rey. Eneo, en efecto, agradecido por el año de espléndidas cosechas que había tenido su país, hizo ofrendas a todos los dioses menos a Diana. Dio a Ceres las primicias de las cosechas; a Baco, sus vinos; a la rubia Minerva el aceite, el líquido del árbol a ella dedicado; a todos los dioses les dio los honores que esperaban; sólo los altares de Diana, olvidada, quedaron abandonados y sin incienso.

Diana, enfurecida, prometió vengarse del desprecio del rey y así lo hizo. Mandó a los campos de Eneo un jabalí mayor que los toros que pastan en Sicilia. Le brillan los ojos de sangre y fuego; tiene un cuello enorme, y las cerdas erizadas parecen jabalinas. Por sus flancos chorrea espuma ardiente, salen de sus fauces espantosos gruñidos roncos, sus colmillos son como los de un elefante; parece que de su hocico broten rayos porque los matorrales arden con su aliento. Pisotea las mieses que aún son hierba tierna y acaba así con la cosecha y con la esperanza del labrador. Los graneros están vacíos y esperan en vano las espigas. Destroza las vides; deja el suelo lleno de los sarmientos rotos y de los pesados racimos sin madurar. Y se ensaña con los olivos; rompe ramas y acaba con el fruto. Ataca también el ganado; ni el pastor ni el perro pueden defender los corderos, ni los toros feroces a las vacas. La gente huye aterrorizada; no está segura más que detrás de las murallas de Calidón, la capital del país, de Etolia.

El hijo de Eneo, Meleagro, reúne a una serie de jóvenes héroes, desde Cástor y Pólux a Jasón, desde Teseo y su amigo Piritoo al joven Néstor, que viviría tantos y tantos años, porque los dioses le dieron todos los años que hubieran vivido y no pudieron sus sobrinos, los hijos de Níobe; están también Telamón y la valerosa Tegea. Ésta llevaba el cabello recogido en un moño y el vestido prendido en alto por un alfiler. En su hombro izquierdo colgaba la aljaba de marfil con las flechas, y su mano empuñaba el arco. Su rostro tanto podía ser de chico como de chica. Pero Meleagro, al verla, se enamoró locamente de ella y pensaba en lo feliz que sería aquel a quien ella eligiera como esposo; pero ni el momento ni su timidez le dejan decirle nada: la gran cacería le está esperando.

Comienza en una llanura un frondoso bosque, con árboles que nunca se habían talado. Los jóvenes cazadores tienden allí las redes, quitan las cadenas a los perros, siguen las huellas bien marcadas del jabalí, están deseosos de encontrar el peligro que ponga a prueba su valor y su fuerza. Había en mitad del bosque un profundo valle, donde se despeñan los arroyos que el agua de lluvia forma. En el fondo de la hondonada hay flexibles sauces, juncos de pantanos, mimbres y muchas cañas. Desde allí se lanza como un rayo el furioso jabalí contra sus enemigos. Con su carrera impetuosa derriba matorrales, y el bosque retumba con estruendo. Gritan los cazadores y empuñan las jabalinas que se balancean en el aire. La fiera se abalanza contra ellos, dispersa a los perros que intentan oponerse a su rabioso ataque y los pone en fuga.

Una primera lanza no acierta su blanco y se queda clavada en el tronco de un arce. Otra sale con demasiada fuerza, parece que va a clavarse en el lomo del animal, pero va más lejos. Un cazador que ruega a Febo, el dios flechador, que consiga alcanzar su objetivo, toca al jabalí, pero no le hiere, porque Diana, mientras vuela la lanza, le quita el hierro de su punta. El jabalí, acosado, se excita, y su furia aumenta; los ojos echan chispas, su boca lanza fuego, y como si fuera un enorme pedrusco que dispara una máquina contra las murallas o las torres llenas de guerreros, el jabalí se lanza contra los jóvenes y derriba a tres de ellos. Néstor estuvo a punto de morir, pero, apoyándose en su lanza como si fuera una pértiga, saltó a un árbol cercano, y desde sus ramas pudo ver al enemigo del que se había librado. El jabalí afila sus colmillos en el tronco de una encina y con ellos atraviesa el muslo de uno de los jóvenes. Cástor y Pólux montaban caballos más blancos que la nieve, lanzaban jabalinas que hendían el aire gracias al certero impulso de su brazo y estuvieron a punto de herir al animal, pero éste se internó en la espesura, donde ni los caballos ni las lanzas podían penetrar.

Telamón, al querer perseguirlo con gran ímpetu, tropieza con la raíz de un árbol y se cae de bruces. Mientras lo levantan rápidamente, la valiente Tegea dispara al animal una flecha que se clava un momento debajo de la oreja del animal, le roza el lomo y enrojece con un poco de sangre las cerdas. Quien se alegra más que ella del certero disparo es Meleagro; muestra la sangre que ha visto y le dice a la joven que tendrá el honor que se merece por su valentía. Los hombres enrojecen, se sienten espoleados por la hazaña de la mujer, gritan y lanzan todos a un tiempo sus jabalinas, que al ser tantas pierden su eficacia y yerran de nuevo el blanco.

El arcadio Anceo, armado con una hacha de dos filos, obcecado, va al encuentro de su destino. Les grita a los demás que le dejen a él, que las armas de un hombre tienen mucha mayor fuerza y, aunque Diana proteja al animal, él acabará con su vida. Arrogante, levanta con sus dos manos el hacha, se coloca de puntillas inclinado e intenta descargar el hacha en la fiera con todas sus fuerzas; el animal le clavó los dos colmillos en plenas ingles, el camino más directo hacia la muerte. Cae Anceo y sus entrañas, envueltas en un torrente de sangre, se salen de su cuerpo y empapan la tierra.

Piritoo avanza entonces contra el jabalí blandiendo un venablo en su poderosa mano; pero su amigo Teseo le advierte: «¡Cuidado, amigo! Mantente lejos, también los valientes pueden luchar desde lejos. A Anceo le ha llevado a la muerte su temeridad». Dispara entonces él un dardo con punta de bronce que iba muy bien dirigido, pero una rama se interpuso en su trayectoria. Jasón disparó también un venablo, pero el azar lo desvió de la fiera y mató a un perro, que no lo merecía; traspasándolo, clavó al animal en tierra.

Meleagro tiene más suerte; la primera lanza se clava en el suelo, pero la segunda lo hace en mitad del lomo de la fiera. El jabalí se enfurece, gira en redondo varias veces, lanza espuma mezclada ya con sangre por la boca. Meleagro se le acerca, lo sigue hostigando y le hunde primero en el lomo, luego en la cerviz, el hierro que brilla. Sus compañeros aplauden entusiasmados, juntan su brazo derecho con el del vencedor y miran admirados la fiera gigantesca y lo enorme que es su cuerpo; aunque parece que no se pueda tocar sin peligro, todos clavan sus lanzas en ella.

Meleagro pone el pie sobre la funesta cabeza y le dice a Tegea: «Toma el despojo que me pertenece porque también mi gloria es la tuya», y le da como botín el lomo de rígidas cerdas y las fauces de enormes colmillos. A ella le alegra tanto el obsequio como el que se lo da. Pero a muchos no les gusta lo que ven.

Plexipo y Toxeo, tíos de Meleagro, le gritan a ella que no se apropie de sus galardones y que no confíe demasiado en su belleza, no sea que vaya a tener lejos a su enamorado protector. Y le quitan a ella el regalo y a él la posibilidad de dárselo. Meleagro no soporta la agresión y, con la mandíbula apretada de rabia, atraviesa el corazón de Plexipo con su lanza impía –era su tío– diciendo: «Aprended, ladrones de ajenos premios, cuánto distan los hechos de las amenazas». Su hermano Toxeo se queda un instante indeciso, no sabe si vengarle o no porque teme que le ocurra lo mismo; pero Meleagro le quita de la duda porque lo mata, vuelve a calentar el arma aún caliente con sangre de su misma familia.

Altea y Meleagro

Estaba Altea haciendo ofrendas a los dioses por la victoria de su hijo Meleagro cuando ve que traen los cuerpos de sus hermanos muertos. Cambia sus vestidos bordados de oro por otros negros y llena el aire con sus lamentos. Cuando se entera de quién es el asesino, desaparece su dolor y sus lágrimas y sólo siente afán de venganza.

Cuando Altea dio a luz a su hijo, las tres Parcas hicieron arder un leño mientras hilaban, presionando con el pulgar, las hebras del destino y dijeron: «Concedemos la misma duración al tronco que al recién nacido». Luego se fueron. La madre se precipitó a quitar del fuego el leño ardiendo y lo roció con abundante agua; lo guardó cuidadosamente en lo más oculto de su casa para que, conservado, conservara los años de su hijo.

Altea saca el madero, amontona leña menuda y astillas y les prende fuego. Luego cuatro veces intenta echar el leño a las llamas y cuatro veces no puede hacerlo: luchan la madre y la hermana, y dos nombres arrastran en sentido opuesto a un solo corazón. Tanto su rostro se pone pálido por miedo del crimen que va a cometer como se enrojece por la furia; a veces tiene aspecto amenazante y otras inspira compasión. Cuando la furia le seca las lágrimas, todavía le quedan para seguir llorando. Como un navío al que el viento y el oleaje zarandean en sentidos opuestos y obedece a uno o a otro, y no se puede saber cuál tiene mayor fuerza, Altea va a la deriva por sus opuestos sentimientos: unas veces abandona la furia, otras la resucita.

Pero llega un momento en que es mejor hermana que madre, y junto al fuego aniquilador, después de decir «que esta hoguera queme mis entrañas», se dirige a las Furias:

«Euménides, mirad este sacrificio nefando. Me vengo y cometo un crimen; con una muerte expío una muerte, añado un crimen a otro, un luto a otro. ¿Eneo, mi esposo, va a gozar de la victoria de su hijo, y Testio, mi padre, queda privado de sus hijos? Mejor será que los dos lloren. Vosotras, almas de mis hermanos, daos cuenta del servicio que os hago y aceptad ese sacrificio que os ofrezco, la prenda malvada de mi vientre. ¡Ay de mí! ¿Adónde me precipito? Hermanos, perdonad a una madre. Mis manos no quieren hacerlo. Pero ¿él va a quedar impune de su crimen, y vivo y vencedor, va a tener el reino de Calidón, y vosotros, hermanos, vais a ser una poca ceniza y heladas sombras? No lo voy a tolerar: que muera el criminal y que se lleve las esperanzas de su padre y la ruina de su patria. Pero ¿dónde están los sentimientos de una madre?, ¿dónde están mis sentimientos de madre y las fatigas de los nueve meses que lo llevé en mí? ¡Ay! ¡Ojalá hubiera dejado quemar el leño cuando empezó a arder! Has vivido, hijo, por un regalo mío y ahora vas a morir por tu culpa. Toma el premio de tu acción y devuélveme la vida que te di dos veces, primero al darte a luz y luego al apagar el leño, o ponme también en el sepulcro de mis hermanos. Lo deseo tanto como soy incapaz de hacerlo. Tan pronto veo los cuerpos muertos de mis hermanos como me veo a mí como madre. ¡Desdichada de mí! ¡Amarga va a ser vuestra victoria, hermanos! ¡Ojalá que yo os acompañe y también lo haga al consuelo que os voy a dar!».

Y con mano temblorosa y vuelta de espaldas, echa el madero al fuego. Cuando arde en un fuego que parece que no quiere quemarle, se oyen gemidos.

Lejos de allí, Meleagro, que no sabe lo que ocurre, siente que un fuego insoportable le quema por dentro. Intenta soportar el dolor terrible, pero no puede y se lamenta de morir de una muerte sin sangre, y con su último aliento pronuncia el nombre de Eneo, su padre, y el de sus hermanos y hermanas, y quizá también el de su madre. Crecen el fuego y el dolor, y los dos se apagan al mismo tiempo. Su espíritu se evaporó poco a poco en el aire leve a la vez que las blancas pavesas iban cubriendo las brasas.

En Calidón todos se desesperan: jóvenes y viejos se lamentan, nobles y villanos lloran. El rey Eneo llena de polvo sus canas y su rostro anciano y maldice su larga vida. La madre, consciente de lo que había hecho, se atraviesa ella misma el pecho con su arma.

No se puede contar el desespero de las hermanas. Golpean sus pechos sin acordarse de su belleza, acarician y besan desesperadamente el cuerpo de Meleagro. Ya ceniza, la recogen, la aprietan contra su pecho, lloran sobre su nombre escrito en la tumba. Por fin saciada Diana con las muertes de la casa de Eneo, llena de plumas el cuerpo de todas las hermanas –menos de dos de ellas, Gorge y Deyanira, que sería la esposa de Hércules–, cambia sus brazos por alas, endurece sus bocas y las levanta por el aire: son pintadas.

Aqueloo

Teseo, una vez acabada su misión en la empresa común, en la cacería del jabalí, vuelve a Atenas, su patria. En su camino le cierra el paso el río Aqueloo, crecido por las lluvias. Al ver al héroe, le dice el viejo río que entre en su morada, que no se fíe de las aguas de su cauce, que arrastran enormes troncos y piedras. Al fundirse las nieves de la montaña, el torrente llega a arrastrar no sólo ganado sino establos; él le ha visto arrastrar muchos cuerpos de jóvenes. Le aconseja que descanse en su casa hasta que las aguas estén dentro de su cauce. Teseo le hace caso y acepta su hospitalidad. Entra en un vestíbulo hecho de piedra pómez llena de oquedades; el suelo, húmedo, estaba lleno de musgo, y el techo estaba formado de conchas. Aqueloo invitó a comer al héroe y a sus compañeros, contento de tener tan ilustres huéspedes. Les sirvieron ninfas con pies desnudos que escanciaron el vino en vasos que tenían como adorno piedras preciosas.

Después de comer, Teseo, mirando la inmensidad del mar que se abría ante sus ojos, le preguntó al río qué lugar era aquél, cómo se llamaba la isla que se veía a lo lejos, aunque no parecía una sola isla. Aqueloo le respondió que, en efecto, no era una sola isla lo que veía, sino cinco; la distancia les impedía ver el agua que las separaba. Y les contó la historia de las cinco islas.

Las Equínades

Esas islas fueron unas Náyades que sacrificaron diez toros, invitaron a los dioses del campo a la ceremonia, celebraron sus danzas y no se acordaron de invitar al río Aqueloo. El río se llenó de indignación y sus aguas crecieron tanto como su enfado. Sus aguas, desbordadas, arrancaron bosques de los bosques y se llevaron campos de los campos. Arrastraron también a las Ninfas, que entonces sí se acordaron del río, y las lanzaron al mar. El oleaje del río unido al del mar dividió la tierra que sus cuerpos habían formado y la separaron en tantas islas como Ninfas: son las Equínades.

Perimele

El Aqueloo les señaló, más allá de las Equínades, otra isla: Perimele. Había sido una ninfa de la que se enamoró el río. Su padre, al enterarse de sus relaciones, enfurecido, empujó a su hija desde un peñasco al abismo para que muriera. Pero el río Aqueloo la recogió y la sostuvo mientras nadaba. Y mientras lo hacía, rogó a Neptuno, el rey de las ondas inquietas, adonde van a parar las suyas, que tuviera compasión de la pobre muchacha, víctima de tan bárbaro padre, y que le cediera un lugar o al menos que le permitiera ser un lugar a ella misma.

El rey de los mares movió la cabeza diciendo que así lo haría y, al hacerlo, todas las aguas se movieron con fuerza. La ninfa, que seguía nadando, vivió con espanto el movimiento del mar. El río la envolvía con sus aguas

y notaba cómo, agotada, su pecho jadeaba y cómo lentamente su cuerpo se endurecía y su carne quedaba se-
pultada bajo una tierra que la cubría. Se iba formando la
isla en que se transformaba su hermoso cuerpo y que era
aquélla lejana, tan querida aún por el río Aqueloo.

Filemón y Baucis

Todos quedan impresionados por el relato del Aqueloo,
menos Piritoo, que despreciaba a los dioses y que se atreve a decir al río: «Es falso lo que nos has contado, Aqueloo; los dioses no tienen el poder que dices de dar y quitar
la figura». Todos se quedan atónitos de su atrevimiento
y niegan sus palabras. Lélex, un hombre maduro y muy
cuerdo, para probar que, en efecto, los dioses pueden
cambiar la apariencia de los seres, que su poder es inmenso y que hacen todo lo que quieren, les cuenta la historia
de Filemón y Baucis.

En las colinas de Frigia hay una encina al lado de un
tilo que está rodeada de una pequeña cerca; él mismo
dice que la ha visto. No lejos de allí hay una zona pan-
tanosa, que antes fue tierra habitable. Júpiter, en figura
mortal, acompañado por su hijo Mercurio, que no llevaba las alas que lo hubieran delatado, llegaron a ese lugar.
Llamaron a mil puertas para pedir cobijo donde pasar la
noche; pero se le cerraron mil puertas con seguros cerro-
jos. Sólo una, pequeña, cubierta de paja y cañas, se les
abrió hospitalaria. En ella vivían dos ancianos: Filemón
y su esposa, Baucis. Llevaban juntos toda la vida, habían
gozado juntos de los tiempos en que fueron jóvenes y en

esa cabaña envejecieron, compartiendo su pobreza, que no ocultaban. Era inútil buscar en la choza señores o criados; sólo dos habitan la casa y dos son los que obedecen y los que mandan.

Cuando los dos dioses llegan a la cabaña, el viejo les invita a entrar por la pequeña puerta –tienen que bajar la cabeza para hacerlo– y les prepara asientos para que descansen. Baucis aparta del fuego la ceniza tibia, atiza los rescoldos que habían quedado del día anterior, alimenta el fuego con hojas y cortezas secas, y con su soplo consigue que salgan las llamas; baja del tejado teas muy astilladas y ramitas secas y las acerca a un pequeño caldero que pone al fuego. Coge la col que su esposo había cogido del huerto y le quita las hojas duras; él con una horquilla coge un lomo ahumado de cerdo que colgaba de una viga del techo, corta un trozo de su carne curada y lo cuece en el agua hirviendo. Mientras preparan la comida, charlan con los forasteros, y así éstos no se dan cuenta de la espera.

Llenan de agua tibia una vasija de madera de haya, que tenían colgada de un clavo por el asa, para que los viajeros se laven. En el centro de la choza tenían un colchón de junco sobre un lecho con patas de sauce, lo cubren con ropa de fiesta, pero que era ya mísera y vieja, para que los huéspedes descansen.

La vieja, temblorosa, pone la mesa, que tenía una pata que cojeaba; le pone un tiesto para equilibrarla y luego limpia la mesa con matas de verde menta. Les sirven aceitunas, el fruto del árbol de Minerva, cerezas de cornejo del otoño cubiertas de vino, escarola, rábano, queso fresco y huevos ligeramente pasados por un fuego no fuerte;

y todo se lo sirven en cacharros de barro. Les ponen copas de haya, recubiertas de cera en su interior. Y en seguida sacan del fuego la comida bien caliente y les dan un vino no muy viejo. Luego les ofrecen como postre nueces, higos, arrugados dátiles, ciruelas, olorosas manzanas que les sirven en cestos, uvas ya de color de púrpura; y en medio, ponen un panal de miel. Todo se lo dan amablemente, con rostros alegres.

De pronto se dan cuenta de que el recipiente de donde cogen el vino se llena por sí mismo y de que el vino nunca se gasta. Tanto Baucis como el temeroso Filemón se quedan asustados, asombrados ante el prodigio, y con las manos levantadas piden perdón por la pobre comida que ofrecen. Tenían un solo ganso, que era el guardián de la humildísima granja. Los ancianos quieren matarlo para ofrecérselo a los dioses, que eran sus huéspedes; pero el animal se les escapa una y otra vez y cansa a los viejos, torpes ya por la edad; parece, al final, que se refugia en los mismos dioses, y éstos les prohíben matarlo.

Les confiesan a los dos ancianos que, en efecto, son dioses y que van a castigar el comportamiento de esa comarca que les negó la hospitalidad. Pero que ellos se salvarán de la catástrofe. Tienen que marcharse de su casa e ir con ellos a lo alto de la montaña. Los dos obedecen y les siguen; lentamente y apoyados en bastones, van subiendo la interminable cuesta. Les quedaba por alcanzar la cima la distancia que puede recorrer una flecha disparada; volvieron la mirada y vieron que todo había quedado sumergido bajo las aguas de la laguna menos su casa, que era lo único que estaba a salvo. Y mientras quedan maravillados y lloran la destrucción de sus vecinos, la vieja choza, pequeña hasta para sus dos dueños, se transforma en un templo: las horquillas que sostenían el techo son ya columnas; la cubierta de paja amarillea y poco a poco se transforma en un techo de oro; el suelo es ya de mármol.

Entonces Júpiter, con semblante plácido, les dijo a los dos: «Anciano justo y mujer digna de tan justo esposo, ¿qué deseáis?». Filemón habló brevemente con Baucis y les dijo luego a los dioses la decisión de los dos. Quieren ser sus sacerdotes, guardar el templo que antes había sido su humilde choza; y ya que han vivido siempre juntos y en paz, quieren morir también juntos, que ninguno de los dos tenga que enterrar al otro. El dios de dioses les concedió lo que le pidieron: fueron sacerdotes de su templo mientras vivieron, y un día, ya muy viejos, estaban en la escalinata del templo recordando cosas cuando Baucis vio que a Filemón le salían hojas, y el viejo Filemón vio que le salían a su esposa. Cuando la copa del árbol que crecía les invadía ya el rostro, siguieron ellos hablándose dulcemente mientras pudieron; a la vez se dijeron adiós, y a la vez la corteza del árbol les tapó la boca. Todavía hoy pueden verse los dos troncos que salen de un mismo árbol.

Le contaron la historia a Lélex unos ancianos del lugar al enseñarle las guirnaldas que colgaban de las ramas del árbol; el propio Lélex les dice que él añadió otras como homenaje a dos personas buenas.

Erisicton y Mnestra

Todos se quedaron impresionados por el relato, sobre todo Teseo. Quería el héroe escuchar más historias de los dioses. El río de Calidón, Aqueloo, apoyándose en el codo, le habla entonces de Proteo y de Erisicton.

Le dice a Teseo que hay gente cuya figura ha cambiado una sola vez, pero hay otros que pueden hacerlo muchas veces, como Proteo. Vive en el mar y puede ser muchacho o león, jabalí o serpiente o toro; puede parecer piedra o árbol; a veces es río, a veces fuego. Y lo mismo puede hacer Mnestra, hija de Erisicton.

Su padre despreciaba a los dioses y no les ofrecía sacrificio alguno. Se dice que llegó a profanar un bosque consagrado a Ceres al cortarle árboles con su hacha. En él había una vieja encina gigantesca, ella sola parecía un bosque. En su tronco siempre había muchas ofrendas a Ceres en gratitud por los anhelos cumplidos; a su pie muchas veces las Dríades danzaban gozosas y abrazaban su tronco, enlazadas sus manos formando un corro. Pero nada de esto frenó a Erisicton, que mandó talar la encina.

Sus servidores vacilaban, no se atrevían a acabar con el árbol sagrado; pero él, cogiendo el hacha de uno de ellos, dijo: «No sólo si es, como dicen, el árbol favorito de la diosa, aunque sea la propia diosa, va a tocar ahora mismo el suelo con su frondosa copa». Y blande el hacha para darle un golpe mortal al árbol. La encina de Ceres se estremece al oírlo y gime; las hojas, las bellotas y las ramas palidecen. Y cuando el hacha se hinca en el tronco, sale sangre por la corteza desgarrada, de la misma forma que se desangra un toro al sacrificarlo en el altar del dios.

Todos se quedan paralizados por el terror; alguien trató de convencer a Erisicton de que no siguiera e intentó sujetar el hacha feroz. Erisicton le mira y le dice: «Toma el premio de tu piadosa alma». Y con el hacha le cercena la cabeza. Vuelve a su tarea con más fuerza y sigue cortando el enorme tronco de la encina. De pronto se oye una voz que sale de dentro del árbol y que le dice: «Yo soy una ninfa muy querida de Ceres, que vivo bajo esta forma de árbol, y antes de morir, quiero que sepas que tu castigo es inminente; así muero consolada». El cruel Erisicton, sin hacer caso, sigue con los hachazos hasta que el árbol cede a los golpes y a la cuerda que tira de él y cae desplomado en la tierra arrastrando en su caída a una gran cantidad de otros árboles.

Las Dríades que habitaban el bosque, al ver la muerte de una de sus hermanas y la destrucción de ese lugar, van a ver a Ceres vestidas de luto y piden a la diosa que castigue a Erisicton. Ceres asiente moviendo la cabeza, y ese movimiento sacude los campos llenos de mieses. Prepara un castigo espantoso para el cruel destructor: lo va a atormentar con el Hambre insoportable.

Como la diosa no podía ir a ver al Hambre, ya que la ley del destino no permite que Ceres y el Hambre se encuentren, habla a una Oréade, una de las divinidades de los campos. Le dice que en un lugar apartado de la helada Escitia, tierra estéril que no tiene ni árboles ni campos con mieses, viven el Frío, la Palidez, el Temor y la vacía Hambre. Tiene que pedirle a ésta que se meta en las entrañas de Erisicton, y que nunca la aplaque ni la venza cantidad alguna de comida. Le cede, para que llegue allí sin asustarse, su carro tirado por dragones.

La Oréade va por los aires en el carro tirado por dragones hasta la fría Escitia. Al llegar a la cima de un monte al
que llaman Cáucaso, bajó del carro; vio en un campo pe-
dregoso a la que estaba buscando, el Hambre, que arran-
caba con uñas y dientes las escasas hierbas. Tenía el pelo
hirsuto, escaso y duro, hundidos los ojos, pálido el rostro,
labios blanquecinos, el cuello con costra, a través de la
piel reseca se le transparentaban las vísceras, le salían los
huesos; en vez de vientre tenía un hueco, un lugar para el
vientre; parecía que el pecho le colgaba y que sólo estaba sujeto por la espina dorsal. La piel a zonas no cubría
nada, era el Hambre toda huesos, hinchada en donde éstos se unían.

La ninfa no se atreve a acercársele y desde lejos le dice
lo que quiere la diosa. Y a pesar de que la Oréade acababa de llegar y de que estaba lejos, empezó ya a notar
hambre. Rápidamente se subió al carro y tiró con fuerza
de las riendas de los dragones para regresar a su bosque.

El Hambre, aunque es la fuerza opuesta a la actividad
de Ceres, la diosa de las cosechas, acata siempre los man-
datos de la diosa. Por el aire se traslada a la casa de Erisicton. Era de noche; él dormía profundamente. El Hambre
se le acerca sigilosamente y lo estrecha con sus brazos.
Sopla en su pecho, en su garganta, en su boca y extiende
el ayuno por sus venas vacías. Una vez cumplida su misión, abandona el mundo fecundo y regresa a su pobre
morada, donde no hay más que carencia de todo.

Todavía el blando Sueño acariciaba a Erisicton con sus
plácidas alas cuando ya pide él, dormido, comida y mueve vanamente la boca y cansa dientes, traga un alimento
que no existe, y en vez de manjares devora inútilmente el

aire. Cuando se despierta, siente un ansia de comer devoradora, su garganta está famélica y sus entrañas arden. Pide con avidez cuanto cría el mar, la tierra y el aire. Con la mesa servida, se queja de hambre; en medio de un festín pide ya otro. La comida que hubiera podido alimentar ciudades no le basta, y cuanto más come, más ganas de comer tiene. De la misma forma que el mar recibe los ríos de toda la tierra y no se sacia de agua, o igual que el fuego devorador quema la hierba, la madera, y cuanto más se le da, más pide, y cuanto más tiene, más arde, más grande se hace, más voraz es, así la boca de Erisicton a la vez traga y pide la comida. Todo alimento provoca el deseo de nuevo alimento, y, comiendo, siempre queda vacío el lugar. Con su hambre insaciable, con el profundo abismo de su vientre, había consumido todo lo que antes tenía, pero todavía seguía creciendo su hambre infernal. Cuando ya toda su fortuna había llegado a su estómago, sólo le quedaba una hija, Mnestra, que no merecía tal padre.

Quiere ponerla en venta para que, hecha dinero, pueda comérsela; pero ella, horrorizada, no quiere tener un dueño y ruega a las aguas del mar que la libren de tal horror. Neptuno la oye y le cambia la forma. El comprador acababa de verla andar ante sus ojos, y lo que ahora ve, en cambio, es a un pescador. El dueño de la muchacha, asombrado, se lo queda mirando y le pregunta si ha visto a la bella joven que con el pelo revuelto y ropas míseras andaba un instante antes por la playa; ve sus huellas, pero luego se interrumpen y no sabe dónde se ha metido. Ella –era ella el pescador–, al oírle, se da cuenta de que el dios la ha ayudado y, divertida de que le pregunte por ella misma, le contesta al que la había comprado: «Seas quien seas, perdóname, porque nada he visto; no he mirado a ninguna parte, atento sólo a mi trabajo. Y para que no dudes de lo que te digo, que el dios del mar proteja este oficio mío si es verdad que no he visto a nadie en esta playa, ni hombre ni mujer, más que a mí mismo». El hombre que la había comprado la creyó y se fue, burlado. Mnestra recobró luego su verdadera forma.

Cuando su padre se enteró de que ella podía cambiar de figura, la vendió muchas veces. Mnestra se convertía en yegua, en vaca, en ciervo y podía así escaparse de sus dueños y daba a su hambriento padre vergonzosa comida. Pero tampoco le bastaron a él las sucesivas ventas de su propia hija, el hambre no le dejaba un respiro. Acabó mordiendo su propia carne, alimentaba su cuerpo comiéndolo, devorándose.

Hércules y el Aqueloo

El río Aqueloo, al acabar el relato de Erisicton y su hija Mnestra, le dice a Teseo que también él puede cambiar de figura. Puede tener la forma humana, como todos los ríos, de venerable anciano con cuernos en la frente, o puede adoptar la forma de serpiente o puede ser toro. Cuando menciona su apariencia de toro y habla de la fuerza que entonces tienen sus cuernos, deja de hablar y con un gemido muestra cómo su cabeza carece de uno de ellos. Teseo le pregunta qué le ha pasado, por qué le falta un cuerno y cuál es el motivo de su tristeza.

El río Aqueloo, cuyos largos cabellos están coronados de cañas de sus orillas, le cuenta con amargura la derrota que le causó tal mutilación. Sólo le consuela saber que luchó y que el contrario que le venció era extraordinario. Y empieza su historia hablándole de Deyanira.

Era una bellísima joven, hermana de Meleagro, a quien muchos pretendían. Aqueloo se la pidió a su padre, Eneo, y también lo hizo Hércules. Los demás pretendientes, al verlos a ellos, renunciaron. Hércules le decía al rey que él aportaba nada menos que al mismo Júpiter como suegro y la gloria de sus trabajos: había conseguido hacer todo lo que su madrastra, Juno, le había mandado. El río Aqueloo le recordó a Eneo que él era un dios, mientras Hércules era un mortal (todavía no era un dios, como lo sería luego). El joven héroe era además un extranjero; él era el soberano de las aguas que fluían por sus tierras en cauces llenos de meandros. Claro está que a él no le odiaba Juno ni le había impuesto trabajos, ¿le podía perjudicar tal hecho? Y el padre de quien Hércules presumía haber nacido, el dios de dioses, o no lo era o lo había sido por el adulterio de su madre.

Hércules, mientras el Aqueloo hablaba, lo miraba con torva faz y ojos amenazadores. Cuando oyó sus últimas palabras, le dijo: «Mi brazo vale más que mi lengua. Si yo te venzo en la lucha, da lo mismo que tú me ganes con las palabras». Y se lanzó violentamente contra él. El Aqueloo se quitó sus verdes ropajes y se puso en posición de combate. Hércules coge tierra y se la lanza, intenta cogerlo por la cabeza, por sus ágiles piernas, le acosa por todas partes. El río tenía a su favor su enorme peso; era como si las olas se estrellaran con estruendo contra una roca, resiste y está segura gracias a su peso, a su masa. Los combatientes se separan un momento y vuelven en seguida a trabar sus cuerpos: pie contra pie, manos contra manos, frente contra frente. De la misma forma que dos inmensos toros luchan por la más espléndida vaca de la manada, y los demás contemplan la lucha sin saber a cuál de los dos le corresponderá la victoria, así Aqueloo y Hércules combaten sin respiro.

Tres veces intentó en vano el héroe liberarse del pecho que le oprime el suyo; al cuarto intento, se deshace de los brazos que lo enlazan, le da un fortísimo golpe con la mano y consigue volverlo de espaldas; se deja luego caer sobre ellas agarrándose fuertemente al cuerpo de su contrincante. Al Aqueloo le parece que lleva a cuestas una montaña; aún consigue librarse, con los brazos sudorosos por el esfuerzo, de la opresión de los de Hércules. Mientras él jadea, el héroe le vuelve a embestir y le coge por el cuello. El Aqueloo está perdido: su rodilla se dobla sobre la tierra, y su boca muerde la arena.

Al verse vencido, recurre a sus metamorfosis y se transforma en serpiente. Al ver cómo su cuerpo se retuerce en espirales y cómo silba ferozmente su lengua, Hércules se ríe y se burla de sus habilidades, él sabe mucho de serpientes; era un recién nacido cuando ahogó a las dos que su madrastra Juno le puso en la cuna. Así se lo dice:

«Vencer serpientes ha sido trabajo mío desde mi cuna y, aunque venzas a las demás serpientes, tú sólo eres una, mientras que la hidra de Lerna era a la vez cien serpientes. Tenía cien cabezas y, cuando se le cortaba una, en su lugar le nacían otras dos. Yo vencí a ese monstruo, al que el daño hacía crecer. ¿Qué crees que va a ser de ti si eres una falsa serpiente y manejas unas armas que no son las tuyas?».

Al mismo tiempo le agarra el cuello con sus dedos de hierro que parecían tenazas, el Aqueloo se ahoga e intenta vanamente arrancar esos dedos que le dejan sin respiración.

Vencido así, le queda una tercera forma, la de toro bravo. Con esta apariencia, vuelve a la lucha. Hércules, por la izquierda, le agarra los músculos del cuello otra vez; él intenta coger carrera y arrastrarlo, pero el héroe con su potentísima fuerza se lo impide y le hace clavar los cuernos en la tierra y, por fin, lo tiende en la arena. Pero no le basta esto, con su mano derecha le arranca uno de los duros cuernos de su cabeza. Las Náyades lo cogen y lo llenan de frutas y flores olorosas, y desde entonces la alegre Abundancia es rica gracias a ese cuerno; se llamará Cornucopia o Cuerno de la Abundancia.

El río Aqueloo calla, y una de las Ninfas a su servicio, con el vestido recogido como la diosa Diana y el cabello suelto, les trae el cuerno lleno de todo un otoño –tanta era la comida recogida en ese tiempo– y como postre sabrosas frutas.

Cuando llega el día y el sol hiere las cumbres de los montes, los jóvenes se marchan, no esperan a que los ríos tengan otra vez cauces apacibles ni a que todas las aguas vuelvan a sus límites. El Aqueloo esconde entre sus ondas el tosco rostro y su cabeza, a la que le falta un cuerno.

Neso y Deyanira

El Aqueloo está triste porque le falta un cuerno, pero está vivo e incluso puede disimular esa pérdida con ramas de sauce o cañas, pero el feroz centauro Neso perdió la vida por la pasión que sintió por la misma bellísima joven.

Hércules, que con Deyanira, su esposa ya, volvía a su patria, llega junto al río Eveno, de aguas turbulentas. Crecido por las lluvias torrenciales del invierno, estaba lleno de remolinos y no se podía franquear. Hércules no le tenía miedo, pero sí temía que se llevara a su esposa. El centauro Neso, que conocía muy bien los vados del río, le dice: «Yo la llevaré a la otra orilla, Alcides; tú, con tus fuerzas, nada y llega al otro lado». Deyanira estaba pálida por el miedo, temía tanto al río como al centauro. Hércules, sin sospechar nada, acepta el ofrecimiento de Neso y se la entrega. Y él, cargado con la aljaba y la piel del león de Nemea –al que había muerto en uno de sus famosos trabajos–, lanza al otro lado su clava y el arco, y se tira a la corriente sin mirar dónde puede ser más suave. Alcanza la otra orilla y, cuando recogía el arco, reconoce la voz de su esposa que, desesperada, grita su nombre.

Al ver que Neso es el causante de su pavor, le chilla:

«¿Adónde te lleva la vana confianza en tus patas, criminal? A ti te lo digo, Neso biforme –era hombre y caballo, un Centauro–, escúchame y no te lleves lo que es mío. Si no me tienes respeto, al menos el recuerdo de lo que le pasó a tu padre, Ixión, encadenado a la rueda por perseguir a Juno, tendría que frenar tu deseo. Pero no escaparás aunque corras como un veloz caballo; te alcanzaré con una herida, no con mis pies».

Y le dispara al mismo tiempo una flecha que atraviesa el lomo de Neso, que ya había emprendido la huida. El hierro sobresalía por su pecho, Neso se lo arranca, y la sangre brota de los dos agujeros, mezclada con el veneno de la hidra de Lerna con que estaba impregnada la flecha. Neso, en un último esfuerzo, empapa una túnica con la sangre caliente y se lo da como regalo a Deyanira fingiendo que es porque la quiere y le dice que quien se la ponga recobrará el amor perdido.

Pasaron muchos años. Las hazañas de Hércules se sabían en toda la tierra y habían hecho desaparecer el odio de su madrastra, Juno. Volvía el héroe vencedor de Ecalia y traía de ese país como rehén a la hija del rey, la bella y joven Iole. La Fama, que añade lo falso a lo verdadero y que lo va aumentando gracias a mentiras, llega a palacio antes que el propio Hércules: dice que el héroe está cautivo del amor de Iole y que la trae para vivir con ella en su morada.

Deyanira se lo cree y llora desesperadamente. Pero, después de desahogar su inmenso dolor, se dice:

«¿Por qué llorar? Mi rival se alegrará con mis lágrimas y, ya que está a punto de venir y ocupar mi puesto en la alcoba, tengo que darme prisa y pensar algo. ¿Tengo que quejarme o callar? ¿Debo marcharme de palacio y volver a mi patria, Calidón, o quedarme en él? ¿Y si acordándome, Meleagro, de que soy tu hermana, me preparo para una hazaña valerosa y degüello a mi rival para demostrar lo que puede el ultraje y el dolor de una mujer?».

En su alma luchan distintos impulsos y varias ideas. Pero su amor puede con todo y decide mandarle a Hércules la túnica impregnada de sangre del centauro Neso para que su poder devuelva a Hércules la memoria del amor olvidado que le tenía. Sin saber lo que le da, le entrega a Licas, el fiel compañero y mensajero de Hércules, la túnica que la va a sumir en una pena todavía más honda, para que se la dé a su querido esposo como regalo.

El héroe acepta el obsequio sin sospechar nada y se pone sobre los hombros la túnica, mortífera por el veneno de la hidra de Lerna.

Muerte de Hércules

Hércules estaba haciendo un sacrificio a Júpiter; echaba incienso a las primeras llamas, rogaba al dios y derramaba una copa de vino en el altar de mármol, cuando la fuerza del veneno se calentó con las llamas y se esparció por todo su cuerpo. Mientras pudo, el héroe, con su enorme fortaleza, calló el dolor inmenso, hasta que el mal fue tan espantoso que derribó el altar y llenó de gritos el monte cercano.

Intenta rasgar la túnica mortal, pero por donde tira, se arranca trozos de piel; o la ropa se queda adherida a la piel y no se la puede despegar o, al tirar de ella, deja al aire la carne viva e incluso los huesos. La misma sangre, como pasa cuando se sumerge en agua fría una barra de hierro candente, hierve y chirría con el fuego del veneno. No hay límite: las llamas voraces le llegan a las entrañas, todo el cuerpo desprende un sudor negro, crujen los tendones abrasados, se derriten los tuétanos de los huesos.

Y Hércules grita, herido por el dolor de muerte, y dirige sus voces desesperadas a Juno, la feroz madrastra:

«Aliméntate, Juno, con mi desgracia. Sacia tu feroz corazón, mira desde lo alto esta calamidad. Pero si un enemigo puede tener compasión, es decir, si tú te compadeces de mí, quítame por favor esta vida atormentada por suplicios infernales, odiada y que nació sólo para los trabajos. Éste será tu mejor regalo, éste será el obsequio que debe dar una madrastra. ¿Para esto yo acabé con Busiris, el rey de Egipto que sacrificaba a los dioses los extranjeros que llegaban a su país? ¿Para este final quité al fiero Anteo el alimento de su madre, la Tierra, levantándolo del suelo para que no recobrara sus fuerzas al tocarla? ¿Para morir así quité a Gerión, el pastor de tres cuerpos, su manada de vacas que cuidaba en España, en la gaditana isla de Eritea y se la llevé al rey Euristeo? ¿Y también para esto fui capaz de llevarle al perro infernal Cerbero, el de las tres cabezas y el poderoso toro de Creta? ¿Para esto limpié los establos del rey Augias, maté las aves del lago Estinfalo y cacé la cierva de Cerinia? ¿Para esto cogí el cinturón de oro de Hipólita, la reina de las Amazonas, y las frutas doradas del jardín de las Hespérides, que custodiaba el dragón que no conocía el sueño? ¿Así se me premia mi triunfo sobre los Centauros, sobre el jabalí del monte Erimanto, que devastó la Arcadia, y sobre la hidra de Lerna, a la que le crecía el doble de cabezas que le cortaba? ¿Para eso vi los pesebres de los caballos de Diomedes llenos de sangre y cuerpos despedazados, que eran su alimento, y acabé con ellos y con su dueño, el cruel Diomedes? ¿Para acabar así estos brazos estrangularon el gigantesco cuerpo del león de Nemea? ¿Y estos hombros sostuvieron el cielo para sufrir este final? La cruel esposa de Júpiter se ha cansado de mandar, y yo me he cansado de trabajar. Pero ahora me enfrento con una peste a la que no puedo combatir ni con el valor ni con armas ni corazas; un fuego devorador penetra hasta lo más hondo de mis pulmones y se alimenta de todo mi cuerpo. ¡Y en cambio, Euristeo, a quien le llevé mis conquistas por mandato de Juno, goza de buena salud! ¡Y hay gente capaz de creer que los dioses existen!».

Después camina por el alto Eta, devorado por el fuego, por el dolor que le consume, como un toro que llevara clavado en el cuerpo un venablo y sabe que el que se lo ha disparado ha escapado ya. Gime, aúlla, derriba troncos, intenta arrancarse la ropa a jirones, tiende los brazos al cielo, camina tambaleándose.

De pronto ve a Licas, que, escondido en el hueco de una roca, está temblando. Hércules, enloquecido por el dolor, se le acerca y con toda su rabia le pregunta si fue él el que le dio el regalo mortífero, si fue él el causante de su muerte. Licas, pálido, horrorizado, balbucea palabras de disculpa y quiere abrazarse a sus rodillas enfermas, pero Hércules, furioso, lo coge, le hace dar tres o cuatro vueltas en el aire y lo arroja al río cercano como si fuera una catapulta que lo lanzara.

El cuerpo de Licas, cuando aún volaba por los aires, se fue endureciendo. Como las aguas de lluvia se condensan con los vientos helados y se forma así la nieve, y como los copos de nieve, al dar vueltas, se apelmazan en compacto granizo, así Licas, lanzado al vacío por unos brazos tan poderosos y muerto de miedo, condensado todo su líquido, se convierte en un duro pedernal. Aún ahora, en el hondo abismo del río Eubea, hay un peñasco que conserva rasgos de figura humana. Los marineros no se atreven a pisarlo como si fuera a sentirlo y lo llaman Licas.

Desesperadamente, Hércules corta árboles del monte Eta, los apila formando una pira y manda a su amigo Filoctetes que la encienda a la vez que le da su arco, sus flechas y su aljaba porque sin ellos no podría conquistar el reino de Troya, como un oráculo había dicho. Luego tiende en lo alto del montón de leña la piel del león de Nemea y se acuesta en ella apoyado en su maza; tiene el mismo semblante que si estuviera reclinado en un banquete rodeado de amigos y de vasos de vino y coronado de guirnaldas.

Las llamas se extendían ya crepitando y buscaban el cuerpo tranquilo del héroe, que las estaba esperando. Los dioses temieron por el defensor de la tierra. Y Júpiter, al verlo, les dijo:

«Es para mí un placer ese temor, inmortales, y me alegro de que se me llame jefe de un pueblo agradecido y de que os doláis por mi hijo. Sé que lo hacéis por sus hazañas colosales, pero me alegro igualmente de ello. No temáis, despreciad las llamas del monte Eta, porque el que todo lo venció vencerá también el fuego que estáis viendo, y Hércules no lo sentirá más que en la parte que tiene de su madre. Lo que tomó de mí es eterno, libre, fuera del alcance de la muerte, y ninguna llama lo puede destruir. En cuanto acabe su misión en la tierra, voy a recibir esa parte de su cuerpo que es mía en las regiones celestes, y espero que todos estéis contentos con ello. Y si hay alguno que se molesta porque Hércules vaya a ser un dios, no querrá que le dé este premio; pero también sabrá que lo ha merecido y sin querer estará de acuerdo».

Todos los dioses asintieron; todos estaban de acuerdo. Incluso Juno aceptó con buena cara sus palabras, pero no le gustó oír lo último porque le parecía que Júpiter se refería a ella.

El fuego se había llevado cuanto la llama podía destruir y no se reconocía ya la figura de Hércules; nada le queda de lo que le dio su madre, sólo tiene la parte de su padre, Júpiter, que es indestructible. Y como si fuera una serpiente que ha mudado la piel, Hércules, cuando le desapareció todo lo mortal que tenía, resurgió mucho más poderoso, más grave, más augusto. Y su padre, Júpiter, lo arrebató en un carro tirado por cuatro caballos, envolviéndolo en nubes huecas, y lo dejó entre los astros radiantes: es ya la constelación que lleva su nombre.

El gigante Atlas, que sostiene la bóveda celeste en sus hombros, notó en seguida el nuevo peso.

Alcmena

La madre de Hércules, Alcmena, ya anciana, sufre la carga del mucho dolor vivido y sólo se consuela hablando con la joven Iole, a quien le cuenta las extraordinarias hazañas de su hijo y su desgracia. Iole se había casado con Hilo, el hijo de Hércules y Deyanira, y estaba esperando un niño. Alcmena le desea que los dioses la ayuden en el parto, le acorten el tiempo de sufrir y que Lucina, la protectora de las parturientas, esté en ese momento a su lado. Sobre todo, le desea que no le pase lo que a ella le ocurrió y se lo cuenta.

Había llegado ya el momento en que Hércules tenía que salir a la luz, y el vientre de su madre ya no podía soportar su enorme peso, se notaba que Júpiter era su padre. Alcmena ya no podía seguir sufriendo sus fatigas, aún ahora suda angustiada al recordar aquel terrible dolor. Durante siete días y siete noches se prolonga su agonía; agotada por el sufrimiento, tiende los brazos al cielo y llama a gritos a Lucina. Viene por fin, pero no para ayudarla; Juno la había convencido de que acabara con la vida de su odiada Alcmena. No podía olvidar que Júpiter había tomado la forma del esposo, el rey Anfitrión, para gozar de la belleza de Alcmena, ni que el dios de dioses había mandado a Apolo que no alumbrara la tierra y no saliera con el carro del sol por una vez para que la noche fuera doble.

Lucina se sentó en un altar que estaba delante de la puerta de la parturienta y con una pierna encima de la otra, apretando con la corva derecha la rodilla izquierda, y con los dedos entrelazados como el peine con los cabellos, impedía el parto. Decía además fórmulas mágicas que lo frenaban. Alcmena grita enloquecida por el dolor, hace fuerza en vano. Las tebanas la asisten, pero nada pueden hacer; ruegan a los dioses, la animan, pero no saben que Lucina no ayudaba, sino que estorbaba el parto obedeciendo a la rencorosa Juno.

Galántide, una de sus sirvientas, una rubia campesina, muy activa, muy eficaz, la predilecta de Alcmena, se dio cuenta de que algo pasaba. Al entrar y salir del aposento, vio a Lucina sentada en el altar y apretando sobre las rodillas los dedos entrelazados. Se le acercó y le dijo, mintiendo: «Quienquiera que seas, felicita a mi señora. Alcmena ha dado ya a luz y ha visto cumplidos sus deseos». Lucina, sobresaltada, soltó las manos, y en ese momento, Alcmena pudo dar a luz, libre de esa atadura que no le dejaba.

Galántide, al ver que su treta había dado resultado, se rió de la diosa. Y entonces ella, cruel, la cogió por los cabellos y la arrastró. Quería la muchacha levantar el cuerpo del suelo, y Lucina cambió sus brazos en patas delanteras: era ya una comadreja. Sigue siendo muy activa y, por haber ayudado a una parturienta con boca mentirosa, pare por la boca.

Dríope

Al ver Iole que Alcmena se entristece con el recuerdo de su antigua sirvienta, le dice que la metamorfosis la sufrió una mujer que no era de su sangre y que, en cambio, ella tuvo que vivir la transformación de su propia hermana. Y le cuenta la historia entre lágrimas.

Dríope era la única hija de su madre —Iole había nacido de otra mujer—, bellísima, estaba casada con Andremon. Vivían felices. Un día se acerca a un lago cuyas orillas eran escarpadas como si fueran acantilados que bordearan el mar; los mirtos coronaban las rocas. Dríope fue allí, desconocedora de su destino, para coger mirto y hacer coronas a las Ninfas. Llevaba en su regazo a su hijo, que aún no tenía un año, y lo amamantaba.

No lejos del lago vio un loto acuático, de color púrpura, lleno de bayas. Dríope cogió de él algunas flores para dárselas a su hijo. Iole, que la acompañaba, iba a hacer lo mismo; pero se dio cuenta de que de las flores caían gotas de sangre y de que las ramas se movían temblando, porque aquella planta era en realidad una ninfa. La ninfa Lótide, huyendo del lascivo Príapo, se había transformado en el loto. Ninguna de las dos hermanas lo sabían. Dríope, al ver la sangre, retrocede, ruega a las Ninfas, quiere alejarse, aterrorizada, pero sus pies están ya pegados al suelo, son una raíz. Quiere arrancarlos y sólo mueve la parte superior del cuerpo. Empieza a crecer desde abajo una blanda corteza que va cubriendo su cuerpo; intenta, desesperada, arrancarse con las manos los cabellos, pero no encuentra más que hojas, su cabeza estaba ya cubierta de ramaje. El niño nota que no sale ya leche del pecho de su madre, que se está endureciendo.

Iole, espectadora del destino implacable, no puede hacer nada. Abraza el tronco y las ramas, intenta impedir que sigan creciendo, quiere esconderse ella misma debajo de la corteza. Llega el esposo, Andremon, y el desgraciado padre, y los dos buscan desesperadamente a Dríope; Iole les señala el loto. Los dos besan la madera tibia aún, se dejan caer llorando junto a las raíces del árbol y lo abrazan.

Dríope ya no tiene más que el rostro que no sea árbol, todavía puede verter lágrimas que resbalan por las hojas que se han formado en su cuerpo desgraciado. Y aún puede decir unas últimas palabras:

«Juro que no he merecido este castigo. He vivido sin hacer daño a nadie. Si miento, que me seque y pierda las hojas que tengo, que me derriben a hachazos y que me quemen. Cuidad de mi niño, dadlo a una nodriza para que lo amamante y haced que venga a jugar debajo de mi árbol.

Y cuando aprenda a hablar, enseñadle a decir "mi madre
está oculta en este tronco". Pero que no se acerque al lago,
que no coja flores de los árboles, que sepa que todas las
plantas, que todos los árboles son cuerpos de ninfas, de
diosas. ¡Adiós, mi querido esposo! ¡Adiós, tú, mi hermana! ¡Adiós, padre amado! Y si me queréis, haced que nadie corte mis ramas. Como yo no puedo ya inclinarme hacia vosotros, acercaos para que os bese, levantad a mi hijito
para que lo bese también a él por última vez. Ya no puedo
seguir hablando, la corteza avanza por mi blanco cuello.
Quitad vuestras manos de mis ojos, dejad que la corteza
cierre sin vuestra ayuda mis ojos moribundos».

Cuando calló, dejó de existir; pero mucho tiempo después sus ramas aún estaban calientes.

Iolao

Iole llora contando la trágica historia de su hermana, y
Alcmena le seca las lágrimas con la mano. Pero de pronto olvidan su pena porque aparece en el umbral un joven,
un adolescente, con bozo en sus mejillas; era Iolao, reju-
venecido por Hebe, hija de Juno, que se había casado con
Hércules cuando el héroe, ya dios, formó parte del cielo.
Había hecho el prodigio accediendo a la súplica de su esposo. Iolao, sobrino de Hércules, le había ayudado en su
lucha contra la monstruosa Hidra, quemando con tizones
los cuellos de la serpiente para que no renacieran sus cabezas, y así el héroe pudo, por fin, cortarle la cabeza inmortal.

Hebe estaba a punto ya de jurar que nunca más reju-
venecería a nadie, cuando la diosa profética, Temis, se lo

impidió, porque sabía qué es lo que iba a ocurrir y veía cómo Júpiter exigiría un día a Hebe que rejuveneciese a los nietos del río Aqueloo.

Los dioses, al oír lo que decía Temis, protestaron de que ellos no pudieran dar el mismo don porque todos tenían a alguien a quien quisieran rejuvenecer. La Aurora estaba casada con Titono, para quien había pedido la inmortalidad, pero había olvidado que iba a envejecer eternamente, y ahora quisiera poder rejuvenecerlo. Venus amaba a Anquises, el padre de su hijo Eneas, y también le veía envejecer, ¡cuánto hubiera querido poder darle otra vez las fuerzas de su juventud!

Los dioses pasan de los murmullos al tumulto, hasta que Júpiter interviene y les pregunta adónde quieren ir a parar, nadie puede dominar el destino; por el destino, Iolao había vuelto a ser joven. El destino manda sobre todos; sobre ellos, los dioses, y también sobre él, Júpiter. A él también le gustaría poder rejuvenecer a algunos a los que quiere mucho; a los tres hijos que tuvo con la ninfa Europa, Éaco, Radamantis y Minos, los tres están ya abrumados por los años. Los dioses callan porque ven, en efecto, a los tres ancianos, sin fuerzas y saben cuánto le gustaría a su padre, Júpiter, que tuvieran todo el esplendor de su juventud.

Biblis

El solo nombre de Minos, cuando era joven, había aterrorizado a naciones; ahora, en cambio, el rey de Creta no se atrevió a alejar de palacio a Mileto, su soberbio nieto, aunque sospechaba que quería alzarse contra su reino.

Pero Mileto, un día, cruzó en veloz navío las aguas del Egeo y se fue a tierras asiáticas, donde fundaría una gran ciudad que llevaría su nombre. Allí vio, paseándose por las orillas del Meandro, el río sinuoso que tantas veces vuelve en su cauce al mismo sitio, a una bellísima ninfa, Ciánea, hija del río. Casó con ella y tuvieron dos hijos gemelos: Biblis y Cauno.

Biblis no tiene más ojos que para su hermano. Cuando va a verle, se arregla para parecerle hermosa; le gusta abrazarle, besarle, pero todavía no ha descubierto que no es amor de hermana, sino pasión hacia el que no debe tenerla. Sueña con él; siente, al despertar, haberlo hecho, pero piensa que el sueño está libre de testigos y no desea más que volver a soñar con el bellísimo hermano, al que quiere más como mujer que como hermana. Empieza a sentir que lo sea; le gustaría tener otro nombre, tener otros padres, que él fuese de mejor familia que ella; lo único que comparte con él, los padres, es lo que le separa de él. Se da cuenta lentamente de que le consume el corazón un fuego prohibido y les pide a los dioses que lo expulsen de su pecho o que la maten y así, muerta en el lecho, su hermano la besará. Se lamenta de ese amor que la destruye, se desespera con lo que no tendría que sentir, y a la vez se pregunta si se atreverá a confesar lo que siente a su adorado hermano. La vergüenza calla su boca, pero decide escribirle una carta secreta confesándole su amor.

Redacta las frases con mano temblorosa. Con la derecha sujeta el estilete y con la otra la cera. Escribe y borra, cambia palabras, deja de escribir, vuelve a hacerlo; no sabe lo que quiere. Su osadía se mezcla con su vergüenza.

Había escrito ya la palabra «hermana», pero la borra y graba entonces las siguientes palabras:

«Una enamorada te desea la salud que ella no puede tener a menos que tú se la des. No se atreve a decir su nombre. Si quisieras saber lo que deseo, me gustaría no tener que decir que soy Biblis antes de que pudiera tener esperanza de conseguir lo que anhelo. Podrían haberte servido de indicio de lo que siento mi palidez, mis ojeras, mis suspiros, mis ojos húmedos. He luchado con todas mis fuerzas contra lo que siento, no puedo más: estoy vencida y tengo que confesártelo y rogar que me ayudes. Tú eres el único que puedes salvar o perder a tu enamorada. Escoge. Te lo pide la que está más unida a ti que nadie y que todavía quiere estarlo más. Ten piedad de la que te declara su amor y que no te lo diría si no la abrasara el fuego más devorador. No hagas que tu nombre figure en el epitafio de mi tumba como causante de mi muerte».

La mano siguió trazando surcos en la cera hasta salirse de ella, la última línea ocupó el borde exterior. Sella entonces su escrito vergonzoso estampando la piedra de su anillo, que humedecen sus lágrimas. Roja de vergüenza, llama a uno de sus criados y con palabras excesivamente halagadoras le dice: «Fidelísimo servidor, lleva estas tablillas a mi…» y calla un momento hasta que puede decir «hermano». Al dárselas, las tablillas se cayeron al suelo; Biblis se dio cuenta del presagio funesto que esto suponía; pero, a pesar del aviso, se las mandó.

Cuando Cauno, su hermano, las leyó, se quedó anonadado y, furioso luego, tiró las tablillas al suelo sin acabar de leerlas. Estuvo a punto de pegar al sirviente y le dijo que, si su muerte no lo hubiese deshonrado, hubiese pagado con su vida ser el intemediario de un deseo criminal. Se lo cuenta éste a Biblis, y la muchacha se queda helada. Se lamenta de su imprudencia, tenía que haber callado, tenía que haber tanteado el terreno con palabras ambiguas. Si quería navegar por ese mar, tenía que haberse enterado de qué viento soplaba para hacerlo segura; ahora tenía todas las velas desplegadas a vientos desconocidos. Al ver que su hermano la rechaza, se ve arrastrada hacia los acantilados, se da cuenta de que ha naufragado y de que le cubren las aguas y sus velas no pueden ayudarle a regresar. Recuerda los malos presagios, cómo se cayeron las tablillas al suelo, cómo después desapareció su esperanza; tenía que haber cambiado de propósito o de día o haberle hablado ella y no confiar a la escritura y a un sirviente lo que sus lágrimas, sus ruegos, hubieran expresado mucho mejor; hubiera podido abrazarse a sus pies y decirle cuánto le quería. Seguro que él le hubiera hecho caso porque ni tenía el corazón de piedra ni había nacido de un tigre ni había mamado leche de una leona. Y decide volverlo a intentar; si lo que ha hecho está mal, ya lo ha hecho, y él se acordará ya siempre de su atrevimiento. Está segura de que su constancia tendrá el premio ansiado, que sus sentimientos vencerán el rechazo de Cauno.

Y vuelve a confesar su amor imposible, y la rechazan no una, sino mil veces. Cauno, huyendo de su hermana, se marcha de su patria y funda en tierra extranjera una nueva ciudad.

Biblis enloquece por completo, se rasga los vestidos, se golpea el pecho, se mesa los cabellos y, gritando, se marcha también de su tierra en busca de Cauno. Vaga por muchos países, incluso llega a la sierra donde habita la Quimera, que tiene cabeza de leona, cola de serpiente y en cuyo pecho arde el fuego. Exhausta, cae tendida con los cabellos en tierra y el rostro sobre las hojas caídas. Las Ninfas intentan muchas veces levantarla y consolarla, pero Biblis no las escucha, sigue tendida y muda, y sus lágrimas humedecen la hierba. Las Náyades ponen debajo de esas lágrimas un canal que nunca pueda secarse y, del mismo modo que manan de la corteza de un árbol gotas de resina o el hielo se deshace en agua con el sol de primavera, así Biblis, consumida por las lágrimas, se convierte en una fuente que todavía hoy lleva su nombre y mana debajo de los matorrales.

Ifis

En Creta hacía poco había ocurrido un hecho tan extraordinario como la metamorfosis de Biblis. Ligdo, un hombre humilde pero honrado, vivía con su esposa Teletusa. Esperaban un hijo. Un día le dijo Ligdo a su mujer:

«Dos cosas pido a los dioses: que tengas el menor dolor posible al dar a luz y que sea un varón. Si llegaras a tener una niña, mátala. Los presagios me obligan a mandártelo».

Llora al decírselo, y más lo hace la mujer al oírlo.

Estaba ya a punto de dar a luz Teletusa cuando en sueños se le aparece Io, ya en su forma de Isis, la diosa egipcia, con cuernos de luna en la frente en recuerdo de cuando fue vaca, espigas de oro y con una diadema con la figura de la cobra. Le dice a la mujer que no obedezca a su marido y que críe lo que dé a luz, sea niño o niña; que ella es la diosa del socorro y la ayudará.

Teletusa se despierta feliz y reza para que su sueño se realice. Empiezan ya los dolores del parto, y en seguida nace una niña. La madre dice a todos que es un niño, sólo la nodriza sabe el engaño. El padre le pone el nombre del abuelo, Ifis, que también podía ser nombre de una niña, y la madre se alegra todavía más. Viste siempre a su hija de niño; su cara, hermosísima, podía ser tanto de niña como de niño.

Tenía Ifis ya trece años cuando su padre lo promete a una muchacha bellísima, la rubia Iante. Tenían las dos la misma edad, la misma educación, la misma belleza. Las dos quedan deslumbradas por la belleza de la otra; pero sus esperanzas son muy distintas, porque Iante cree que se ha enamorado del hombre con el que va a casarse; Ifis, en cambio, sabe que adora a la que es igual que ella y no puede esperar nada. Se dice a sí misma:

«¡Qué va a ser de mí que tengo un deseo que nadie ha conocido, un amor inaudito! Si los dioses quisieron salvarme, debieron salvarme, y si quisieron perderme, hubieran debido darme una enfermedad normal. Ni la vaca quiere a una vaca ni la yegua a una yegua; las ovejas van tras el carnero y la cierva tras el ciervo. Ya en esta isla, Creta, la reina Pasífae tuvo un amor monstruoso: amó a un toro; pero yo no tengo esperanza alguna de poder gozar del amor. Aunque Dédalo regresara volando con sus alas de cera ¿qué haría? ¿Podría con su arte convertirme en hombre? ¿Podría transformar a Iante? ¿Por qué, Ifis —se decía—, no fortaleces tu alma y la liberas de esa pasión irracional? La esperanza alimenta al amor, y tú no tienes ninguna esperanza. Tanto mi padre, como el suyo, como ella, como yo, queremos lo mismo, pero no lo quiere la naturaleza, que es más poderosa que todos nosotros. Se acerca ya el día de la boda, Iante va a ser mía y no puede serlo. Pasaré sed en medio de las aguas, como Tántalo. ¿Para qué vas a venir a la ceremonia, Juno, tú que la proteges, si no hay esposo, si las dos son novias?».

La madre, Teletusa, gana tiempo fingiéndose enferma, pone como excusa malos presagios y va aplazando la boda; pero ya no podía inventar nada más. Era la víspera de la ceremonia, se quita la redecilla que recogía sus largos cabellos y se arrodilla con Ifis al pie del altar de la diosa Isis. Le pide llorando que las ayude, como le había dicho en sueños. La diosa mueve el altar, resplandecen en su imagen los cuernos que parecen de la luna, tiemblan las puertas del templo.

La madre, inquieta, sale del templo, pero confía en los presagios favorables que ha visto. Ifis iba a su lado. Poco a poco, sus pasos se hacen más largos, sus fuerzas aumentan, sus cabellos son más cortos y en desorden, su figura es más robusta, su rostro ya no es blanco: es ya un muchacho. Ifis y su madre, agradecidos, ofrecen presentes a los dioses y lo hacen diciendo «Ifis, siendo hombre, entrega los dones que prometió cuando era mujer».

Al día siguiente, los dioses protectores del matrimonio, Juno, Venus e Himeneo, se reúnen para celebrar la ceremonia de la boda. El joven Ifis está tan contento como su mujer, Iante.

Orfeo y Eurídice

De allí, Himeneo, con su manto azafranado, atraviesa el cielo y va a Tracia. Lo llama Orfeo para que esté presente en su boda con Eurídice. Acudió a ella, pero no tenía el rostro alegre ni dijo las palabras rituales. La antorcha que llevaba no dejó de chisporrotear sin dar llama alguna, y su humo hacía llorar. Los malos presagios se cumplieron.

Eurídice, en un paseo por el prado con las Náyades, fue mordida por una víbora en el tobillo y murió. Orfeo, desesperado, lloró su muerte con tanto sentimiento que la música de su lira y su canto amansaban las fieras, detenían el curso de las aguas, enternecían las piedras, y los pájaros dejaban de cantar para escucharle. Como su Eurídice estaba en el reino de las sombras, hasta allá fue para verla. Encontró espectros, multitud de leves almas, y se presentó ante Proserpina y Plutón, el soberano que reina sobre las sombras.

Acompañándose de la lira, les ruega cantando:

«Dioses del mundo subterráneo, al que venimos a parar los mortales, no he venido aquí para ver el oscuro Tártaro ni para encadenar las tres gargantas del can Cerbero; he venido aquí por mi esposa, a la que una víbora picó y le arrebató los años que aún crecían. Yo intenté superar el dolor de su pérdida, pero no he podido. El Amor es un dios demasiado poderoso; vosotros lo conocéis bien. Por estos lugares llenos de espanto, por el silencio de este inmenso territorio, yo os pido que volváis a tejer el prematuro destino de Eurídice. Todos los seres, más pronto o más tarde, llegaremos aquí, ésta es nuestra última morada. También Eurídice será vuestra cuando haya cumplido los años que le corresponden. Os pido como un inmenso favor que pueda hacerlo. Y si los hados me niegan ese don, he decidido no volver yo: gozad con la muerte de los dos».

Mientras hablaba y acompañaba con el son de las cuerdas sus palabras, las almas sin sangre lloraban. Tanta era la belleza de su música y el dulce sentimiento de sus palabras que Tántalo se olvidó de su sed y no quiso acercarse al agua que se le alejaba; la rueda de Ixión dejó de moverse; las aves se olvidaron del hígado de Titio y Sísifo se sentó sobre la enorme piedra que tenía que subir a la cima del monte. Las mismas Furias, las Euménides, quedaron seducidas por la belleza del canto, y sus mejillas se humedecieron por primera vez de llanto. Ni Proserpina ni Plutón fueron capaces de negarse a lo que les pedía Orfeo. Llamaron a Eurídice, que estaba entre las sombras recién llegadas; avanzó con paso lento por la herida del pie. Se la devuelven a Orfeo, pero con una condición: no puede volver la cabeza para mirarla hasta que hayan salido del Hades. Si lo hace, la perderá para siempre.

Caminan por parajes de silenciosa quietud, siguen un camino empinado, abrupto, oscuro, en medio de negras tinieblas, hasta llegar al límite de la tierra. Allí, por miedo a que Eurídice no tuviese fuerzas y ansioso por mirarla, Orfeo volvió la cabeza, y al instante ella cayó de nuevo al abismo. La vio por última vez extendiendo sus brazos para abrazarle, y lo único que podía abrazar era el aire. Al morir por segunda vez, Eurídice no se queja de nada; no podía reprocharle nada a su esposo, porque su única falta fue amarla demasiado. Le dice un último adiós, que apenas puede llegar a oídos de Orfeo, y desciende de nuevo al lugar de donde estuvo a punto de salir.

Orfeo suplica de nuevo a los dioses, quiere volver a pasar el río Aqueronte, pero el barquero Carón no lo acepta en su barca. Estuvo siete días sentado en la orilla, desaliñado y sin comer nada; le alimentaron la angustia y la pena inmensa de su alma; bebió sus lágrimas. Llamó crueles a los dioses del Hades y se retiró a la cima de un monte, donde soplaba el frío Aquilón.

Pasaron tres años; tres veces había ido el sol de Aries a Piscis, y Orfeo había rechazado a todas las mujeres que le ofrecían su amor. El recuerdo de Eurídice era demasiado intenso y no podía amar a ninguna otra mujer.

Orfeo subió a un montículo coronado por una extensa llanura, tapizada de verde hierba. No había un solo árbol. Cuando el músico empezó a tocar su lira y a cantar, surgió la sombra: lo rodearon la encina, doblada por el peso de las bellotas, los álamos, los blandos tilos, el haya, el laurel, los frágiles avellanos, el fresno, con el que hacen las jabalinas, el abeto, el plátano, el arce, los sauces, el loto acuático, el verde boj y el mirto de dos colores. También se acercaron al oír su música las hiedras, las vides y los olmos, los pinos y el madroño, cargado de fruto rojo, y las palmas con las que se corona a los vencedores y el ciprés, acabado en punta.

Cipariso

El ciprés había sido antes un hermoso joven, muy amado por Apolo, el dios músico y arquero. Cipariso quería mucho a un maravilloso ciervo, sagrado para las ninfas de la isla de Ceos. Era enorme, sus cuernos daban sombra a su propia cabeza. Lo habían adornado con numerosas joyas: oro en sus cuernos, un collar de piedras preciosas en el cuello, en la cabeza una medalla de plata, perlas en las orejas. El animal, libre del temor que por naturaleza tiene, se acercaba a las casas y dejaba que incluso manos desconocidas acariciasen su cuello. Cipariso lo llevaba a pastos nuevos, a las aguas de una fuente cristalina, le ponía en sus cuernos guirnaldas de flores y, montado en él como un jinete, lo hacía ir de un lado a otro tirando de riendas de púrpura que sujetaban su blanda boca.

Era mediodía de un día de verano. En el cielo, hervían con el calor las pinzas curvas de Cáncer, el Cangrejo, que en un tiempo ayudó vanamente a la Hidra en su lucha contra Hércules. El ciervo, cansado, dejó caer su cuerpo en la hierba, buscando la sombra y el frescor de los árboles. Cipariso, sin querer, cazando, atravesó con una jabalina el cuerpo del animal y, al verlo muerto, por su culpa, desesperado, decidió suicidarse.

Febo intenta consolarle, le dice que su dolor tiene que ser proporcionado al ser que se lo causa, que tiene que ser más mesurado. Pero Cipariso sigue llorando sin consuelo y les pide a los dioses que le permitan guardar luto siempre.

Cuando ya toda la sangre se le ha ido en su llanto interminable, su cuerpo va adquiriendo color verde;

los cabellos, que antes le colgaban de la blanca frente, se enmarañan, se vuelven rígidos y al fin contemplan, como una aguda copa, el cielo.

Apolo, apesadumbrado, le dice al joven, que se está convirtiendo en ciprés: «Yo te guardaré luto a ti, y tú lo guardarás a otros y acompañarás a los que están de luto».

Jacinto

Todos los árboles rodeaban a Orfeo para escuchar su maravilloso canto y también las fieras y los pájaros. Después de probar las cuerdas de su lira y comprobar que los acordes eran armoniosos, empezó a cantar. Primero se dirige a su madre, la musa Calíope:

«Oh Musa, madre mía, haz que Júpiter inspire mi canción, él manda sobre todas las cosas. Muchas veces he celebrado antes su poder; solemnemente he cantado su lucha contra los Gigantes, pero ahora de forma más ligera cantaré a los jóvenes que fueron amados por los dioses y el castigo que recibieron muchachas que se enamoraron de quienes no debían».

Y empezó a cantar la historia de jóvenes muy bellos, tanto que despertaron amor en los mismos dioses. Canta cómo en otro tiempo Júpiter, al ver al bellísimo Ganimedes, un joven troyano, se transformó en águila y lo raptó llevándoselo al Olimpo. Allí está todavía mezclando las bebidas que beben los dioses y sirviendo el néctar, la ambrosía, a Júpiter. Y después canta la historia de Jacinto.

Le hubiera gustado a Apolo llevárselo al cielo, pero de alguna manera llegó a ser también eterno porque cuantas veces la primavera desplaza al invierno y Aries, el Carnero, sucede al lluvioso Piscis, otras tantas surge él y sus flores entre la hierba.

Por él Apolo se olvida de Delfos, el centro del mundo –el ombligo de la tierra llamaban a esta ciudad–, donde una sacerdotisa hablaba por su boca y anunciaba el futuro; se olvida de las cítaras y de las flechas. Se olvida de sí mismo; se pasa el día cazando con Jacinto, el bello joven espartano; lleva las redes, sujeta los perros, anda por los lugares escarpados de las montañas, siempre a su lado.

Un día, cuando el sol estaba en su lugar más alto, los dos untan de aceite sus cuerpos para competir en un certamen de lanzamiento de disco. Febo fue el primero que, después de balancearlo, lo lanza al cielo y rompe las nubes; después de mucho tiempo, va a caer el disco al suelo, y se ve la fuerza y la habilidad del dios. Pero antes, imprudentemente, llevado por las ganas de empezar su actuación, Jacinto fue a recoger el disco del suelo, pero la dura tierra, al tocarlo, lo hizo rebotar hacia arriba y lo lanzó contra el rostro del joven espartano.

Palidece Jacinto, y Apolo tanto como él. El dios coge el cuerpo que se desploma, intenta en vano reanimarle, tapona sus heridas, le aplica hierbas intentando detener la vida que se le escapa; pero de nada sirve el arte del dios: la herida es incurable. Como al pisar en un jardín recién regado violetas, amapolas y lirios de lenguas azafranadas, las flores, marchitas, dejan caer de pronto sus cabezas ajadas, que no se sostienen en sus tallos, y miran con ellas la tierra, así yace el rostro del joven moribundo; la cabeza, sin fuerzas, es una ya pesada carga para sí misma y descansa sobre el hombro.

Febo, desesperado, le dice al joven Jacinto:

«Te mueres, robada tu primera juventud. Tu herida es mi delito; tú eres mi dolor y mi crimen, mi mano derecha tiene que llevar grabada tu muerte porque yo soy responsable de tu destrucción. Pero ¿cuál es mi culpa?, ¿jugar es delito?, ¿querer es delito? ¡Ojalá se me permitiera entregar mi vida junto a la tuya! Pero como la ley del destino me lo prohíbe, siempre estarás conmigo y siempre hablaré de ti. Te cantaré, y transformado en flor, tú imitarás en tu escritura mis gemidos. Y llegará un día en que podrá leerse en tus pétalos el nombre del más valiente de los héroes».

Mientras habla Apolo y le predice el futuro, la sangre de Jacinto, que había manchado la hierba, deja de ser sangre, y resplandece más que la púrpura de Tiro; es ya una flor parecida a un lirio, pero con pétalos rojos. En sus pétalos Apolo escribe él mismo su gemido, y en la flor se puede leer «¡Ay! ¡Ay!», letras de duelo. Años después se leerá en ella «Áyax», el nombre del héroe de la guerra de Troya. Y todos los años Esparta venerará el de Jacinto con fiestas.

Los Cerastas

Chipre, fértil en minas de cobre, se avergüenza, en cambio, de haber sido la tierra de los Cerastas; llamados así, «cornudos», por tener dos cuernos en la frente. Delante de su puerta estaba el altar de Júpiter Hospitalario, que era espantosamente criminal. Cuando un forastero lo veía lleno de sangre, podía pensar que en él se habían sacrificado becerros u ovejas; pero no, ¡se había sacrificado a un huésped!

Ofendida por estos ritos sacrílegos, la propia Venus, bienhechora de Chipre, iba a abandonar sus ciudades y los campos de su amada isla. Pero de pronto se preguntó qué culpa tenían esos parajes tan queridos, esas ciudades suyas; eran los Cerastas los malvados. Ellos iban a pagar sus espantosos crímenes con el destierro o con la muerte, o tal vez mejor –pensó–, con algo que estuviera entre la destrucción y el exilio, ¡con la metamorfosis de su figura!

Estaba pensando en qué los iba a cambiar, cuando miró sus cuernos y se le ocurrió convertirlos en fieros toros.

Ni al ver este castigo, las desvergonzadas Propétides dejaron de despreciar a Venus; negaban que fuera una diosa. Fue tal la cólera de Venus que hizo que ellas fueran las primeras en vender su belleza, su cuerpo. Y cuando perdieron el pudor y su rostro dejó de enrojecerse, sin vergüenza ya, las transformó, sólo con un pequeño cambio, en un duro pedernal.

Pigmalión

Vivía en Chipre un gran escultor, Pigmalión. Estaba solo, llevaba muchos años sin esposa. Un día esculpió una estatua de marfil; de sus manos salió un figura femenina maravillosa, más bella que ninguna mujer real. El rostro era el de una joven que parecía viva, a la que sólo su recato le impedía moverse, de tal forma el arte está escondido por el propio arte.

Pigmalión queda admirado de su propia obra, y en su corazón empieza a arder el fuego por aquel cuerpo ficticio. Incrédulo, tiene que comprobar con sus manos que aquel cuerpo es de marfil y aun así no acaba de creérselo. Besa la estatua y cree que ella le devuelve los besos; le habla, la abraza y teme, al tocarla, que sus dedos amoraten la carne que oprimen. Le lleva los regalos que les gustan a las jóvenes: conchas, piedrecitas lisas, pájaros, flores de mil colores, lirios, pelotas de colores, gotas de ámbar. La viste con bellos trajes, le pone anillos en los dedos, collares en el cuello, pendientes de perlas en las orejas. Todo le sienta bien, aunque desnuda es también hermosísima.

En Chipre se celebraba el día de Venus; se le sacrificaba vacas y se quemaba incienso en su honor. Pigmalión le hace su ofrenda y, junto al altar, le pide a la diosa que su esposa sea parecida a la joven de marfil, porque no se atreve a decir lo que realmente quiere decir: «que sea la joven de marfil». Venus entiende muy bien lo que le pide y, para mostrarle que se lo concede, hace que la llama del altar se encienda y que crezca tres veces.

Pigmalión vuelve a su casa y se acerca a la estatua, que reposa en un lecho de blandas plumas. La besa y le parece que ha perdido la frialdad del marfil, que está tibia. La abraza, y el cuerpo se ablanda al sentir sus brazos, como la cera se reblandece al sol y puede así moldearse. Pigmalión se queda atónito, teme ser víctima de una ilusión y vuelve a tocar con sumo cuidado el cuerpo de su amada estatua. ¡Es realmente un cuerpo vivo! Sus dedos notan cómo late la sangre en sus venas. Pigmalión da gracias a la diosa Venus y besa con sus labios los labios por fin verdaderos. La joven siente que la están besando, se ruboriza y abre tímidamente los ojos. A la vez ve el cielo y a su amado.

A su boda asistió la propia Venus. Cuando ya se habían juntado nueve veces los cuernos de la luna para formar el disco entero, ella dio a luz a una niña, Pafos, que daría nombre a una isla.

Mirra

De Pafos nació un hijo, Cíniras, que hubiera sido feliz si no hubiera tenido descendencia.

Orfeo, al ir a cantar su historia, anuncia que va a hablar de un hecho espantoso, que es mejor que se crea que nunca ocurrió o que si piensa que es verdad, que nadie olvide el castigo que le siguió. Aunque Chipre sea rica en amomo, en canela, en incienso y en mirra, no valía la pena que surgiera el árbol que produce esta última por tan alto precio.

El mismo Cupido niega que fueran sus dardos los que perdieron a Mirra. Fue una de las tres Euménides, una de las tres Furias, la que sopló sobre ella con sus víboras hinchadas. Es un crimen odiar al padre, pero amarle es un crimen mayor que el odio.

Muchos jóvenes pretenden a Mirra, pero a todos los rechaza. Ella se da cuenta de por qué lo hace y trata de luchar contra su torpe pasión. Piensa que entre los animales no se distingue entre padres e hijos, que la naturaleza permite que se emparejen entre sí; son los hombres los que lo han prohibido. Admira a Cíniras, el rey, su padre, pero no lo ama como a un padre, le gustaría poder ser su mujer. Con horror se da cuenta de que quiere ser la rival de su madre, de que su hijo podría ser su hermano. Se acuerda con espanto de las Euménides, que tienen negras serpientes por cabellos; ellas acercan tizones a los ojos y al rostro y ven así la culpa en los corazones.

Un día su padre le pregunta a cuál de los pretendientes quiere por esposo. Mirra calla, mira fijamente a su padre, su corazón se abrasa y sus ojos se inundan de lágrimas. Cíniras cree que es su timidez, le seca las lágrimas, la abraza y le pregunta cómo quiere que sea su marido. Ella le dice «como tú», y el padre, que no entiende el significado de estas palabras, le dice, contento, que siga siendo tan piadosa. Mirra baja los ojos.

Es medianoche. Todos duermen menos Mirra. Su enloquecido deseo equivocado no la deja dormir. Desea y se avergüenza. Como un inmenso tronco que, herido por el hacha, no se sabe dónde va a caer, así su alma se tambalea insegura de un lado a otro; finalmente no ve más remedio a su tormento que la muerte. Se levanta, ata su cinturón en una viga y se lo anuda en la garganta con un lazo. Con el ruido, su vieja nodriza, que guardaba el umbral de su aposento, se despierta, abre la puerta y, al ver los instrumentos de la muerte, grita y arranca la correa del cuello de la muchacha y la rompe. Sólo entonces empieza a llorar, a abrazarla, a preguntarle el motivo de tal disparate. La joven calla, mira inmóvil el suelo y siente no haber podido acabar su intento de quitarse la vida. La nodriza, desesperada, sigue preguntándole el porqué. La joven se vuelve de espaldas y gime. La anciana intenta consolarla y tranquilizarla: si es locura, ella conoce a una hechicera que puede curarla con sus hierbas y sus ensalmos; si es maleficio, hay ritos mágicos para quitarlo; si es la cólera de los dioses, se harán sacrificios para aplacarla. No se le ocurre nada más, porque su casa y su fortuna están a salvo, viven aún sus padres.

Pero Mirra no le contesta, sigue suspirando y llorando. La nodriza la abraza, intenta calmarla y de pronto se da cuenta de su mal: ¡está enamorada! Le dice que también para esto tiene remedio, que ella le será totalmente fiel y que su padre no se enterará. Mirra, enloquecida, se libera de sus abrazos y a gritos le dice que la deje, que no pregunte más. Que lo que quiere saber, que lo que la hace desesperar es un crimen, y es mucho mejor que no sepa nada. La anciana se asusta, le suplica que se lo diga, le tiende sus manos, que tiemblan de años y de miedo; pero también la amenaza con delatar su intento de suicidio, si no se lo dice.

Mirra, llorando amargamente, intenta muchas veces confesárselo sin atreverse a hacerlo, hasta que se le escapa, entre gemidos, una exclamación: «¡Madre, qué feliz eres con tu esposo!». La nodriza de pronto lo entendió todo: empezó a temblar de pies a cabeza, y el cabello cano se le puso de punta. Durante horas estuvo intentanto convencerla en vano de que se olvidara, de que arrancara de su corazón su pasión infernal. Mirra no ofrece más solución que la muerte que ya intentó. La nodriza decide ayudarla.

Se celebraban las fiestas anuales de Ceres. Su madre, Cencreide, viste su cuerpo con ropa blanquísima, ofrece guirnaldas de espigas a la diosa y lejos de su casa participa en los ritos de la fiesta. La nodriza aprovecha que el rey

Cíniras está borracho y a oscuras lleva a su aposento a Mirra. La luna huye del cielo, nubes negras ocultan las estrellas, que se esconden para no ver. Se oye tres veces el canto de muerte del búho.

Cuando Cíniras se entera del crimen que ha cometido, saca su espada refulgente de la vaina y persigue a Mirra. La ciega noche permite huir a la muchacha; vaga sin rumbo por los anchos campos durante meses. Temiendo la muerte y odiando la vida, un día les dice a los dioses que no quiere ofender a los vivos sobreviviendo, pero tampoco a los muertos muriendo y les ruega que le nieguen tanto la vida como la muerte. Mientras habla, la tierra le cubre las piernas, se le rompen las uñas y por ellas se extiende la raíz que sostiene su largo tronco; la sangre es ya savia, los brazos son ramas y la piel se convierte en corteza. El árbol que la iba invadiendo estaba ya a punto de taparle el cuello, pero ella no soportó la espera y hundió el rostro en la corteza. Sigue, sin embargo, llorando, y sus lágrimas son gotas tibias que manan del árbol, que se llaman como ella, mirra.

En mitad del tronco, el árbol se comba porque allí está un niño que busca camino para salir a la luz. El árbol ya no tiene palabras para expresar el dolor que siente. Lucina, la diosa protectora de los partos, le pone las manos encima y dice palabras que lo provocan. El árbol se resquebraja, y por la corteza hendida sale un niño maravilloso. Las Náyades lo colocaron sobre la blanda hierba y lo ungieron con gotas de mirra, las lágrimas de su madre. Lo miran embelesadas, tan bello es que hasta la Envidia habría alabado su belleza.

Venus y Adonis

El tiempo que vuela se desliza ocultamente. Han pasado ya tantos años que aquel niño es ya un hombre bellísimo, se llama Adonis. Un día, Cupido abrazaba a su madre, Venus, cuando, sin darse cuenta, le rozó el pecho con una de sus flechas, que sobresalía. La diosa, herida, apartó con la mano a su hijo. Sin que ella se diera cuenta al comienzo, la flecha había ahondado más de lo que parecía. Era Adonis el objeto de su amor.

Cautivada por la hermosura de aquel hombre, ya no va a las playas de Citerea, la isla donde está su templo, ni a Pafos, rodeada de un profundo mar, ni a la ciudad de Cnido, abundante en peces, donde se la venera. Ni tan siquiera va al cielo; prefiere estar con Adonis. En vez de ocuparse, como siempre, de cuidar su belleza, ahora caza con Adonis. Lleva un vestido corto, como Diana, azuza a los perros por los bosques; persigue a liebres, gamos, ciervos, animales que no la ponen en peligro. Se mantiene alejada de los jabalíes, lobos, osos y leones, y le advierte a su amado Adonis que haga lo mismo. Le dice:

«Sé valiente con los animales que huyen; contra los audaces no hay audacia segura. No provoques a las fieras a las que la naturaleza ha dado armas, no vaya a ser que tu audacia te cueste cara. Tu belleza no impresiona ni a los leones ni a los jabalíes. Los jabalíes tienen un rayo en sus curvados colmillos, y los leones, una furia salvaje: los detesto».

Adonis le pregunta por qué y Venus quiere explicárselo, pero está cansada, es duro para ella un trabajo al que no está acostumbrada. Los dos se tienden sobre la hierba, bajo la sombra de un álamo, ella apoya la cabeza en el pecho del joven y, entre besos, le cuenta la historia de Atalanta e Hipómenes.

Atalanta e Hipómenes

Atalanta era tan bella como veloz. Vencía en la carrera a los hombres más rápidos. Consultó al oráculo para saber qué esposo le convenía, y el dios le respondió: «No te conviene casarte, Atalanta. Procura no hacerlo, aunque no vas a librarte de tener esposo y, viva, te verás privada de ti misma».

Atalanta, por miedo a lo que le ha dicho el oráculo, se niega a casarse, y para alejar y desanimar a sus pretendientes, les dice que sólo se casará con aquel que la venza en la carrera; pero que los que se atrevan a competir con ella y queden derrotados recibirán como castigo la muerte. A pesar del peligro que iban a correr, un montón de temerarios pretendientes quisieron probarlo, ¡tanto es el poder de su belleza!

Hipómenes se había sentado a ver la competición y pensaba en la locura de los que buscaban una esposa corriendo tanto riesgo. Pero cuando vio a Atalanta, desnuda, preparada para correr, se queda atónito, totalmente deslumbrado por su belleza, y se arrepiente de su censura, ¡no sabía cuál era el premio de los que querían competir! Y como no puede ya quedarse mirando y deseando que nadie gane la carrera, decide competir también él. ¡Los dioses ayudan a los audaces!

Mientras está pensando todo esto, Atalanta vuela ya con pasos alados. Aunque al joven beocio le parece que corre como una flecha, le admira todavía más su hermosura. Cuando corre es aún más hermosa, los cabellos le ondean por la espalda de marfil, la brisa tiende hacia atrás los cordones de sus sandalias; su cuerpo blanquísimo tiene por el esfuerzo un tono sonrosado, como la sombra que un toldo rojo como la púrpura proyecta sobre la entrada blanca de una casa. Atalanta gana a todos sus competidores, a los que les espera la muerte.

Hipómenes no se asusta por lo que acaba de ver, se levanta en medio de la multitud y, mirando a la muchacha, la desafía diciéndole:

«¿Por qué buscas una gloria fácil venciendo a débiles? Mídete conmigo. Si la fortuna permite que seas mi esposa, no creerás que es indigno haber sido vencida por alguien tan ilustre como yo, porque soy biznieto de Neptuno, el rey de las aguas, y mi valor es tan grande como ilustre mi estirpe. Si me vences, conseguirás la enorme gloria de haber vencido a Hipómenes».

Mientras habla, Atalanta lo contempla con rostro tierno y no sabe ya si prefiere ser vencida o ganar. Va diciéndose a sí misma:

«¿Qué dios enemigo de los hombres apuestos quiere perder a éste y le manda poner en peligro su preciosa vida aspirando a ese matrimonio? No valgo yo tanto. Y no es que me impresione su belleza, que también, sino su juventud: es casi un niño. ¡Qué valor tiene además! ¡Y un corazón al que la muerte no asusta! Me ama de tal forma que está dispuesto a morir si la fortuna le es contraria. Vete mientras puedas, forastero, renuncia a unas bodas que pueden llevarte a la muerte. Todas querrán casarse contigo, puedes elegir a una muchacha razonable. Pero

¿por qué me preocupo por ti si han caído ya tantos antes? ¡Allá tú! ¡Que muera si no le sirve de escarmiento la muerte de tantos pretendientes! ¿Pero va a morir este joven por querer vivir conmigo? Mi victoria no será digna de envidia. ¡Ojalá renuncies o, ya que estás loco, ojalá me venzas! ¡Ay, infeliz Hipómenes, ojalá no me hubieras visto! Eres digno de larga vida. Si yo fuera más afortunada y el destino cruel no me negara el matrimonio, tú serías el único con el que desearía casarme».

Atalanta no se da cuenta de que se ha enamorado, porque es la primera vez que siente amor.

El pueblo y el padre de Atalanta reclaman el comienzo de la carrera. Hipómenes invoca a Venus y le pide que ayude su audacia alimentada por la pasión que ella le ha inspirado. La diosa, que está contando la historia a Adonis, le confiesa que el ruego la conmovió. No tenía mucho tiempo para ayudar al joven.

En la zona de mejor tierra de Chipre hay un campo consagrado a Venus; en mitad de la llanura crece un árbol de ramas y hojas doradas. Volvía de allí la diosa y llevaba tres frutas de oro que había cogido del árbol. Sin que nadie la viera, se acercó a Hipómenes, le dio las frutas y le indicó qué tenía que hacer con ellas.

Las trompetas dan la señal de comienzo de la carrera. Los dos salen disparados de sus puestos, y sus veloces pies casi no tocan la arena; era como si rozaran la superficie del mar sin mojarse las plantas o como si corrieran por encima de las espigas de una cosecha madura sin doblarlas, dejándolas erguidas. El público anima al joven: «¡Más deprisa, Hipómenes! ¡Ahora, ahora, es el momento de acelerar! ¡Usa todas tus fuerzas! ¡No te retrases!

¡Vas a vencer!». No se sabe si con estos gritos se alegra más Hipómenes o la veloz muchacha. Muchas veces, ella pudo haberlo ya dejado muy atrás, pero se detenía, miraba largamente al joven y de mala gana continuaba corriendo. De la boca cansada de Hipómenes salía el aliento seco, y la meta estaba todavía lejos.

En ese momento, el nieto de Neptuno tira uno de los tres frutos del árbol. La muchacha se asombra y, para coger la fruta resplandeciente, descuida la carrera. Hipómenes puede entonces adelantarla, y el público aplaude entusiasmado. Pero ella se pone a correr de nuevo y recupera en seguida el tiempo perdido, adelantándole. El joven tira la segunda fruta de oro, Atalanta se para de nuevo a cogerla, y él la adelanta; pero es muy breve esa ventaja porque ella recupera en seguida la cabeza de la carrera. Quedaba sólo el último tramo. Hipómenes, invocando la ayuda de Venus, lanza con fuerza la última fruta a un lado del campo para que la joven tarde más en ir a buscarla. Vacila ella, pero Venus la obliga a cogerla, y cuando la lleva, la diosa hace que pese más para que su velocidad se resienta. Hipómenes llega, por fin, triunfante a la meta. Recibe su premio, y los dos están contentos.

Pero Hipómenes se olvida de dar las gracias a Venus y no le ofrece tampoco incienso alguno. La diosa, enfurecida, decide castigarlos para que nadie crea que se la puede desdeñar.

Hipómenes y Atalanta pasaban junto al templo dedicado a Cibeles, la madre de los dioses, escondido en un espeso bosque. Venus anima a los dos a amarse y descansar luego en una pequeña cueva sagrada que estaba al lado del templo. Cibeles, la de la corona de torres, se enfurece al ver que profanaban un lugar consagrado a ella y está a punto de sumergir a los dos en las ondas de la Estigia; pero mandarles al infierno tan pronto le parece poco castigo y decide que tiren para siempre de su carro. Los cuellos de los dos jóvenes quedan cubiertos por melenas leonadas, los dedos se les curvan en garras, de los hombros les nace el lomo, con la cola barren la arena, su rostro muestra su furia, y en vez de palabras salen rugidos de su boca: son leones.

Por eso Venus le pide a su amado Adonis que se aleje de ellos, y que evite todas las fieras que, en vez de huir, se enfrentan con el que las ataca. Acaba la diosa su relato con la última advertencia al joven: «¡No vaya a ser tu valor terrible para los dos!».

Muerte de Adonis

Venus deja a su amado y se va volando por el aire con su carro tirado por cisnes –a veces lo llevan palomas–. Adonis continúa cazando. Los perros, siguiendo un rastro seguro, hacen salir de su guarida a un jabalí, y Adonis, sin acordarse de las palabras de la diosa, le lanza su venablo y lo alcanza sólo de lado. La fiera se sacude con su hocico la lanza empapada en sangre y persigue al desprevenido Adonis, que trata de esconderse en vano. Le clava los colmillos en la ingle y lo derriba herido de muerte en la arena amarillenta.

Venus no había llegado todavía a Chipre llevada en el carro por las alas de sus cisnes, pero desde lejos reconoció el gemido de su amado e hizo ir a las blancas aves hacia la dirección de donde venía. Desde el alto cielo, vio el cuerpo del bellísimo joven muerto, empapado en su propia sangre. Desesperada, salta a tierra, se golpea el pecho, se rasga los vestidos, se mesa los cabellos quejándose del destino. Y le dirige sus últimas palabras al joven:

«Siempre recordaré el dolor que ahora siento, Adonis. Tu sangre se va a transformar en una flor. Proserpina, celosa de la ninfa Minte, la convirtió en la olorosa menta, yo voy a hacer que de ti nazca la anémona».

Salpica con el oloroso néctar la sangre que, al contacto con el licor que beben los dioses, se hincha como una burbuja transparente, y en una hora justa surge de la sangre una flor del mismo color, como el de los granos de la granada. Su vida es efímera, porque es tan leve que los vientos que le dan nombre la arrancan de su tallo: es la anémona, que quiere decir «la del viento».

Muerte de Orfeo

Orfeo acaba su canto, ha contado las historias de Jacinto, Pigmalión, Mirra, Venus y Adonis y ha puesto en boca de la diosa la de Atalanta e Hipómenes. Le han escuchado embelesados fieras, rocas y pájaros.

Las mujeres tracias están celebrando ceremonias en honor del dios Baco, y el vino domina sus actos. Ven al músico, que las había despreciado, en la cumbre del monte tocando la lira. Una de ellas dice a las otras: «¡Ahí, ahí tenéis al que nos desprecia!», y lanza contra la boca melodiosa del poeta su vara, que, al tener hojas, le deja sólo una marca, pero no le hiere. Otra mujer le tira una piedra, pero ésta, al oír la música y la voz de Orfeo en mitad de su trayectoria, se detiene a sus pies sin hacerle ningún daño, como pidiéndole perdón por su intento criminal. Ya no es sólo una, son muchas las que le lanzan piedras. Y aun así, la belleza de su música le hubiera protegido de todas; pero las mujeres gritan, baten palmas, tocan flautas y tambores, y el ruido ahoga las notas de la lira. Las piedras se enrojecen con la sangre del músico al que ya no oyen.

Las enloquecidas mujeres borrachas mataron a las innumerables aves, serpientes y fieras que aún estaban allí hechizadas por la voz del cantor. Después, con las manos ensangrentadas, van hacia donde está el músico. Reunidas como los pájaros cuando ven a un ave nocturna perdida en medio del día o como los perros que en el anfiteatro descubren a un ciervo, así van las Bacantes en busca de Orfeo. Unas llevan puñados de tierra, otras ramas de árboles, otras piedras. Cerca, unos campesinos cavaban la tierra con el arado tirado por bueyes; al ver a las enloquecidas mujeres, huyen y abandonan en el campo azadones, rastrillos, picos. Ellas cogen los útiles de labranza y matan con ellos a los bueyes. Orfeo, al verlas, les tiende suplicante las manos y habla por primera vez en vano, sin conseguir nada con su voz. Las Bacantes lo matan, y su alma se aleja por los aires de la boca que fieras y rocas habían escuchado.

Le lloran aves, fieras, duras peñas, bosques. Los árboles pierden de dolor sus hojas, los ríos aumentan su caudal con sus propias lágrimas, las Náyades, las ninfas de los ríos, y las Dríades, las de los árboles, dejan sueltos sus cabellos y cubren de negro sus velos. La cabeza de Orfeo y la lira van al río de Tracia, el Hebro; y al deslizarse por la corriente, se oyen dulces lamentos que murmuran la lira y la lengua sin vida, y las orillas le responden con parecido dolor armonioso. Llegan al mar y por él a las playas de la isla de Lesbos.

Allí una feroz serpiente se lanza hacia aquella cabeza abandonada en arenas extranjeras; pero el dios Apolo, en el momento en que quiere morderla, la para y convierte en piedra las fauces que quedan así abiertas para siempre.

La sombra de Orfeo desciende al Hades y va recorriendo los lugares que antes ya había visto, va buscando, anheloso, a su amada Eurídice. La encuentra en el sitio de los justos y la estrecha entre sus brazos ansiosos. Desde entonces pasean los dos juntos; a veces ella va delante y él la sigue, otras es ella la que repite sus huellas y Orfeo, ya seguro, de vez en cuando se vuelve a mirarla.

El propio Baco no deja que este crimen quede sin castigo, porque el músico cantaba en los ritos que le dedicaban. En el mismo bosque aprisiona a las mujeres tracias que han participado en la muerte sacrílega; los dedos de sus pies crecen y se introducen en la tierra. Como el ave que tiene presa su pata en el lazo que escondió el astuto cazador y aletea y con sus movimientos angustiados aprieta más su atadura, así esas mujeres, al sentirse encadenadas al suelo, intentan aterrorizadas huir, pero la fuerte raíz se ahonda cada vez más en tierra. Mientras se preguntan dónde están sus dedos, sus pies, sus uñas, ven que la corteza va subiendo por sus piernas y, al querer, con gesto de dolor, golpearse los muslos, lo hacen sobre madera dura; su pecho es ya también madera y lo son los hombros. Sus brazos extendidos ya son ramas.

No le basta este castigo al entristecido dios y se marcha de Tracia, deja esas tierras. Con todo su cortejo de sátiros y Bacantes, se va a orillas del Pactolo, que aún no lleva arenas de oro, en Lidia.

Midas

Sileno, que había educado a Baco, se pierde. Tambaleándose por los años y por el vino, lo encuentran unos campesinos frigios y lo llevan a su rey, Midas, que había aprendido los ritos de Baco del tracio Orfeo. El rey, al reconocerle, celebra la llegada de su huésped con alegres fiestas durante diez días. Al undécimo, el gozoso rey va a los campos de Lidia y lleva a Sileno a Baco. El dios, contentísimo de haber recuperado a su ayo, le dio al rey el grato pero inútil poder de escoger el don que quisiera. El rey, sin saber aprovechar esa oportunidad, le dijo: «Haz que todo lo que toque con mi cuerpo se convierta en oro». Baco le concedió lo que pedía, sintiendo que no hubiera sabido elegir mejor.

Midas, contentísimo, comprueba su don tocando todo tipo de objetos: arranca una rama verde de una encina, se hace de oro; levanta una piedra del suelo, en seguida toma el color dorado; toca un terrón, es ya un lingote; arranca unas espigas secas, son oro al momento; coge una fruta de un árbol y parece que lo ha cogido del jardín de las Hespérides, donde las frutas son de oro; si toca el dintel de una puerta, éste resplandece desde lo alto. Cuando

se lava las manos en agua cristalina, ésta al momento podría ser la lluvia de oro que sedujo a Dánae. El rey está
exultante, lo imagina todo de oro.

Gozoso, pide a los sirvientes que le sirvan la comida.
Y, entonces, ve que cuando toca con sus dientes el trigo
tostado o cualquier otro manjar, los cubre en seguida una
fina lámina de oro. Si mezclaba agua con vino, en su boca
era ya oro fundido. Espantado por lo inesperado de la catástrofe, rico y desgraciado a la vez, quisiera escapar de su
riqueza y odia ya lo que antes deseaba. Nada puede cal-
mar su hambre, y una sed espantosa le abrasa la garganta:
el oro deseado es ahora su tortura. Desesperado, levanta
sus brazos al cielo, y pide piedad a Baco. Reconoce su falta y le ruega que le libre de suplicio tan bello.

Baco es benevolente con el rey que confiesa su falta y
anula el don que le había dado. Le dice que para no seguir recubierto de ese oro que deseó para su desgracia,
vaya al río Pactolo, siga por su orilla su cauce en sentido
contrario a la corriente hasta llegar a su nacimiento; allí
tiene que sumergir la cabeza en el manantial de donde
fluye el agua y después su cuerpo, así lo lavará al mismo
tiempo que purgará su falta.

El rey así lo hizo. El oro tiñó el agua del río, y la facultad del cuerpo del hombre pasó a la corriente. Todavía
hoy lleva arenas de oro.

Midas, odiando desde entonces las riquezas, se marcha
a los campos y adora a Pan, el dios rústico. Pero aunque
cambia su vida, no lo hace la cortedad de su mente. Un
día, Pan menosprecia la música de Apolo, dice que él
toca mejor la zampoña, las cañas unidas con cera. Le pide
a un enorme monte, el Tmolo, que sea el juez de esa lucha

desigual. El viejo juez toma asiento en su propia montaña, quita la vegetación de sus orejas y se ciñe de hojas de
encina la cabellera oscura, cuelgan bellotas de sus sienes.
Da la señal del comienzo.

Pan toca la rústica zampoña y entusiasma a Midas, que
estaba allí por casualidad. Después Tmolo se vuelve hacia Febo, y el bosque se movió al mismo tiempo. Apolo, con su rubia cabeza coronada de laurel del Parnaso,
barre la tierra con su precioso manto de púrpura, sostiene con la mano izquierda la lira con adornos de marfil y
piedras preciosas en gesto magnífico de artista. Pulsa con
maestría sin igual las cuerdas, y maravillosas notas dulcí-
simas seducen a Tmolo, que sin dudar un instante le da la
victoria sobre Pan. Todos están de acuerdo con el sagrado monte, menos Midas, que le llama injusto.

Febo no tolera que aquellas estúpidas orejas manten-
gan la forma humana, las alarga, las llena de vello blan-
cuzco y hace que en su base puedan moverse: son las orejas de un asno.

Midas quiere ocultarlas y se pone tiaras de púrpura.
Pero el criado que le corta el pelo las ve. No se atreve a
revelar la deshonra que ha descubierto, pero tampoco
puede callarla. Va a un lugar apartado, hace un agujero
en el suelo y, en voz baja, dice cómo son las orejas de su
amo. Luego tapa el hoyo con tierra y se aleja en silencio.

En el lugar de la oculta confesión, nace un espeso bosque de cañas y al año, movido por el suave viento austro,
dice las palabras enterradas, y se oye allí el secreto de las
orejas de Midas.

Laomedonte y Hesíone

Apolo, vengado, se aleja del monte Tmolo, y llega a Troya. Ve que Laomedonte está empezando a edificar los muros de la nueva Troya. Es una obra costosísima que avanza muy lentamente. Adopta la figura humana y junto a Neptuno, el dios del mar, construyen la muralla a cambio de oro.

Se acaba la obra, y entonces el malvado rey se niega a pagarles diciendo que no había habido ningún trato. El señor del mar desvió sus aguas contra las orillas de la avara Troya, inundó sus tierras, que quedaron convertidas en un pantano, y sepultó las cosechas bajo el agua. No le basta este castigo; manda que la hija del rey, Hesíone, sea entregada a un monstruo marino.

Encadenada a las rocas, la libera Hércules, al que el rey le promete caballos. Pero luego, avaro otra vez, se los niega. Hércules conquista las murallas de la vencida Troya y le da a Telamón, que lucha junto a él y es el primero en franquearlas, a Hesíone como esposa.

Un hermano de Telamón, Peleo, se casaría con una diosa y sería padre de un gran héroe, Aquiles.

Tetis y Peleo

El viejo Proteo le dijo un día a Tetis, la diosa de las ondas, que tendría un hijo que sería más fuerte que su padre, que haría hazañas muy superiores a las de él. A Júpiter le gustaba la diosa, pero temiendo la profecía, renunció a ella y dejó que la conquistara su nieto Peleo.

En Tesalia hay una profunda ensenada en forma de hoz; no es un puerto porque sus aguas no son profundas, el mar se desliza sobre la superficie de la tierra; la playa no tiene arena ni algas, es tan dura que no conserva las huellas ni retrasa el paso. Muy cerca de ella, hay un bosque de mirtos de bayas de dos colores, y en medio una cueva. Allí solía ir Tetis, desnuda, cabalgando sobre un delfín al que dirigía con las bridas. Un día, mientras estaba dormida, la abrazó Peleo; ella, para liberarse de sus poderosos brazos, empezó a cambiar de forma. Fue primero ave, y él siguió sujetándola; después, árbol, y él siguió agarrando el árbol. Pero, por fin, tomó la forma de tigre de piel manchada, y Peleo, atemorizado, la soltó, perdiéndola.

Peleo sacrifica una res a los dioses del mar, vierte vino sobre el agua y quema incienso, hasta que Proteo le dice: «Cuando Tetis duerma en la fría cueva, la aprisionas con una red resistente. No te dejes luego engañar por las cien formas que ella finja, no la sueltes hasta que vuelva a recobrar la forma en la que la amas». Después ocultó otra vez su rostro bajo el mar dejando que las olas cubrieran sus últimas palabras.

El carro del Sol estaba ya descendiendo hacia el mar occidental, cuando la bella Tetis sale del agua para ir a descansar a la fría cueva. Peleo le tiende la red, y ella empieza a cambiar de formas, hasta que se da cuenta de que de nada le valen y se rinde a los brazos de Peleo porque sabe que los dioses lo han ayudado y que, por tanto, aprueban ese enlace. De su unión nacería el gran Aquiles.

Peleo era feliz con su esposa y con su hijo, pero un día mató a su hermano Foco y tuvo que abandonar su patria. Llega a Traquis, una ciudad de Tesalia cercana al monte

Eta, donde murió Hércules. Lo acoge Ceix, el rey, que está desconsolado por la muerte de su hermano.

Peleo entra en la ciudad acompañado por unos pocos y deja en un valle umbroso, no lejos de las murallas, las manadas de ganado que llevaba. Le dice al rey quién es, pero le oculta el motivo de su destierro; le pide que le acoja en sus tierras, o en la ciudad o en el campo. Ceix, hombre afable, lo recibe con los brazos abiertos y le ofrece todo lo que tiene. Pero al hablar, llora desconsolado, y Peleo le pregunta el motivo. El rey le cuenta la historia de su hermano Dedalión.

Dedalión y Quíone

Hijos los dos del Lucero matutino, Fósforo, Ceix era un hombre pacífico, mientras a su hermano le gustaban las guerras feroces. Había sometido con su valor y su fuerza a reyes y naciones. Tenía una hija, Quíone, bellísima, a la que, con sólo catorce años, ya la seguían mil pretendientes. Casualmente volvían Febo de Delfos y Mercurio del monte Cilene cuando los dos dioses ven a la joven y los dos, deseando poseer tal belleza, quieren abrazarla. Apolo decide esperar a la noche para acercarse a ella, pero Mercurio no; va donde está la muchacha, con su varita la duerme y abraza su cuerpo dormido. Cuando la noche siembra de astros el cielo, Febo entra en su aposento bajo la apariencia de una vieja y también abraza el cuerpo dormido de la joven.

A los nueve meses, Quíone dio a luz dos gemelos. El hijo de Mercurio fue Autólico, habilísimo estafador, que sabía convencer de que lo negro era blanco y lo blanco oscuro, y era tan ingenioso como su padre; tendría un nieto tan astuto como él: Ulises. Filamón fue el hijo de Febo, que sería famoso por la belleza de su voz y la música de su cítara y sabría predecir el futuro.

A Quíone no le sirvió de nada ser nieta de Júpiter, haber enamorado a dos dioses y tener dos hermosos hijos, porque su vanidad la perdió. Presumió de ser más hermosa que Diana y criticó su figura. La diosa, enfurecida, cogió su arco y, diciendo «con mis actos te voy a gustar», atravesó con una flecha aquella lengua culpable. Quíone calla por fin, y no logran salir de su boca ni la voz ni las palabras empezadas, y mientras Quíone trata de hablar, la dejan la sangre y la vida.

Ceix abraza el cuerpo de su desdichada sobrina e intenta consolar a su hermano. Pero el guerrero Dedalión oye las palabras de consuelo como la roca escucha el rumor del mar y no deja de llorar a la hija que le han quitado. Cuando la vio arder en la pira funeraria, intentó tirarse cuatro veces él al fuego, y cuatro veces tuvieron que impedírselo. Luego emprende una fuga desesperada por donde no hay caminos, como si fuera un novillo al que le picaran mil aguijones de tábanos. Parecía que corría más que un hombre, como si tuviera alas en los pies. Puede escaparse de todos los que le siguen y subir a la cumbre del Parnaso, y desde la cima de un alto risco se tira al vacío buscando la muerte que ansía.

Apolo se compadece de él y lo sostiene en el aire con súbitas alas, le da una boca ganchuda, cambia sus uñas en garfios, pero le deja su fuerza y su valor: es ahora un gavilán que ataca a todas las aves y con su dolor causa el de los otros.

Peleo y Foco

Acababa de contarle Ceix a Peleo la trágica historia de su hermano cuando el guardián del ganado viene jadeante a decirle a Peleo lo que ha ocurrido.

Había llevado a los cansados novillos a la playa cuando el Sol estaba en mitad de su camino, cuando el astro tenía a sus espaldas tanto camino como el que veía. Unos animales, doblando las rodillas en la arena, miraban la llanura de las aguas inmensas; otros vagaban lentamente de un sitio a otro y aun algunos nadaban levantando sus altos cuellos por encima de la superficie. Junto al mar hay un humilde templo hecho de vigas pesadas, sombreado por el bosque, que está dedicado a Nereo y las Nereidas. Junto al templo hay una laguna, rodeada de espesos sauces. De pronto surge como un rayo de la espesura una enorme bestia, un espantoso lobo, que saca espuma por las fauces manchadas de sangre y tiene ojos de fuego. El hambre y la rabia lo llevan a atacar a todo el rebaño y a dejarlo destrozado; pero aun así su rabia no se calma y ataca luego a los hombres. Cuenta el guardián cómo algunos de sus compañeros han muerto por sus mordeduras mortíferas. La playa y las olas de la orilla están rojas de sangre. El servidor le urge a actuar, no hay tiempo que perder; hay que unirse y con las armas atacar a la bestia, cuyos aullidos resuenan en toda la laguna.

Peleo se da cuenta de que es la venganza de la madre de su medio hermano, la nereida Psámate, por su muerte. Ceix manda que sus hombres se armen; quería ir con ellos él en persona cuando su esposa Alcíone, al enterarse de lo que ocurre, se le abraza al cuello y le suplica que él no vaya, que salve así dos vidas en una.

Peleo, al ver la tierna escena, le dice a Alcíone: «Deja, reina, este bello y piadoso temor. Estoy muy agradecido por vuestra hospitalidad. No hay que luchar contra este monstruo, hay que adorar a la divinidad de la laguna».

En lo más alto de la ciudadela había una torre elevada. Suben allí y ven los toros muertos por el lobo en la playa y ven también a la fiera con la boca y el largo pelo ensangrentados. Peleo tiende entonces las manos a las orillas del mar abierto y suplica a la azul Psámate que se conmueva y aplaque su cólera por la muerte de su hijo. No lo hizo por los ruegos de Peleo, fue Tetis la que intercedió por su esposo y consiguió su perdón. Psámate manda al lobo que deje de matar, pero el animal, seducido por la sangre, no obedece, hasta que, al ir a comer la cabeza de una ternera despedazada, la Nereida lo convirtió en mármol. Tiene la forma de lobo, pero el color de la piedra dice que ya no hay que temerlo, que ya no es un lobo.

Sin embargo, los hados no dejan a Peleo que se quede en esta tierra. Tendrá que ir errante hasta llegar al país de los magnesios, donde Acasto lo purificará de su crimen.

Ceix y Alcíone

Ceix, angustiado por todos estos prodigios que ha visto, decide ir a consultar el oráculo divino, consuelo de los hombres. Pero antes de ir a Claros, se lo dice a su fiel esposa, Alcíone. Al oírlo, siente ella un frío que le penetra hasta lo más hondo de los huesos, su rostro se queda pálido, y sus mejillas se humedecen con las lágrimas que vierte. Tres veces intenta hablar, y tres veces el llanto se lo impide; al fin, entre sollozos, le dice con ternura:

«¿Qué falta mía, amor, ha producido este cambio en tu corazón? ¿Dónde está el amor que me tenías? ¿Puedes ya irte tranquilamente dejándome sola? ¿Te apetece un viaje tan largo? ¿Me quieres más cuando estás lejos? Si vas por tierra, lloraré, pero no tendré miedo, porque los mares y su imagen sombría me horrorizan. Hace poco he visto en la playa cuerpos de náufragos, y muchas veces he leído nombres en tumbas vacías porque el mar no los había devuelto. No te confíes al pensar que tu suegro es Eolo, que tiene encerrados en una cueva a los fuertes vientos y que puede apaciguar los mares, porque una vez sueltos éstos, nada les está prohibido, y la tierra y el mar quedan desamparados. Maltratan a las nubes del cielo, que chocan con tal fuerza que hacen saltar fuegos rojos. Los conozco muy bien porque de niña los vi en casa de mi padre, y cuanto más los conozco, más sé que hay que temerlos. Pero si estás resuelto a marcharte, mi amado esposo, y mis súplicas no van a hacerte desistir de tu decisión, llévame contigo. Así pasaremos juntos los peligros, y no tendré que temer más que lo que yo esté sufriendo. Juntos soportaremos lo que nos toque y juntos iremos por los mares».

Las palabras de Alcíone conmueven a su esposo, que la quiere tanto como ella a él. Pero ni quiere renunciar a su planeado viaje por los mares ni quiere arriesgar la vida de su amada. Intenta con largos razonamientos convencerla, pero es inútil, hasta que le hace esta promesa: «Toda tardanza es para los dos muy larga, pero yo te juro, por los fuegos de mi padre, que si los hados me devuelven a tu lado, regresaré antes de que la luna llene dos veces su disco».

Alcíone, ante la promesa de su rápida vuelta, cede, y Ceix se apresura a equipar el navío para marcharse. Al despedirse, como presintiendo lo que iba a ocurrir, todo el cuerpo de Alcíone se estremeció y, llorando, abrazó desesperada a su marido y le dijo adiós antes de desmayarse. Ceix intenta demorar entonces su partida, pero los remeros, en doble fila, acercan los remos a sus fuertes pechos y abren las aguas con rítmicos golpes. Cuando ella recobra el conocimiento, ve a su amado esposo de pie en la nave que con la mano le manda el último adiós. Ella también mueve la mano despidiéndose, y aunque no puede ya reconocer el rostro amado, sigue con la mirada el navío que se escapa. Cuando, por la distancia, ya no puede verlo, sigue mirando las velas que ondean en lo alto del mástil. Cuando ya no ve tampoco las velas, se va a su cama vacía y se echa llorando desesperadamente sobre ella.

La nave estaba ya a mitad de camino, las dos tierras estaban igual de lejos, cuando, de noche, el mar empezó a ponerse blanco por las hinchadas olas y el Euro impetuoso a soplar con más fuerza. Todos los marineros intentan que el navío se mantenga sobre la superficie del agua, levantan los remos, recogen las velas, achican el agua que tiene el navío y echan el mar al mar. No se oye la voz del capitán, pero tampoco él sabe qué debe mandar. La violencia del temporal es cada vez mayor, por todas partes los vientos luchan contra las aguas furiosas. Gritan los hombres, rechinan las cuerdas, retumban las olas y los truenos. El mar parece que llega hasta el cielo y llena de salpicaduras las nubes; su color es a veces como el de las doradas arenas de su fondo revuelto, otras blanco por las resonantes espumas, y otras más negro que las ondas de la laguna Estigia. El navío tan pronto parece que, desde la cima de un elevado monte de agua, contempla el fondo del río Aqueronte, como, desde el abismo infernal, cercado de las aguas rizadas, mira el alto cielo. A menudo, herido en un flanco por las olas, cruje espantosamente; el estruendo de la embestida recuerda el de las máquinas que derriban las fortalezas. Las olas se lanzan contra los aparejos del navío como los fieros leones con furia e ímpetu lo hacen contra las armas que los amenazan. Los clavos que unen las maderas del barco van cediendo, se abren rendijas que sin la cera protectora dejan pasar las aguas.

Llueve ahora muchísimo, parece que el cielo entero baja al mar y que las olas hinchadas suben al cielo. El firmamento se queda sin luces, y la noche ciega se ve acosada por las tinieblas de la tormenta, sólo los rayos amenazadores las desgarran y dan luz y enrojecen las aguas. Las olas se precipitan ya dentro de la hueca estructura del casco; de la misma forma que un soldado se destaca sobre los mil que asaltan una fortaleza y, después de intentarlo muchas veces, lo consigue y él es el que franquea las murallas, así una embestida de las olas puede más que las nueve anteriores y desciende al interior del conquistado navío. Mientras una parte del mar intentaba todavía invadir el barco, la otra ya estaba dentro.

La angustia de los navegantes era como la de los ciudadanos que ven minar la muralla desde fuera mientras ya están dentro los asaltantes. Uno llora, otro llama felices a los que van a ser enterrados, otro suplica al cielo que no ve; unos piensan en el hermano, en el padre, en su hogar y en todo lo que allí han dejado. En la mente y en la boca de Ceix no hay nadie más que Alcíone, la echa terriblemente de menos, pero se alegra de que no esté sufriendo con él. Quiere mirar hacia su patria, pero no sabe dónde queda; una sombra de negrísimas nubes dobla la oscuridad de la noche.

Una nueva tromba de agua rompe el mástil, rompe el timón y una inmensa ola, que mira desde arriba a las otras, con tal violencia que parece que arroja dos montes que acaba de arrancar, se derrumba y cae y hunde por el peso y por la fuerza del choque el navío en el abismo. La mayor parte de los hombres, engullidos por el inmenso torbellino, cumplen su último destino; otros se agarran como pueden a trozos del barco. Ceix, con la mano que antes empuñaba el cetro, se agarra a un madero y quiere invocar el nombre de su suegro y el de su padre, pero no puede, porque sólo le sale el nombre de su amada Alcíone. Sólo se acuerda de ella, sólo la nombra a ella, y su único deseo es que ella encuentre su cuerpo y que sean sus manos las que lo entierren. Mientras nada, dice el nombre de Alcíone todas las veces que las olas le permiten abrir la boca y lo sigue murmurando dentro del agua. De pronto, sobre las olas que le llevan, se desploma una bóveda de agua y hunde su cabeza hasta el abismo. La estrella matutina, Fósforo, su padre, no brilló aquel día, de tal forma que no se la hubiera reconocido; como no podía salir del cielo, cubrió su rostro de espesas nubes.

Mientras tanto, Alcíone, que ignora la espantosa desgracia, cuenta las noches que faltan para el regreso de su amado, prepara la ropa que él tiene que ponerse y la que quiere ponerse ella para recibirle, y se ilusiona con el imposible regreso. Piadosa, llevaba incienso a todos los dioses, y más que a nadie a Juno, para pedirle que su esposo regresara sano y salvo, sin saber que ya no existía.

La diosa no soporta ver que le ruega por la vida de alguien que está ya muerto y manda a su mensajera, Iris, que vaya al palacio del Sueño y que le ordene que envíe a Alcíone, mientras duerme, una imagen en forma de Ceix para que le cuente lo ocurrido. Iris se pone en seguida su vestido de mil colores y, marcando en el cielo el camino curvo de su arco, se dirige, oculta entre nubes, a la morada del Sueño.

En el país de los cimerios hay un monte hueco en donde vive el perezoso Sueño, allí nunca entran los rayos de Febo, del Sol. La tierra despide neblinas tenebrosas y el crepúsculo de luz dudosa. Allí nunca llama el gallo a la Aurora con sus cantos, ni los perros vigilantes rompen el silencio ni lo hace el ganso, más sagaz que ellos. Allí no se oye nunca ni fieras, ni animales domésticos, ni ramas movidas por la brisa ni voces humanas: allí sólo está el mudo sosiego. De lo más hondo de la cueva sale el arroyo del agua del Lete, el río del Olvido, cuya corriente, al deslizarse rumorosa sobre las piedras, invita al sueño. A la entrada de la cueva florecen las adormideras y otras hierbas cuyos jugos provocan sopor; la noche los extiende con su rocío sobre las tierras sombrías.

No hay puerta alguna en la morada, ni guardián en el umbral. Sí hay en medio de la cueva un lecho de negro ébano, de plumas, cubierto de oscuras ropas. En él reposa lánguidamente el dios. A su alrededor están tendidos tantos vanos sueños como espigas tiene una cosecha, hojas un bosque y granos de arena una playa.

Iris entra en la cueva y aparta con las manos los ensueños que le impedían el paso. Con el brillo de su vestido resplandece la morada sagrada, y el dios, levantando con mucho esfuerzo los párpados caídos por la perezosa pesadez, que se desploman una y otra vez, mientras su barbilla bamboleante toca su pecho, se sacude por fin a sí mismo y apoyándose en el codo, reconociéndola, le pregunta a qué viene. Iris le transmite la orden de Juno al Sueño, el más plácido de los dioses, descanso de la naturaleza, paz del alma. Y una vez cumplida su misión, se marcha rápidamente porque nota que ya el sopor invade sus miembros, se escapa de la morada del suave Sueño y regresa por el mismo arco por el que había llegado poco antes.

El Sueño despierta entre sus mil hijos a Morfeo, hábil simulador de figuras. Sabe imitar perfectamente a los hombres, su andar, el rostro y el sonido de la voz, sabe escoger las ropas adecuadas y las palabras más corrientes. Hay otro sueño que sabe convertirse en fiera, en ave, en serpiente, y un tercero, Fántaso, sabe aparentar ser tierra, piedra, agua y madera, todas las cosas que no tienen vida. El padre de los sueños sólo elige a Morfeo para cumplir el encargo de Iris; después se relaja de nuevo y apoya otra vez lánguidamente su cabeza en el lecho.

Morfeo vuela sin que sus alas hagan ruido alguno y llega en seguida a la ciudad de Alcíone. Se quita las alas y finge la figura de Ceix, un Ceix desnudo, mortalmente pálido que llega a los pies del lecho donde la reina duerme. Se inclina sobre ella, parece que su barba está húmeda y sus cabellos empapados, su rostro está lleno de lágrimas y le dice:

«¿Me reconoces, mi amada y desdichada Alcíone, o la muerte ha transformado mi rostro? Mírame, en vez de tu esposo, verás su sombra. De nada me han servido tus plegarias: he muerto. El tormentoso viento Austro ha destruido nuestra nave después de zarandearla violentamente, y las olas han anegado mi boca, que gritaba en vano tu nombre. Quien te da esta noticia no es un mensajero poco fiable; soy yo mismo, el náufrago, quien te dice cuál ha sido mi fin. Levántate, vístete de luto y llórame».

Morfeo dice estas palabras con la voz de Ceix, con sus gestos.

Alcíone, en medio del sueño, gime, llora, busca el cuerpo que le ha hablado y abraza el aire, le grita que le espere, que quiere ir con él. Se despierta con sus propios gemidos, mira si todavía está ahí Ceix con la luz que unos criados han traído al oír sus gritos. Al no verlo, se desgarra las ropas, se golpea el rostro, se arranca los cabellos y les grita a todos:

«No existe ya Alcíone, ha muerto al mismo tiempo que su Ceix. No me digáis palabras de consuelo. Ceix ha muerto ahogado; lo he visto, lo he reconocido, le he tendido mis brazos mientras se alejaba. Era una sombra, pero una sombra que conozco muy bien, la de mi esposo. Estaba pálido, desnudo, con el cabello aún mojado, aquí mismo. Por eso mi alma tenía esos funestos presentimientos y por eso le rogué que no se fuera. ¡Si al menos yo hubiera ido con él! Así no hubiera estado sin él ni un solo momento, ni mi muerte hubiera estado separada de la suya. ¡Muero sin ti, lejos de ti me azotan también las olas! ¡El mar me devora, aunque no esté en él! Mi corazón sería más cruel que el propio mar si luchara por sobrevivir a tan inmenso dolor, pero no voy a hacerlo ni tampoco a abandonarte. Si en la tumba no nos une una urna, sí lo hará una inscripción; si mis huesos no están al lado de los tuyos, sí estará mi nombre junto al tuyo».

El dolor le impide seguir hablando porque los sollozos interrumpen las palabras y los gemidos salen de su corazón destrozado.

Se había hecho ya de día. Alcíone va al lugar de la playa desde donde había visto por última vez a Ceix. Allí va recordando cómo su nave levó anclas, cómo le dio él un beso al despedirse y mira el mar que se lo llevó, hasta que a lo lejos le parece ver algo parecido a un cuerpo. Las olas lo van acercando lentamente y ve que es, en efecto, el cuerpo de un náufrago. Alcíone le dice: «¡Ay desgraciado, quienquiera que seas! ¡Ay, si tienes esposa! ¡Pobre!». Pero cuanto más cerca está y cuanto más lo mira, la desdichada mujer está cada vez más fuera de sí. Al final, lo reconoce: es él, su amado Ceix. Y después de decirle desesperada «¿Así, mi amado, así, infeliz, vuelves a mí?», desde el dique en el que se rompían las olas del mar, se lanza al agua.

Pero al momento empieza a volar con alas recién nacidas, es un pájaro que roza la superficie del mar, y mientras vuela, sale de su boca, que ya es pico, un sonido como de lamento desesperado. Se va al cuerpo mudo y sin sangre de Ceix, y quiere abrazarlo con sus recientes alas a la vez que le da con el duro pico fríos besos. A la gente que, conmovida, contemplaba la escena le pareció que Ceix levantaba el rostro o tal vez era el movimiento de las aguas.

Los dioses también se enternecieron y transformaron a Ceix en otra ave igual, en otro alción. Víctima del mismo destino, su amor siguió viviendo en la pareja de pájaros. Viven juntos, y durante siete días de invierno el alción incuba sus huevos en nidos que flotan en las aguas, y el mar los protege quedándose inmóvil porque Eolo encierra a los vientos y le ofrece a sus nietos esa tranquilidad de las aguas.

Ésaco

Mientras ellos vuelan juntos sobre el mar, hay un anciano que los mira y alaba aquel amor que permanece hasta el fin. Ve entonces un somorgujo, que también roza el mar, y se acuerda de que antes fue hermano de Héctor e hijo de Príamo, se llamaba Ésaco. No le gustaba ni la corte ni la ciudad, apenas iba a Troya. Siempre estaba en los montes apartados y en los campos libres de la ambición cortesana. Pero su corazón no era salvaje ni inexpugnable al amor. Vio un día a la ninfa Hesperie y se enamoró de ella; la busca luego en vano por todos los bosques, hasta que un día la sorprende a la orilla de un río peinándose los cabellos que le caen sobre los hombros. Al verse descubierta, la ninfa huye como la cierva lo hace del lobo pardo, o como el pato huye del gavilán que lo ha sorprendido lejos del lago. El héroe troyano la persigue, y si ella es veloz por miedo, él lo es por amor.

De pronto una culebra venenosa muerde el pie de la fugitiva y corta la fuga y la vida de la ninfa. Ésaco, enloquecido, abraza el cuerpo sin vida de Hesperie y grita:

«¡Me arrepiento, me arrepiento de haberla seguido! No podía sospechar ese fin desastrado, si no, no hubiera querido vencer a tal precio. Dos somos los que hemos acabado contigo, infeliz; la serpiente te hizo la herida, yo di la causa. Soy yo más criminal que ella, y con mi muerte te voy a dar el consuelo de la tuya».

Y desde un peñasco, se lanzó al mar.

Tetis se compadeció de él, lo recogió blandamente en su caída y lo cubrió de plumas; no se le da la muerte que quería. Ésaco se indigna de que se le obligue a vivir sin querer y de que se le impida a su alma salir de su desgraciada morada. Con sus nuevas alas sobrevuela el mar y se lanza de nuevo al fondo, pero su plumaje amortigua la caída. Furioso, vuelve a lanzarse verticalmente al abismo buscando el camino de la muerte. El amor lo adelgaza: sus patas son largas y largo su cuello. Ama el mar y se llama somorgujo porque se sumerge en él.

Ifigenia

Príamo no sabía que su hijo Ésaco vivía en forma de somorgujo y le guardó luto. También lo hicieron Héctor y sus otros hermanos, que llevaron ofrendas funerales a la tumba vacía donde estaba su nombre. Faltó Paris, que poco después raptó y trajo a su patria a la bella Helena, la esposa del rey Menelao, y provocó con ello una larga y destructora guerra.

Mil navíos griegos se ponen en camino hacia Troya para vengarse de la ofensa del príncipe troyano, pero los vientos crueles y el mar tempestuoso los retienen en Áulide, abundante en peces.

Habían preparado un sacrificio a Júpiter, cuando al encender el fuego, ven los griegos un dragón de color azul oscuro sobre un frondoso plátano que estaba junto al templo. En la copa del árbol había un nido con ocho pájaros; el reptil los engulle y a la madre que revolotea sobre ellos. Se asombran todos, y Calcante, el adivino que siempre acierta, dice:

«¡Alegraos, griegos! ¡Vamos a vencer! Troya caerá, pero nuestro esfuerzo será muy largo. Los nueve pájaros son los nueve años que durará la guerra».

Y el dragón se convierte en piedra y continúa enroscado en las verdes ramas del árbol.

El mar seguía violento, y las naves no podían ir a su destino. Hubo gente que creyó que Neptuno defendía Troya porque había construido sus murallas, pero Calcante lo negaba porque sabía que había que aplacar la cólera de una diosa virgen con la sangre de una doncella.

Agamenón aceptó el sacrificio de su bella hija Ifigenia para que la flota pudiera zarpar. Todos lloraban, pero cuando el cuchillo iba a verter la sangre de la doncella, la diosa Diana se compadeció de ella, puso una nube ante los ojos de los que miraban y colocó una cierva en lugar de la muchacha.

Calmadas las aguas, las naves consiguieron llegar a las playas troyanas.

La Fama

Hay un lugar en medio del mundo, entre la tierra, el mar y el cielo, frontera del triple universo. Allí vive la Fama y desde ese lugar puede verlo y oírlo todo. En la cima de la fortaleza tiene su morada, con mil puertas abiertas y mil agujeros. Está abierta de noche y de día; es de sonoro bronce y así retumba, repite lo que se oye. Dentro no hay reposo ni silencio; pero no se oyen gritos, sino suaves murmullos, como el sonido de las olas a lo lejos o como el de los truenos que se alejan. La entrada está llena de gente que va y viene sin cesar; mezcladas con la verdad, vagan por todas partes mil invenciones y rumores. Unos dicen a otros noticias confusas, y éstos a su vez las cuentan a otra gente cambiándolas; así crece la falsedad. Allí viven la Credulidad, el Error irresponsable, la vana Alegría, los asustados Temores, la reciente Sedición y los Susurros de dudoso origen. La Fama en persona investiga por el mundo entero qué es lo que pasa en el cielo, en el mar y en la tierra.

Ella fue quien comunicó a los troyanos la llegada de los navíos griegos con valerosos guerreros. Los troyanos defendieron valientemente su playa. El primero que cayó fue el griego Protesilao, muerto por la valiente lanza de Héctor. Unos y otros comienzan la larga guerra llenando de sangre la arena.

Aquiles y Cigno

El troyano Cigno, hijo de Neptuno, había entregado ya
mil hombres a la muerte, y el griego Aquiles, hijo de Peleo, había acabado con formaciones enteras con el golpe
de su pica cuando los dos se encuentran frente a frente.
Aquiles espolea a sus caballos de cuellos blanquísimos
y dirige su carro contra el joven enemigo; le arroja su
pesada lanza diciéndole: «¡Quienquiera que seas, joven,
que sirva de consuelo a tu muerte el que te la haya dado
Aquiles!». No hay desvío alguno en la perfecta puntería
de la lanza, pero la punta no se clava en el pecho, sólo
queda embotada el arma. Cigno le dice entonces al héroe griego:

«Hijo de diosa, porque ya te conozco gracias a la Fama,
¿por qué te asombras de que no me hayas herido? Ni el
casco ni el escudo me sirven de nada, sólo de adorno,
como a Marte su armadura. Aunque me quite toda protección, saldré igualmente ileso porque soy hijo de Neptuno».

Y al mismo tiempo le lanza un dardo que se queda in-
crustado en el escudo de Aquiles. Rápidamente éste lo
arranca y le vuelve a disparar la lanza, y luego otra, que
nada hacen en el cuerpo de Cigno.

La cólera de Aquiles estalla como la del toro que em-
biste en el ruedo el trapo rojo y se da cuenta de que se ha
toreado su embestida. Mira si el hierro se ha desprendi-
do del asta, pero no, está sujeto a la madera. Empieza a
dudar de la fuerza de su brazo, pero ve los muchos que
ha dejado muertos en la playa. Quiere probarla en otro
y dispara su lanza al soldado troyano Menetes, que cae

al suelo muerto; arranca aquella misma arma de la herida aún caliente y con ella ataca de nuevo a Cigno. No yerra, resuena en su hombro izquierdo, pero de allí rebota como si tocara una muralla de granito; creía haber visto sangre en ese hombro Aquiles, pero se engaña, es sangre de Menetes.

Entonces, rugiendo, se lanza de un salto desde su alto carro y acomete cuerpo a cuerpo a su impasible adversario. Atraviesa el escudo, el casco con su espada brillante, pero no le hace nada a Cigno. El héroe griego se enfurece todavía más, golpea con la rodela –el escudo– tres y cuatro veces el rostro descubierto del joven, las sienes con el puño de la espada, le acosa, le empuja, le derriba. Entonces Cigno se aterroriza, nadan tinieblas ante sus ojos, empieza a retroceder ante el embate imparable hasta que una piedra le detiene. Aquiles lo empuja primero contra ella y con un esfuerzo poderoso lo tira al suelo. Le aprieta con su rodilla el torso, tira de las ataduras del casco de tal forma que le destrozan la garganta y lo dejan sin aire, sin poder respirar. Cuando Aquiles iba a llevarse las armas del vencido, ve cómo no está su cuerpo, las armas yacen abandonadas porque su padre, Neptuno, lo había convertido en un cisne, cuyo nombre antes tenía.

Ceneo

Este combate trajo un descanso de muchos días en la lucha porque ambas partes abandonaron las armas e hicieron un alto. Aquiles sacrifica una vaca a Palas. Después de quemar las entrañas en el altar y apartar lo que correspondía al culto, los guerreros saciaron su hambre con el resto de la carne asada y apagaron con vino sus preocupaciones y su sed. No suenan cítaras ni flautas ni cantos, sino que pasan la noche hablando de sus hazañas, de las de los enemigos; les gusta recordar los peligros vividos. ¿De qué otra cosa iba a hablar Aquiles o los que estaban junto a él? Comentan todos su asombro al ver que el cuerpo de Cigno era invulnerable porque ninguna arma podía atravesarlo. El propio Aquiles habla admirado de ello. Pero el sabio anciano Néstor les dice que él en otro tiempo –hace ya muchos años– vio ya a Ceneo con el cuerpo ileso a pesar de recibir mil tajos y además, y esto era todavía más increíble, Ceneo había nacido mujer. En seguida todos le piden que lo cuente, e insiste más que nadie Aquiles. El anciano Néstor les habla de la apasionante historia de Ceneo; él ha vivido ya más de doscientos años, está en el tercer siglo de vida y nunca ha visto nada más extraordinario.

Cenis era la más hermosa joven de Tesalia, todos hubieran querido desposarla, pero ella no había escogido aún esposo. Un día Neptuno la vio sola en una apartada playa y la abrazó contra su voluntad. El dios luego le dijo a la hermosa joven que le pidiera lo que quisiera, que él se lo daría. Cenis le pidió a Neptuno dejar de ser mujer para no volver a vivir esa experiencia. Sus últimas palabras las dijo con voz más grave porque el dios del mar le había concedido su deseo y además le había dado el don de no poder ser herido por nadie, como se vería en el feroz combate de los Centauros y los Lapitas.

Centauros y Lapitas

Pirítoo, hijo de Ixión, que pena en el Hades atado a una rueda, había invitado a los Centauros, los feroces hijos que su padre engendró en una nube que tomó la forma de Juno, a que asistieran al banquete de sus bodas con Hipodamia. Estaban comiendo y bebiendo con los nobles del país y el propio Néstor, cuando de pronto aparece la bellísima novia. Uno de los Centauros, Éurito, borracho, al ver a la joven, derriba las mesas del festín y se la lleva a la fuerza tirándole de los cabellos. Sus hermanos, los otros Centauros, tan borrachos como él, hacen lo mismo con las muchachas del cortejo de la novia. La casa se llena de gritos de mujeres.

Se levantan todos los invitados, y Teseo el primero, y a la vez que increpa a Éurito, consigue arrebatarle a la novia que ya se llevaba; pero el Centauro se enfrenta a él y le golpea en el rostro. Teseo, enfurecido, coge una vasija y se la rompe en la cara con toda la fuerza que tiene. El Centauro, vomitando por la boca y por la herida sangre, sesos y vino, cae de espaldas en la arena, pataleando hasta morir. Los demás Centauros, borrachos y enfurecidos, gritando «a las armas», cogen todos los objetos que encuentran, copas, jarros, calderos, y los lanzan como proyectiles. Uno de ellos se atreve incluso a coger un candelabro de la capilla sagrada y lo estrella en la frente de un Lapita; pero otro lo manda a su vez a las sombras del Tártaro golpeándole con una pata que arranca de una mesa. Todo se convierte en arma en aquel cruento combate, hasta los tizones del altar sagrado. Golpeado en la sien con uno, arde el cabello de uno de los combatientes como si fuera mies reseca prendida por el fuego, y la sangre chamuscada chisporroteó como lo hace el hierro candente al sumergirse en agua. El herido, que consigue apagar el fuego de sus cabellos, con un enorme esfuerzo arranca un umbral de piedra, pero su mismo peso le impide que lo haga caer sobre su enemigo y aplasta a uno de sus compañeros, que estaba más cerca. Estacas, jabalinas se lanzan de uno a otro bando, pero también árboles arrancados de raíz e incluso rocas desgajadas del monte.

Al rubio centauro Cílaro no le salvó de la muerte su belleza, si es que se puede considerar bello a un Centauro, mitad caballo, mitad hombre. Una cabellera dorada le caía de sus hombros humanos sobre sus patas de caballo. Todo lo que tenía de hombre tenía gracia y fuerza, como si fuera una estatua de un gran artista; pero también su naturaleza de caballo: todo el cuerpo es negro, pero la cola y las patas son blancas. La más bella hembra de esos semianimales, Hilónome, goza de su amor; lo cuida, lo adorna. Alisa con el peine su cabellera, le ciñe la frente con romero, violeta, rosas o blanquísimos lirios y se ocupa de que bañe el cuerpo dos veces al día en el río. Los dos van juntos todo el día, vagan por los montes, entran en las cuevas; los dos habían acudido al banquete del Lapita y los dos luchaban ahora fieramente. Una jabalina hirió levemente el corazón de Cílaro, que se enfría junto con su cuerpo. Hilónome trata de calentar la herida con sus manos, junta su boca a la de él intentando vanamente cerrar el paso al alma que se escapa y, desesperada al verle muerto, se lanza sobre el arma que había estado clavada en su marido y muere abrazada a él.

Ceneo había matado a cinco Centauros. El inmenso Latreo, fuerte como un joven, pero con canas ya en las sienes, hace caracolear al caballo que forma su cuerpo y le grita con voz impresionante a Ceneo: «Deja la guerra para los hombres, Cenis, porque para mí siempre serás una mujer, serás Cenis y no Ceneo. ¿No te acuerdas de la hazaña con la que conseguiste este premio de ser hombre? ¿No recuerdas el servicio con el que compraste esta falsa apariencia de hombre? Vete a coger la rueca y da vueltas al hilo con el pulgar». Mientras le gritaba, Ceneo con su lanza le abrió el costado, donde el hombre se unía al caballo. El Centauro, enfurecido por el dolor, con la suya golpea el rostro descubierto del joven, pero rebota de la misma forma que el granizo en el tejado de una casa o cuando se tira una piedrecita sobre un tambor hueco. Al verlo, le ataca entonces de cerca e intenta hundirle la espada en el costado, pero no encuentra camino para ella. Con el filo le da en las caderas, pero el choque suena como si se diera en mármol y la hoja salta hecha pedazos al estrellarse en el cuerpo.

Ceneo, ileso, le dice a su atónito adversario: «Ya es hora de probar tu cuerpo con mi hierro», y le hunde la espada hasta la empuñadura en el costado; una vez en sus entrañas, la mueve y le hace una nueva herida en la herida. Entonces los bimembres –los Centauros–, rabiosos, gritando, disparan todos contra Ceneo; pero las armas caen abolladas, ninguna puede penetrarle ni hacerle herida alguna. Los Centauros, atónitos, se lamentan de que su doble fuerza, su doble naturaleza nada pueda hacer contra uno solo que es medio hombre. Ponen en duda incluso que sean hijos de Ixión y de la nube que tuvo la forma de la diosa. Empiezan a coger troncos y rocas del bosque y los arrojan sobre Ceneo, que queda sepultado bajo el peso de los despojos del monte; se agita bajo él e intenta sostenerlo, pero apenas puede ya respirar; a veces desfallece, otras intenta alzarse hasta el aire libre y empujar el montón de árboles que le oprime, como mueven los montes los temblores de tierra. No se sabe qué ocurrió al final: unos dijeron que el cuerpo había sido empujado hacia el Tártaro por el peso que lo sepultaba; otros vieron salir al aire un ave de alas leonadas, que el propio Néstor cuenta que vio por primera y última vez.

Cuando el adivino Mopso la vio cerniéndose con apacible vuelo sobre el campo de batalla y llenando el aire de graznidos resonantes, la siguió con los ojos y con el alma y le dijo: «¡Salve, gloria de los Lapitas, antes varón insigne y ahora ave única, Ceneo!».

Al ver que uno solo muere a manos de tantos enemigos, los Lapitas no cesan de dar salida al dolor con las armas, y hacen huir a los pocos Centauros que se salvan de la muerte.

Tlepómeno, hijo de Hércules, que había escuchado el relato que había hecho Néstor del combate entre Lapitas y Centauros, le recrimina al venerable anciano que haya omitido el nombre de su padre, porque muchas veces Hércules le había dicho que era él quien había vencido a los nacidos de nube, a los Centauros. Y Néstor, dolido, le dice que no puede cantar las hazañas de un enemigo, que su padre destruyó su patria, Mesenia, y mató a sus once hermanos, hijos de Neleo; sólo él se salvó. Cuenta cómo Hércules acabó incluso con su hermano Periclímeno, a quien Neptuno le había dado el don de adoptar las figuras que quisiera.

Toma el joven la forma de águila, el ave más querida por Júpiter, que suele llevar los rayos en su patas ganchudas, y con su pico y sus garras, le desgarra el rostro. Hércules le apunta con su arco infalible y, mientras vuela a gran altura, le alcanza donde el ala se une al costado; aunque la herida no es grave, no tiene ya fuerzas para volar y se desploma en tierra clavándose él mismo la flecha hasta el cuello.

Néstor sólo quiere vengar a sus hermanos callando las proezas de Hércules, pero no enemistarse con Tlepómeno, con su hijo.

Después del relato de Néstor sobre Ceneo y la lucha entre Lapitas y Centauros, siguen todos bebiendo hasta que, vencidos por el sueño, descansan el resto de la noche.

Muerte de Aquiles

Neptuno está muy furioso porque, por culpa de Aquiles, su hijo Cigno se ha convertido en el ave de Faetón, en cisne. Guarda escondida su cólera hasta que puede darle rienda suelta. Llevaban ya diez años luchando griegos y troyanos cuando un día le dice a Apolo:

«Febo, el más querido de los hijos de mi hermano, que conmigo construiste las inútiles murallas de Troya ¿no te da pena que esta fortaleza esté a punto de caer? ¿No te duele que tantos hombres que la defendían hayan muerto? ¿No te acuerdas de la sombra de Héctor, que fue arrastrado alrededor de su Troya? Y mientras tanto, sigue viviendo, más soberbio y sanguinario que la guerra misma, Aquiles, el que quiere acabar con nuestra obra. Que se me acerque; te aseguro que se dará cuenta, si lo hace, del poder de mi tridente. Pero, como no se puede asaltar de cerca al enemigo, acaba tú con él con una flecha invisible».

Como Apolo en el fondo quería lo mismo que Neptuno, estuvo dispuesto a acceder a su petición. Cubierto por una nube, llega al ejército troyano y ve, en medio de la cruenta batalla, a Paris luchando contra griegos desconocidos. Se le acerca y le pregunta por qué malgasta flechas con la sangre de la plebe, le incita a atacar a Aquiles y vengar así a sus hermanos muertos. Le señala al héroe, pone en su dirección el arco y le dirige una flecha infalible con su derecha mortífera a su talón, el único lugar vulnerable de su cuerpo. ¡Lo que ocurrió iba a alegrar por fin al rey troyano, a Príamo! Aquiles murió por la flecha disparada por el cobarde raptor de Helena, la esposa del rey griego Menelao. Si él hubiera sabido que tenía que morir en manos de un guerrero afeminado, hubiera preferido que fuera Pentesilea, la reina de las Amazonas, a la que amaba, y no Paris.

Aquiles, terror de los troyanos, esplendor y amparo de los griegos, ardía ya en la pira funeraria; el mismo dios que preparó sus armas, Vulcano, era el que lo quemaba. Es ya ceniza, y de tan inmenso héroe queda sólo lo que casi no llena una urna; pero está viva su gloria, que puede llenar el mundo entero. Por ella es digno de sí mismo y no conoce el vacío Tártaro.

Su mismo escudo, para que pueda tenerse una idea de quién era su dueño, es causa de disputa; de sus armas se toma ocasión para empuñar las armas. El fuerte y enorme Áyax, hijo de Telamón, y Ulises, hijo de Laertes, tuvieron la audacia de aspirar a tanta gloria. El rey Agamenón, el caudillo de todos los aqueos, no quiso tomar él solo la decisión de elegir entre los dos grandes guerreros, y mandó que fueran los caudillos griegos los que decidieran la disputa.

La disputa de las armas de Aquiles. Discursos de Áyax y de Ulises

Los jefes tomaron asiento y, con ellos, los soldados, de pie, formando un círculo, se dispusieron a escuchar a los dos héroes. Primero se levanta para hablar Áyax, el dueño del escudo de siete capas de piel. Está furioso porque le parece una injusticia que Ulises se atreva a disputarle las armas del gran Aquiles. Mira ferozmente a la flota fondeada en la playa y empieza a hablar:

«Ulises se vio vencido por el fuego de Héctor mientras yo conseguí alejarlo de esta flota. ¡Es más fácil luchar con palabras mentirosas que con las manos! Yo no tengo facilidad de palabra, pero él no la tiene de obra; yo venzo en la guerra, en la lucha; él, al hablar. Pero no creo que sea necesario que os cuente mis hazañas porque las habéis visto; que cuente Ulises las suyas, que sólo las ve la noche. Grande es el premio que os pido, es verdad; pero al ser Ulises mi competidor le quita valor; a él le basta decir que ha rivalizado conmigo: ése es su premio. Si no basta mi valor, lo hará mi nobleza, porque soy hijo de Telamón, el que asaltó las murallas de Troya bajo el mando del valeroso Hércules. Y mi abuelo es Éaco, juez de los silenciosos en el reino de las sombras, allí donde la pesada piedra atormenta a Sísifo. Y Éaco es hijo de Júpiter, por tanto, yo, Áyax, soy el tercero de esta estirpe que desciende del dios de dioses. Sólo quiero que se tenga en cuenta que soy además primo de Aquiles y pido lo que era de mi primo.

»¿Por qué tú, Ulises, descendiente de Sísifo y su igual en estafas y fraudes, intentas mezclar con los Eácidas el nombre de una familia que nada tiene que ver con ellos? ¿Tal vez porque fui el primero en tomar las armas sin que nadie me llamara se me tienen ahora que negar? ¿Se va a preferir al que las cogió en último lugar e intentó no hacerlo fingiéndose loco? ¿Va Ulises a empuñar ahora las mejores armas porque intentó no empuñar ninguna? Pero hubiera sido mejor que se hubiera creído aquella locura o que realmente hubiese sido cierta porque por su culpa dejamos abandonado a Filoctetes en la isla de Lemnos, donde, escondido en las cuevas del bosque, con doloridos lamentos pide para Ulises el castigo que se merece. Una serpiente le mordió en el pie cuando estaba haciendo un sacrificio a los dioses, y el hedor que despedía su herida infectada ayudó al malvado Ulises a convencer a los demás de que debían abandonarlo a su suerte en la isla. Aquel que hizo con nosotros el mismo juramento bélico, uno de nuestros caudillos, aquel a quien le tocó en suerte el arco y las flechas de Hércules, enfermo, con hambre, se viste y se alimenta de aves y les dispara las nobles flechas que estaban destinadas a la conquista de Troya.

»Pero al menos él vive porque no acompañó a Ulises, porque Palamedes hubiera preferido que lo dejaran abandonado, así viviría o no hubiera tenido una muerte espantosa como culpable de un delito no cometido. Él fue quien descubrió que Ulises fingía la locura y acabó con sus tretas. Cuando Ulises unció un buey y un asno y sembró sal en su astuta comedia como loco, Palamedes puso a su hijo Telémaco delante del arado, y Ulises, para no herir al niño, detuvo a tiempo el arado y mostró así que su locura era una patraña. Nunca se lo perdonó a Palamedes, y así fingió, con una carta mentirosa de un troyano cautivo, que se había ofrecido a Príamo, el rey troyano, para traicionarnos; luego pagó a un esclavo suyo para que escondiera oro bajo el lecho de su amo. Esa traición inventada llevó a Palamedes a morir bajo una lluvia de piedras. ¡Así pelea Ulises! Restando fuerzas a los aqueos con el exilio o la muerte de sus jefes.

»Aunque gana en elocuencia al leal Néstor, no por eso voy a admitir que el abandono de Néstor no fuera un crimen. A pesar de los ruegos que le dirigía por la lentitud de su caballo herido y el cansancio de sus muchísimos años, Ulises, su compañero, le traicionó. Sabe muy bien Néstor que es verdad lo que digo y recuerda cuántas veces, aterrorizado, llamó en vano a su compañero. Pero los dioses contemplan con ojos justos lo que hacen los mortales; poco después él, que le había negado al anciano su ayuda, la necesitó también. Llama a gritos a sus compañeros; yo acudo y lo veo temblando, pálido, atemorizado por la muerte inminente. Lo protegí con mi escudo y salvé su cobarde vida. ¿Ulises, por qué no vamos ahora al mismo sitio, con ese enemigo, la herida y el miedo, te ocultas detrás de mi escudo otra vez y luchamos allí los dos frente a frente? Cuando lo libré del peligro, aquel a quien las heridas no le habían dejado fuerzas para mantenerse en pie escapó como si no tuviera ninguna.

»Pero aparece Héctor, que espanta con su valentía y su fuerza a los más valientes. Cuando triunfaba rodeado de muertes, fui yo quien lo derribé arrojándole desde lejos una inmensa mole y fui yo quien se enfrentó a él cuando a gritos reclamaba luchar con alguien. Vosotros, aqueos, rogasteis por mí, y vuestros ruegos fueron oídos. Le vencí.

»Y cuando los troyanos atacaron la flota y le lanzaron fuego, ¿dónde estaba el elocuente Ulises? Fui otra vez yo quien protegió los barcos, la esperanza de vuestra vuelta a la patria. ¡Dadme las armas en pago de tantos navíos salvados! Y si se me está permitido decir la verdad, es mayor el honor para las armas que yo las posea que para mí tenerlas. Son ellas las que me reclaman, y no yo a ellas.

»¡Cómo vais a dar las armas a Ulises que lo hace todo sin armas y a escondidas y con trampas coge desprevenido al enemigo! El casco brillante delatará con sus rayos dorados la emboscada y señalará dónde se esconde. Aunque no podrá tampoco él soportar su peso ni sus brazos no hechos a la guerra tendrán fuerza para la lanza de Aquiles, ni su mano izquierda temerosa y nacida para las trampas podrá embrazar el escudo en el que está representado el mundo entero. ¿Para qué pides, inútil, unas armas que no vas a poder empuñar? Y si los aqueos, ofuscados, te las dan, te las quitará el enemigo en vez de temerlas, y la huida, que es lo único en lo que vences a todos, te será difícil porque las tendrás que arrastrar sin fuerza para ello. Además tu escudo está intacto, mientras el mío está abierto por mil heridas de los mil dardos que ha parado y necesita un sucesor.

»Pero ¿qué falta hacen las palabras? ¡Que se nos vea obrar! Traed las armas y dádselas en premio a aquel que las conserve.»

Acaba su discurso Áyax. La multitud acompaña con un murmullo sus últimas palabras. Y entonces se pone en pie Ulises, el hijo de Laertes. Mira un instante a la tierra, luego alza su mirada y la fija en los caudillos y empieza a hablar con su esperada voz, con la fuerza persuasiva de sus palabras elocuentes:

«Si hubiesen podido cumplirse mis deseos y los vuestros, aqueos, no habría duda de quién tendría ahora estas armas: tú, Aquiles, las tendrías ahora, y nosotros a ti. Pero ya que un destino injusto nos lo ha negado, a mí y a vosotros, ¿quién será mejor heredero de sus armas que aquel que convenció a Aquiles para que luchara con los aqueos? Así tiene que ser, a menos que a Áyax le favorezca una decisión tan torpe como es él, o que a mí me perjudique mi ingenio, que siempre os ha sido tan útil a vosotros, aqueos, o a menos que odiéis mi elocuencia –si es que la tengo–, que ahora habla a favor de su dueño, pero que ha hablado a favor vuestro muchas veces. Porque en lo relativo al linaje, antepasados y todo lo que no he hecho yo mismo, apenas los puedo llamar míos; pero, ya que Áyax ha dicho que es biznieto de Júpiter, también lo soy yo; y por parte de mi madre, tengo a Mercurio como origen, de modo que hay un dios en la estirpe de cada uno de mis padres. Pero no os pido las armas porque mi madre es más ilustre que la suya ni porque mi padre no tiene la deshonra de tener un hermano como el suyo, sólo quiero que tengáis en cuenta nuestros méritos. Si se exige para heredar las armas la proximidad de parentesco, ahí está Peleo, padre de Aquiles; ahí está Pirro, su hijo, ¿qué lugar queda para Áyax? Llevádselas a ellos. También Teucro es primo de Aquiles, como Áyax, ¿acaso las pide por eso? ¿Y si las pidiera, se las daríais por esa razón? Por tanto, como nuestra disputa tiene que dirimirse por el valor de nuestras obras, yo he hecho más de las que puedo contar aquí, pero voy a resumirlas tal como se han ido sucediendo.

»Tetis, que veía el porvenir, sabía la muerte que esperaba a su hijo, Aquiles, y para que no tuviera que participar en la guerra en donde acabarían sus días, lo vistió con ropas de mujer. Consiguió así engañar a todos, y también a Áyax. Yo entonces, disfrazado de mercader, mezclé con objetos femeninos unas armas, y al ofrecérselo todo a Aquiles, las escogió sin vacilar. En cuanto se quitó sus vestidos de mujer y empuñó el escudo y la lanza, le dije: "Hijo de diosa, ¡a ti te está reservada la ruina de Troya! ¿Por qué vacilas en destruir la grandiosa Troya?". Y poniéndole mi mano en su hombro, mandé a aquel valiente a empresas valientes. Por tanto, sus hazañas me pertenecen: yo fui quien con mi lanza acabé con Télefo en la lucha, y quien lo curé, cuando, vencido, suplicaba; yo hice que se entregara la ciudad de Tebas; yo tomé Lesbos, Ténedos, Crise, Cila, ciudades de Apolo; yo vencí a Esciros. Derribé las murallas de Lirneso. Y para no hablar de otras hazañas, yo fui quien os dio al que pudiera vencer al fiero Héctor, ¡por mí yace el glorioso Héctor! Como pago de aquellas armas por las que descubrí a Aquiles, pido estas armas: aquéllas se las di cuando estaba vivo; éstas las reclamo después de su muerte.

»Cuando las naves aqueas estaban esperando en Áulide a que soplara un viento favorable y el cruel oráculo ordenó a Agamenón sacrificar a la implacable Diana a su inocente hija Ifigenia, el rey se negó a ello y se enfadó con los mismos dioses. Aunque era rey, seguía siendo padre. Yo fui quien con mis palabras conseguí convencerle de que sacrificara su bondadoso espíritu de padre en pro del bien común; reconozco que me costó mucho hacerlo. Al fin, el bien de todos, su hermano y el cetro que se le había dado como rey le decidieron a ganar la gloria a costa de su sangre. Luego me enviaron a la madre, a la que no pude convencer, y mi astucia la engañó. Si allá hubiera ido Áyax, todavía estarían las velas esperando a que un viento favorable las hinchase.

»También se me envió como osado parlamentario a Troya y entré en el palacio senatorial. Allí delante de todos, defendí sin miedo la causa que toda Grecia me había encomendado, acusé a Paris y reclamé a Helena y el botín. Convencí al rey Príamo, pero Paris y sus hermanos y los que le habían acompañado en el rapto estuvieron a punto de agredirme con sus manos infames.

»Sería muy largo de contar todo lo que he hecho con mis ideas y con mis manos en esta larga guerra. Tras los primeros combates, los enemigos se mantuvieron al abrigo de las murallas de la ciudad y no hubo ocasión de luchar en campo abierto. Sólo hemos peleado, al fin, al décimo año. ¿Qué hacías, tú, Áyax, entretanto, tú, que no sabes hacer más que luchar? ¿Para qué servías? Si quieres saber qué hacía yo, te diré que preparaba emboscadas a los enemigos, ceñía los fosos de empalizadas, consolaba a los compañeros haciendo que soportasen mejor el hastío de la guerra interminable, les indicaba cómo conseguir provisiones y armas; en resumen, se me enviaba donde se me necesitaba.

»De pronto, por voluntad de Júpiter, el rey, engañado por un sueño, manda que se abandone la guerra; y
puede defender su palabra apelando a la autoridad de
Júpiter. Áyax tenía que haber detenido a los que se reti-
raban, ¿por qué no tomó entonces sus armas?, ¿por qué
no hizo lo único que sabe: pelear? ¡Tenía que haber dado
ejemplo a la multitud confusa! Pero él mismo huyó. Yo
te vi, Áyax, cuando volvías la espalda y preparabas las velas para la huida. Al punto yo dije: "Pero ¿qué hacéis?,
¿qué locura os lleva a abandonar ahora Troya, ahora que
ya está conquistada? ¿Qué vais a llevar a casa ahora, después de diez años, sino el deshonor?". Con estas y otras
palabras que me dictaba la angustia, conseguí que dieran
la vuelta y que la armada que estaba a punto de huir se
quedara.

»Reúne el rey a nuestros compañeros aterrorizados, y
tampoco entonces Áyax dijo nada; hasta Tersites, el más
cobarde de los griegos, se atrevió a atacar de palabra a los
reyes, pero gracias a mí no fue insolente sin castigo. Entonces me puse yo en pie y los animé a todos a luchar contra el enemigo y les exigí que recuperasen el valor perdido. Todas las hazañas que luego ellos hicieron se deben
a mí, porque yo los arrastré a hacerlas cuando ya habían
vuelto las espaldas.

»También tengo yo, compatriotas, heridas, gloriosas
incluso por el lugar en que están. Y no creáis en vanas
palabras, ¡vedlas aquí! Áyax, en cambio, no ha derrama-
do sangre alguna por sus camaradas, tiene el cuerpo sin
heridas.

»Dice que tomó las armas para defender la armada
griega contra los troyanos y contra Júpiter; lo confieso,

las tomó –no suelo desmentir envidiosamente los méritos ajenos–, pero que no se apropie él solo del mérito de muchos; fue Patroclo, protegido bajo la apariencia de Aquiles, el que rechazó a los troyanos de las naves que querían quemar junto a sus defensores. Cree él también que fue el único que se atrevió a luchar contra Héctor, olvidándose de que fue el noveno que se presentó para hacerlo –también yo lo hice–, aunque el azar le dio el primer lugar. Pero aun así, ¿cuál fue el resultado de tu pelea, valiente Áyax? Héctor se marchó sin sufrir herida alguna.

»¡Ay de mí, con cuánto dolor me veo obligado a recordar el momento en que la muralla de los griegos, Aquiles, murió! Pero ni las lágrimas ni el temor me impidieron a mí levantar su cuerpo del suelo y traéroslo. ¡Con estos hombros, sí, con estos hombros, llevé yo el cuerpo y las armas de Aquiles, esas armas que ahora os pido que me dejéis llevar! Tengo fuerzas para soportar su peso y tengo, desde luego, un corazón que sabrá valorar el honor que me vais a dar. ¿O es que la diosa Tetis, su madre, quiso que estas armas, hechas maravillosamente por Vulcano, las llevara un soldado tosco e ignorante? Porque Áyax no sabe nada de los relieves del escudo, de lo que hay en él representado: el océano, la tierra, las constelaciones del cielo. Áyax exige que se le den unas armas que no entiende.

»Cuando me acusa de esquivar el servicio de la dura guerra y de haber acudido tarde a una empresa ya comenzada, está acusando también al magnánimo Aquiles. Si llama crimen a fingir, ambos fingimos; y yo me incorporé a la lucha antes que él. A mí me detuvo una tierna esposa, a Aquiles una madre cariñosa, y si a ellas les dedicamos nuestro tiempo al comienzo, luego éste ha sido para vosotros.

»No soy yo tampoco culpable de que Filoctetes esté en la isla de Lemnos; todos estuvimos de acuerdo en ello. No niego que yo se lo aconsejé para que se librara de las fatigas del viaje y de la guerra e intentara así mitigar sus terribles dolores con el descanso. Me hizo caso ¡y vive! Y puesto que para la destrucción de Troya los adivinos exigen la presencia de Filoctetes, ¡no me hagáis a mí el encargo! Será mejor que vaya Áyax que con su don de palabra aliviará a aquel hombre furioso por el dolor y por la cólera, y con su habilidad y su ingenio conseguirá traerlo con alguna traza. Antes cambiará la dirección de sus aguas el río Símois, antes el monte Ida se quedará sin bosques, antes Grecia enviará socorro a Troya, que, si mi ingenio deja de apoyar vuestros intereses, os pueda servir de algo la habilidad del estúpido Áyax. Duro Filoctetes, aunque nos maldigas, aunque me desees la muerte, aunque quieras, resentido, acabar con mi vida, y aunque consigas hacerlo, no por eso dejaré de ir en tu busca, de intentar convencerte para que vengas conmigo. Y si la Fortuna me ayuda, ¡lo conseguiré! ¿Y conmigo se compara Áyax?

»Los hados prohibían que Troya fuese tomada sin que tuviéramos la imagen de Minerva, el Paladio, que guardaban ellos en su ciudadela. ¿Dónde estaba el valiente Áyax? ¿Por qué se atreve Ulises a atravesar las líneas enemigas en medio de la noche, entrar no sólo en Troya sino llegar a lo más elevado de la ciudadela, quitar la diosa de su capilla y llevarla por entre los enemigos? Y si yo no hubiera hecho todo esto, sería inútil que Áyax llevara el escudo de Aquiles. Aquella noche conseguí yo la victoria sobre Troya, la vencí en el momento en que conseguí que pudiera ser vencida.

»Tú, Áyax, tienes un brazo bueno para la guerra, pero una mente que necesita de mi dirección. Tú ejerces la fuerza sin cabeza; yo estudio las consecuencias. Tú puedes luchar, pero el momento para hacerlo lo elige Agamenón fiándose de mí. Tú eres útil con tu cuerpo; yo con mi espíritu. Tú tienes la fuerza del remero, del soldado; yo la inteligencia del piloto, del jefe. También en mi cuerpo cuenta más el talento que la fuerza; en él está todo mi poder.

»Vosotros, caudillos aqueos, dadme este premio tan merecido por mi esfuerzo de tantos años. Estamos ya a punto de acabar nuestro trabajo; he dejado atrás los hados adversos y he conquistado Troya al hacer que pudiera ser conquistada. Y ahora, por nuestras comunes esperanzas, por las murallas de los troyanos, que están a punto de caer, y por la diosa que le he quitado al enemigo hace poco, y por lo que pueda quedar de tarea para la inteligencia o por lo que haya que conseguir con audacia, si creéis que aún falta algo para el fin de Troya, ¡acordaos de mí! Y si no me dais a mí las armas, dádselas a Minerva, a esta estatua portadora del destino».

La asamblea de los jefes aqueos quedó totalmente convencida por el discurso de Ulises y le dieron las armas. Se vio el enorme poder de la elocuencia, de las palabras.

Muerte de Áyax

Áyax, que tantas veces había resistido él solo a Héctor, a las armas, a los fuegos, a Júpiter, fue incapaz de resistir la cólera. Al hombre invencible lo vence el dolor. Empuña la espada y dice:

«Al menos ésta sí que es mía, ¿o también la quiere Ulises? Ésta es la que tengo que usar contra mí mismo, y la que tantas veces se humedeció de sangre troyana lo hará ahora con la de su dueño, para que a Áyax no pueda vencerlo nadie más que el propio Áyax».

Y hundió en su pecho sin herida la espada mortífera. No hubo manos que pudieran sacar el arma clavada, sólo lo hizo la propia sangre. En la tierra enrojecida por ella nació una flor roja, que ya antes había nacido de la herida de Jacinto, y en mitad de los pétalos aparecen las letras de su nombre, como antes se leían las del lamento del joven.

Ulises iría a buscar a Filoctetes y, cuando consiguió traerlo con sus armas, las flechas que habían sido de Hércules, cayó Troya, y cayó su rey, Príamo. Su esposa, la reina Hécuba, lo perdió todo y también su forma humana, y donde se cierra en estrecho el Helesponto, aterroriza los aires con su ladrido.

Hécuba y Políxena

Troya ardía. Los griegos vencedores se llevaban a las troyanas como botín de guerra. Soplaba viento del norte, las velas sonaban movidas por el viento favorable, los pilotos deciden aprovechar el viento, y zarpa la flota. Las troyanas besan la tierra al dejar las casas humeantes de la patria y gritan «Adiós, Troya; nos llevan». La última en embarcar fue Hécuba, a la que encontraron entre las tumbas de sus hijos; la sacaron a rastras de allí, pero ella pudo aún coger las cenizas de uno de sus hijos, las de Héctor, y las llevaba ocultas en su seno. En la tumba dejó como ofrenda uno de sus cabellos blancos y lágrimas.

Agamenón había fondeado en la costa de Tracia una escuadra hasta que el mar estuviese en calma y el viento fuera favorable. De repente, sale de una gran abertura de la tierra Aquiles, con toda la corpulencia que tenía cuando vivía. Con semblante feroz, amenazador, les dice a los griegos:

«¿Os vais sin acordaros de mí? ¿Conmigo ha quedado sepultado vuestro agradecimiento a mis hazañas, a mi valor? ¡No lo hagáis! Para que mi sepultura no se quede sin honores, ofreced a mis dioses el sacrificio de Políxena».

Políxena era la bella y joven hija de Hécuba y Príamo. Los aqueos, obedeciendo a la sombra cruel de Aquiles, se la arrebatan a su madre y la llevan a la pira del sacrificio. Políxena, ya junto al bárbaro altar, al ver que Neoptólemo, el hijo de Aquiles, empuña el arma y la mira, dice descubriéndose el pecho:

«Mátame ya, no hay por qué esperar. Hunde tu arma en mi cuello o en mi pecho. Así no seré esclava de nadie; pero tampoco aplacaréis con mi sacrificio a ningún dios. Quisiera que mi madre no viera mi muerte, es lo único que me impide aceptarla con gozo. Mátame así, sin que nadie toque mi cuerpo, porque, sea quien sea aquel a quien tratáis de aplacar, preferirá la ofrenda de una sangre libre. Y si alguien puede compadecerse de mí, de

Políxena, la hija del rey Príamo, le pido que entregue mi cuerpo a mi madre sin que tenga que comprar más que con lágrimas una sepultura».

Todos lloran al oírla, menos ella, que sin una lágrima ofrece el pecho a Neoptólemo, quien, llorando, le clava el arma. A la bella muchacha le fallan ya las piernas y se desploma en tierra, pero aun entonces mantiene sereno su rostro. La recogen las troyanas. Hécuba abraza el cuerpo vacío de alma tan valerosa, llora desesperadamente –aún le quedan lágrimas después de haber llorado tanto por su patria, por sus hijos, por su esposo–, besa su boca fría, mancha sus canas con su sangre, le habla, le dice muchas cosas, palabras como éstas:

«Hija mía, el último dolor de tu madre –¡qué me queda ya!–, muerta ya. Veo tu pecho herido; para que no perdiera a nadie de los míos sin sangre, también tú la has vertido. Yo creía que tú, siendo mujer, te librarías del hierro; pero también tú mueres de su herida, como tus hermanos. Cuando Aquiles cayó por las flechas de Paris y de Apolo, pensé que ya no tenía que temerle más; pero aun después de muerto, se ensaña con esta familia, ¡hasta en la tumba es nuestro enemigo!

»Ya ha acabado la desgracia de nuestro pueblo, pero para mí todavía no; para mí aún existe Troya, y mi dolor sigue su curso. Hace nada era la más feliz, con tantos hijos y nueras, y ahora me arrastran, desterrada, pobre, arrancándome de las tumbas de mis hijos y me llevan, esclava, como regalo para Penélope, la esposa de Ulises. Y ahora tú, Políxena, eres una ofrenda funeral para un enemigo. ¿Para qué sobrevivo como si fuera de hierro? ¿Por qué, dioses crueles, prolongáis la vida de una anciana que sólo ve entierros? Príamo, el rey, mi esposo, perdió al mismo tiempo la vida y el reino, pero ahora es feliz porque no tiene que verte a ti, hija mía, muerta así. Yo lo he perdido todo, o casi todo; sólo me queda Polidoro, el más joven de mis hijos, que di al rey de esta tierra, Poliméstor, para que lo educara y lo protegiera de la guerra. Pero ¿por qué tardo tanto en lavar, hija mía, tus espantosas heridas y tu rostro lleno de sangre?».

Hécuba avanzó hacia la playa con pasos vacilantes de anciana para coger agua y lavar a su hija muerta. Y allí vio el cuerpo de Polidoro arrojado por el mar a la playa. No sabía la pobre mujer que el cruel y ambicioso Poliméstor, al ver que Troya había sido vencida, mató con su espada al infortunado joven para quedarse con las riquezas que su padre le había dado. Y para borrar el crimen y el cuerpo, lo arrojó desde un peñasco a las olas. El mar se lo llevó a su madre.

Hécuba y Poliméstor

Hécuba, al ver a su hijo Polidoro muerto, ¡al único hijo que creía que le quedaba!, enmudece de dolor; y el mismo dolor le devora a la vez la voz y las lágrimas que le salen de dentro. Se queda inmóvil como una roca. Mira la tierra, después levanta su rostro al cielo, vuelve luego su mirada al cuerpo de su hijo muerto y contempla fijamente sus heridas, ¡sobre todo, sus heridas! La rabia le crece por dentro; como si siguiera siendo reina, decide castigar el crimen y se dedica a imaginar cómo hacerlo. De la misma forma que una leona a la que han quitado su cachorro encuentra un rastro de pies y va siguiendo a un enemigo que no ve, así va a hacerlo Hécuba.

Olvidada de sus años, llevada por su afán de venganza, por su odio, pide audiencia al asesino de su hijo, a Poliméstor, el rey de Tracia. Le dice que quiere enseñarle dónde está el oro que ha podido ocultar para que se lo entregue a su hijo. El avaro rey lo cree y la sigue a un lugar oculto. Le dice con voz melosa a la anciana reina que le dé el oro, que se lo entregará a Polidoro igual que el que antes le dieron, y se lo jura por los dioses. Hécuba escucha su falso juramento y se enciende en enloquecida cólera; de improviso hunde sus dedos en los ojos del avaro asesino y con sus uñas le deja las cuencas vacías.

Los tracios, al ver la desgracia de su tirano, atacan a Hécuba con piedras; pero ella se abalanza a mordiscos contra uno de los guijarros que le tiran, y en vez de gritar, ladra.

Una perra de ojos de fuego aulló lúgubremente en aquellos campos durante mucho tiempo. Su suerte impresionó a los troyanos y a los griegos y a todos los dioses, a todos; incluso la propia Juno dijo que Hécuba no se merecía ese final.

Memnón

No tiene tiempo la Aurora de lamentar la ruina de Troya, a la que siempre había favorecido, y la desgracia de Hécuba, porque sólo piensa en la muerte de su hijo, Memnón, a quien Aquiles había quitado la vida en los campos frigios. Al verle la Aurora morir allí, en Troya, el color que enrojece los momentos iniciales del día empalideció, y el cielo quedó oculto en tinieblas. Pero al ver después cómo el fuego de la pira funeraria consumía el cuerpo de su amado hijo, no lo soportó. Con el cabello suelto, se echó a los pies de Júpiter y, llorando desesperadamente, le dijo:

«Aunque inferior a las diosas del Olimpo, porque tengo pocos templos dedicados a mí en el mundo, soy diosa. No estoy aquí a tus pies para pedirte santuarios ni altares ni días consagrados a mí, aunque bien podrías tener en cuenta mis servicios; gracias a mí se mantienen los límites de la noche. Pero no es eso lo que ahora me preocupa. Aquiles me ha quitado a mi Memnón, y así lo hizo porque vosotros quisisteis. Vengo a rogarte que le des algún honor como consuelo de su muerte y mitiga de esta forma el dolor de una madre».

Júpiter asiente, y al mismo tiempo la pira que quema el cuerpo de Memnón se desploma. Densos humos negros retorcidos ofuscan el día, como cuando los ríos despiden las nieblas y el sol no puede llegar a la tierra. Vuelan negras pavesas y se espesan formando un único cuerpo que cobra del fuego calor y vida; su misma levedad le da alas y, primero como si fuera un ave y en seguida siéndolo, las mueve en el aire. Al mismo tiempo se oyen multitud de alas de otras aves semejantes nacidas a la vez; tres veces sobrevuelan la pira, y tres veces se oyen en el aire sus lamentos como si fuera uno inmenso. La cuarta vez, se dividen en dos bandos y se atacan ferozmente con los picos, con las garras curvas, golpeándose con las alas, con los pechos, y van cayendo, como ofrendas fúnebres, sobre las cenizas del valeroso Memnón.

A estos surcadores del aire se les llamó memnónides, y todos los años, cuando el sol ha recorrido los doce signos, dispuestos a morir, vuelven a luchar en el mismo sitio, y el aire se llena de sus lúgubres gritos.

Eneas y Anio

El destino no quiso que la esperanza de Troya se desvaneciese al mismo tiempo que se derrumbaron sus murallas, pasto de las llamas. Eneas, hijo de Venus, escapa de la ciudad destruida con los objetos sagrados, llevando sobre sus hombros a su padre Anquises y de la mano a su hijo Ascanio. Con su escuadra fugitiva, abandona también los umbrales asesinos de los tracios y la tierra que mana sangre de Polidoro y, llevado por vientos favorables, llega con sus amigos a Delos, la ciudad consagrada a Apolo donde reina Anio. El rey recibe a Eneas en el templo, porque era también sacerdote del dios flechador, y en su casa; le muestra la ciudad, el santuario y los dos árboles, una palmera y un olivo, donde se agarró Latona cuando daba a luz a sus dos hijos, Apolo y Diana. Después de quemar incienso en el templo, de derramar vino sobre el incienso y de quemar las entrañas de vacas sacrificadas, se van a palacio, donde comen y beben. El anciano Anquises le pregunta a Anio por su hijo y por las dos hijas que él recuerda haber visto y que ahora no ve.

Anio, sacudiendo su cabeza rodeada de cintas blanquísimas, y con voz muy triste le responde que, en efecto, tenía cinco hijos y ahora casi ninguno, ¡tanta es la inconstancia de las cosas de los hombres! El único hijo que le queda, Andros, reina en la isla que lleva su nombre, lejos de él. Apolo le dio el don de la adivinación, y Baco había dado a sus hijas un don mayor de lo que pudiera imaginarse o creerse: todo lo que ellas tocaban se transformaba en trigo, en vino y en aceite.

Cuando lo supo Agamenón, el destructor de Troya, se las llevó con las armas contra su voluntad de los brazos de su padre para que alimentaran con su don a la armada griega. Consiguen escaparse: dos van a Eubea y otras dos a Andros, donde reina su hermano. El ejército llega a la ciudad y amenaza con la guerra si no se le entregan las jóvenes. El miedo venció al afecto; el hermano cobarde las entregó. Se le puede perdonar porque no había allí ni un Eneas ni un Héctor que pudieran defender Andros.

Estaban ya preparando las cadenas para llevarlas cautivas cuando ellas alzaron los brazos al cielo y suplicaron ayuda a Baco. El dios que les había dado el preciado don que fue su desgracia las protegió, si es que puede llamarse protección a darles la muerte de forma prodigiosa. Anio no sabe cómo transformó su figura, sólo sabe que Baco les dio alas con las que pudieron escapar volando convertidas en blancas palomas, que ahora son las aves de Venus, la madre de Eneas.

Escuchando este y otros relatos, acabaron de comer y se entregaron luego al sueño. Al amanecer consultan el oráculo de Apolo, que les manda dirigirse a Italia. El rey les acompaña hasta las naves y le da a Anquises un cetro, a su nieto Ascanio una clámide –una capa corta– y una aljaba, y a Eneas una crátera, una vasija grande, bellamente cincelada. Los troyanos le dan al sacerdote un incensario, una copa y una corona de oro y piedras preciosas.

Eneas y los suyos van a Creta, pero dejan al poco tiempo sus cien ciudades y, después de larga navegación, llegan a Sicilia, la isla que se adentra en el mar en tres salientes. El viento favorable les permite entrar en Mesina a la caída de la tarde. Escila asola la orilla derecha, y la izquierda, la nunca en calma Caribdis, que absorbe a los navíos y luego los vomita.

Polifemo y Galatea

Escila tiene un monstruoso vientre rodeado de perros feroces, pero el rostro de doncella. Y si no es falso lo que dicen los poetas, fue una vez una doncella bellísima. Muchos querían casarse con ella, pero los rechazaba a todos. Las Ninfas del mar la querían mucho, y ella les contaba los amores burlados de los jóvenes pretendientes. Una de ellas, la nereida Galatea, deja que Escila le peine el cabello y le cuenta suspirando su historia. Ella no pudo escapar, como lo hace Escila de tantos, del amor de un solo pretendiente: el cíclope Polifemo.

Galatea es hija de Nereo y de la azul Doris, que nació del Océano, y a pesar de ello y de que tiene multitud de hermanas, no pudo librarse del acoso del monstruoso Cíclope. Las lágrimas no le dejan seguir hablando, pero Escila con sus dedos blancos como el mármol se las seca y consuela a la Nereida. Galatea prosigue su relato.

Acis era un hermoso joven, hijo del dios Fauno y de la ninfa Simétide. Tenía dieciséis años, y en sus mejillas apuntaba el bozo. Galatea, enamorada, quiere estar siempre junto a él; y el Cíclope, que la quiere a ella, no deja de perseguirla. Galatea ama tanto a Acis como odia a Polifemo. ¡Qué grande es el poder de Venus! Porque aquel ser bestial, que asusta a las mismas selvas y desprecia al mismo Olimpo y a sus dioses, a quien nadie pudo acercársele sin peligro, supo qué es amor y, dominado por una pasión devoradora, se olvida de sus ganados y de sus cuevas. Intenta agradar, peina sus cabellos tiesos con un rastrillo, se recorta con una hoz su barba hirsuta, se mira en el agua el rostro feroz e intenta acicalarse. Se olvida de matar, se le apaga la sed de sangre, y los navíos entran y salen sin peligro de sus playas. En esa época llegó junto al Etna, el volcán de Sicilia, Telemo, que nunca se equivocó al predecir el futuro, y le dijo a Polifemo que Ulises le cegaría el único ojo de su frente. Polifemo se echó a reír llamándole necio porque –le dijo– ya se lo había quitado otra, su amada Galatea. Despreció al que le decía la verdad. Como el amor le tiene inquieto, camina por la playa, que tiembla bajo sus pasos de gigante y, cuando está cansado, se refugia en las cuevas tenebrosas.

En la orilla del mar hay un acantilado, y en él una roca que se adentra en las aguas. Allí sube el salvaje Cíclope a sentarse; le rodean sus rebaños, que le siguen sin que nadie los guíe. Pone ante sus pies el pino que le sirve de bastón y que en un navío podría servir de apoyo a las entenas de las velas, y empieza a tocar una zampoña hecha de cien cañas. Las olas y los montes oyeron sus silbos pastoriles. Galatea, que está en brazos de Acis –escondidos los dos debajo de una roca– oye lo que Polifemo le canta:

«Oh Galatea, más blanca que las hojas de la nevada alheña, más florida que los prados, más esbelta que el alto sauce, más brillante que el cristal, más traviesa que el cabrito, más brillante que las conchas lamidas por el agua continua, más grata que los soles del invierno y que la sombra del verano, más noble que las manzanas, más atractiva que el alto plátano, más resplandeciente que el hielo, más dulce que la uva madura, más blanda que las plumas del cisne y que la leche cuajada, y, si no me huyeras, más hermosa que un jardín regado. Pero también, Galatea, eres más cruel que los indómitos novillos, más dura que una encina añosa, más falsa que las olas, más escurridiza que las ramas del sauce y que las vides blancas, más inconmovible que estos peñascos, más violenta que los ríos, más soberbia que el alabado pavo real, más cruel que el fuego, más punzante que las espinas, más salvaje que la osa preñada, más sorda que los mares, más furiosa que una serpiente pisada, y, sobre todo, lo que yo quisiera que no fueras, más huidiza no sólo que el ciervo perseguido por claros ladridos sino incluso que los vientos y la veloz brisa.

»Si me conocieras bien, sentirías haber huido de mí, lamentarías haber sido tan esquiva e intentarías retenerme con todas tus artes. Yo tengo una cueva que es parte de una montaña y está suspendida en la roca viva, donde no se nota el sol en verano ni el frío en invierno. Tengo frutales de ramas dobladas por el peso de las frutas, infinitas viñas con uvas doradas y de color rojo. Para ti lo guardo todo. Tú misma cogerás con las manos blandas fresas que salen en las sombras del bosque, tú misma cogerás cerezas silvestres de otoño y ciruelas, no sólo las moradas por su jugo negro, sino también las que tienen el color de la cera reciente. Cuando sea yo tu esposo, no te faltarán ni castañas ni los frutos del madroño: todos los árboles serán tuyos. Este ganado es todo mío; son muchas las cabras que andan por los valles, muchas las que ocultan los bosques, muchas las que están en las cuevas; ni sé yo las que tengo, es de pobres contar el ganado. Puedes ver tú misma además lo llenas que están sus ubres, tanto que apenas pueden andar. Tengo también corderos y cabritos. Siempre tengo leche blanca como la nieve; en parte la bebo y con otra hago requesón.

»No sólo tendrás regalos corrientes como gamos, liebres, cabras, palomas o un nido arrancado de la copa de un árbol. Encontré dos cachorros de una osa peluda, tan iguales que no se les distingue; los vi y pensé que te gustaría jugar con ellos, y para ti los guardo.

»Ahora, por favor, saca ya del mar azul tu bella cabeza. Galatea, ven ya, no desprecies mis regalos. Yo me conozco bien, hace poco me he visto reflejado en las aguas cristalinas, y al verme, me ha gustado mi propia imagen. ¡Mira qué grande soy! No es mayor Júpiter en el cielo –puesto que soléis decir que reina un tal Júpiter–; una cabellera espesísima se derrama sobre mi fiero rostro y da sombra a mis hombros como si fuera un bosque. No creas que es feo mi cuerpo porque esté lleno de espesas y rígidas cerdas; feo es un árbol sin hojas, feo un caballo si no tiene crines; el plumaje protege a las aves, y la lana hace bellas a las ovejas; a los hombres les sientan bien la barba y los pelos hirsutos. Tengo un solo ojo en la frente, pero parece un inmenso escudo. ¿Y qué? ¿No lo ve todo desde el cielo el gran Sol? ¡Y el Sol no tiene más que un ojo! Mi padre es el rey de los mares, tendrás a Neptuno por suegro.

»Sólo te pido que tengas piedad de mí, que escuches mis humildes ruegos, porque sólo a ti me rindo. Yo, que desprecio a Júpiter y al cielo y al rayo fulminante, te adoro a ti, Nereida; para mí tu desdén es más temible que el rayo. Podría tolerarlo más si despreciaras a todos, pero ¿por qué si rechazas a Polifemo, amas a Acis y prefieres sus abrazos a los míos?

»Pero que Acis se siga gustando a sí mismo y te siga gustando a ti, Galatea. En cuanto tenga ocasión, le demostraré cómo mis fuerzas son tan grandes como mi cuerpo. Le arrancaré vivas las entrañas y le cortaré los miembros y los echaré por los campos y las aguas, ¡que así se una a ti, Nereida! Ardo por dentro, y el fuego está creciendo con tal fuerza que parece que llevo un Etna dentro del pecho. ¡Y tú, Galatea, no te conmueves!».

Después de lamentarse vanamente, Polifemo se levanta como un toro enfurecido a quien han quitado la vaca, vaga por la selva, por los montes, hasta que de pronto, cuando Acis y Galatea, descuidados, nada temían, los ve y grita fuera de sí: «Os he visto y os aseguro que éste va a ser vuestro último encuentro de amor». Y su voz era terrorífica, como la de un Cíclope irritado; su alarido estremeció al mismo volcán Etna.

Galatea, aterrorizada, se sumergió en el mar. Acis huye pidiendo desesperadamente ayuda a la Nereida y a sus padres. Pero el Cíclope le sigue de cerca y le lanza un enorme peñasco que arranca del monte. Aunque sólo le alcanza un extremo, le da de lleno a Acis y lo aplasta.

Entonces Galatea consigue que el joven recobre las fuerzas de sus antepasados; es lo único que puede hacer. Primero manaba del peñasco sangre roja, pero poco a poco va perdiendo su color y es como el de las aguas de un río turbio por las primeras lluvias, hasta que mana agua límpida. Luego la roca se entreabre, por sus grietas aparecen verdes cañas, y en lo hondo del hueco se oye el murmullo del agua. De pronto, surge el torso de un joven en cuya frente apuntan unos cuernos donde se entrelazan juncos: es el río Acis, tiene el rostro de color azul de mar, pero conserva los rasgos del bello joven.

Glauco y Escila

Al acabar Galatea de contar su historia a Escila, las Nereidas se van nadando por las ondas apacibles. Escila se queda en la playa paseando, refresca su cuerpo con el agua fría de una pequeña cala. De pronto aparece chapoteando en las aguas un nuevo habitante del mar profundo, Glauco. Al ver a la bellísima joven, le asalta un repentino y loco amor por ella y le dice todo lo que se le ocurre para retenerla allí, para que no se vaya. Huye Escila y el miedo le da fuerzas para llegar rápidamente a la cima de un monte que hay a la orilla del mar. Se refugia en la gruta que tiene el acantilado y, sintiéndose segura, desde allí mira a Glauco. No sabe si es un monstruo o un dios; admira su color, la cabellera que cubre sus hombros y su cola de pez. Él se da cuenta de que lo está mirando la joven y le dice que no es un monstruo ni una fiera salvaje, que es ahora un dios del agua, pero que antes fue un mortal. Y le cuenta su historia.

A Glauco le gustaba mucho pescar; a veces lo hacía con redes y otras con caña. Al lado de un verde prado había una playa ceñida por las olas por un lado y por otro por hierbas que ningún animal había tocado, ni la cabra había comido de ellas ni la abeja había libado sus flores; ningún hombre las había segado nunca ni había cogido sus flores. Glauco fue el primero en sentarse en aquel césped para poner a secar sus aparejos; puso en la hierba los peces que había cogido para contarlos, y al contacto con ella empiezan a moverse como si en vez de estar sobre las plantas estuvieran sobre las ondas del mar, y mientras Glauco, atónito, los está mirando, huyen rápidamente y se sumergen de nuevo en el mar. Estupefacto, se queda un largo rato sin saber qué hacer, pero como quiere saber a qué se debe el prodigio, si a la acción de un dios o a las propiedades de las hierbas, arranca un puñado y lo muerde. Apenas había acabado de tragar su jugo, cuando siente cómo se mueven sus entrañas, y su corazón se siente atraído por otra naturaleza. No puede quedarse ya ni un momento más en el prado porque se siente impulsado a sumergirse en el mar. Se despide de la tierra, sabiendo que nunca más volverá a ella y se hunde en las aguas marinas. Allí le reciben los dioses del mar, ruegan a Tetis y al Océano que le quiten todo lo que tiene de mortal, lo purifican, pronuncian nueve veces unas palabras mágicas y le ordenan que ponga su pecho bajo cien ríos. Vienen de todas partes del mundo, y sus aguas caen sobre su cabeza. Glauco no puede contar a Escila lo que le pasó después porque su memoria sólo guarda lo ocurrido hasta ese momento.

Cuando vuelve en sí, se da cuenta de que ya no era el mismo ni en su cuerpo ni en su alma. Se ve entonces por primera vez la barba verde como de herrumbre, sus largos cabellos, sus hombros inmensos, sus brazos azules y sus piernas que se juntan en una cola de pez.

Y Glauco, después de contarle su historia, le dice a Escila:

«¿Pero de qué me sirve esta figura, de qué el haber sido grato a los dioses marinos, de qué ser un dios, si a ti nada de esto te importa?». La joven no le deja acabar, se marcha velozmente.

Glauco se enfurece por el desaire de la muchacha y se dirige a la morada de la hechicera Circe. Después de nadar con sus brazos poderosos largas jornadas, llega a la colina donde tiene su casa la hija del Sol, con fieras irreales en su entrada. Acude a pedirle ayuda, él es dios gracias a las hierbas que ella conoce tan bien. Le cuenta cómo ha visto a Escila en Mesina; no quiere, avergonzado, repetirle las promesas que le ha hecho, sus ruegos, que la joven ha desdeñado. Pero no le pide que le cure con fórmulas mágicas o con hierbas, lo que quiere es que la joven sufra como él, que arda en el fuego amoroso que él siente.

La hechicera le responde así:

«Mejor será que pretendas a una que quiera lo mismo que tú, movida por una pasión parecida. Tú eres digno de que te rueguen que ames en lugar de suplicar tú. Y para que tengas confianza en tu belleza, aquí me tienes a mí, que, siendo una diosa e hija del Sol resplandeciente, y siendo tan poderosa por mis conjuros y por mis plantas, me gustaría ser tuya. Desdeña a la que te desdeña y ama a la que ama».

Pero Glauco no ama a la diosa ni puede olvidar a Escila y la rechaza con estas palabras:

«Antes nacerán las hojas de los árboles en el mar y las algas en la cima de los montes que, viviendo Escila, pueda yo cambiar mi amor por otra».

Circe se indigna por el rechazo. Pero como nada puede hacer contra Glauco ni tampoco, como le ama, hubiera querido hacerlo, se enfurece contra la muchacha porque él la ha preferido. Machaca alimentos venenosos de espantosos jugos, dice conjuros de la diosa maga Hécate, viste ropas de azul oscuro, sale de su palacio entre las fieras irreales, que la acarician, y se dirige al mar. Al entrar en él, las olas hierven agitadas; apoya en ellas los pies y anda como si fuera tierra firme, sin mojarse tan siquiera las plantas. Llega a la pequeña cala donde a Escila le gustaba descansar del mar y protegerse del calor del sol. Circe envenena el refugio, extiende el jugo de una raíz venenosa y murmura veintisiete veces en su boca de bruja un conjuro enigmático con palabras desconocidas.

Llega Escila, se sumerge hasta la cintura en el agua y ve que la rodean unos monstruosos perros que ladran. Primero, asustada, intenta alejarse de ellos, pero forman parte de su cuerpo, los arrastra con ella. En vez de piernas, en vez de pies, no encuentra más que fauces abiertas de perros. El furor de los animales, que son la mitad de su cuerpo, hace que se mantenga erguido lo que de ella queda.

Lloró el enamorado Glauco al ver la venganza de la malvada Circe.

Escila quedó clavada en el mismo sitio, al lado del mar. Después, por odio a Circe, quitaría a Ulises sus compañeros. Hubiera también hundido los navíos griegos si antes no hubiera sido transformada en el peñasco que está en ese lugar de la costa. Los navegantes evitan pasar cerca de él.

Eneas y la Sibila

Eneas en su navegación pudo salvar el escollo de Escila y el de la voraz Caribdis gracias al viento favorable. Iría después a Libia, donde la hermosa reina Dido le daría amorosa hospitalidad, que pagó mal el héroe, obligado por los dioses. Dejará luego atrás muchas playas hasta Nápoles, en donde no se detiene, y llega por fin a la costa de Cumas. Va a la cueva de la ancianísima Sibila para pedirle que le ayude a llegar, por la boca que el lago Averno tenía, al reino de las sombras y pueda ver allí el alma de su padre Anquises.

La Sibila, después de mantener la mirada fija en el suelo mucho rato, la levantó y, poseída por el delirio del dios, le dijo al valeroso héroe:

«Mucho me pides, hombre famoso por tus hazañas, cuyo valor demostraste con las armas y cuya piedad mostraste ante las llamas. Pero no temas, troyano, vas a conseguir lo que me pides. Te guiaré por los Campos Elíseos y por los reinos últimos del mundo; verás la imagen de tu querido padre. No hay camino inaccesible para la virtud».

Muestra a Eneas una resplandeciente rama de oro en el bosque de Juno, en el que rodea el lago Averno, y le manda que la arranque del tronco. Con ella pudo entrar en el reino de los muertos y allí vio la anciana sombra del magnánimo Anquises. Aprendió las leyes del lugar y supo los riesgos que todavía tenía que correr en nuevas guerras.

Al volver a la tierra, camina con pasos cansados por un sendero espantoso y se olvida del esfuerzo que tiene que hacer hablando con su guía, con la Sibila de Cumas, mientras avanza por el sombrío crepúsculo. Le promete que le construirá un templo, sea o no una diosa, porque para él ya lo es, ¡le ha permitido entrar en el país de la muerte y salir de él!

La Sibila, suspirando hondamente, le dice que ella no es una diosa y que nadie puede quemar incienso en su honor. Le cuenta cómo Febo, enamorado de ella, le prometió gozar eternamente del reino de la luz si hacía caso a su amor. Quiso seducirla con regalos y le dijo que le daría lo que quisiera, que escogiese. La Sibila, insensata, escogió como don que el dios le permitiera cumplir tantos años como granos tenía un puñado de arena que había cogido y le enseñaba a Febo; pero se olvidó pedirle que pudiera vivir esos años siempre joven (lo mismo se le olvidó pedir a la Aurora para su esposo, el troyano Titono). ¡Tal vez el dios le hubiera dado también una eterna juventud si ella hubiera aceptado su amor!

Ya se habían ido los años felices; le llegaba a la adivina con pasos temblorosos la triste vejez ¡y tenía que soportarla aún muchos años! Tenía ya siete siglos, y aún le quedaban otros tres para igualar el número de granos del puñado de arena. ¡Tenía que ver aún trescientas cosechas y trescientas vendimias!

La Sibila, que puede ver el futuro, sabe que los años reducirán el tamaño de su alto cuerpo y que, consumido por la vejez, apenas pesará nada. Nadie podrá entonces creer que fue amada por el rubio Apolo, que gustó a tal dios, o incluso el mismo Apolo no la reconocerá o negará haberla amado. Y, después de que acaben los mil años, cuando ya nadie pueda verla, la reconocerán por la voz. ¡La voz es lo que le dejarán los hados!

Muchos años después, en el templo de Cumas se siguió oyendo la voz de la Sibila, se siguió escuchando su oráculo.

Pico y Canente

Pico, hijo de Saturno, era rey del Lacio. Le gustaban mucho los caballos. Era apuesto y su espíritu era tan bello como su figura. No había cumplido aún dieciocho años. Lo amaban las Náyades, las Dríades, pero él sólo quería a una de ellas, a la ninfa Canente, hija del dios Jano, el que tenía dos caras. Era bellísima y cantaba maravillosamente; como antes Orfeo, con su canto conmovía a los bosques y a las mismas piedras, aplacaba a las fieras y detenía a los largos ríos y a las aves inquietas. Ella también se enamoró del joven, y se unieron los dos en gozoso matrimonio.

Un día Pico había salido a cazar, montaba a lomos de un fogoso caballo llevando en la mano izquierda dos lanzas, vestía una clámide roja sujeta por un broche de oro. Se adentró en un bosque. Circe había ido a aquel lugar a coger hierbas para sus pócimas. Oculta en la espesura, vio al joven y quedó fascinada, se le cayeron de las manos las hierbas que había recogido y le pareció que una llama le penetraba hasta el tuétano de los huesos. En cuanto logró serenarse, quiso acercarse al joven para decirle lo que sentía por él, pero no pudo porque estaba rodeado por su escolta y su caballo corría velozmente.

La maga Circe se dijo entre sí: «No escaparás aunque te lleve el viento, si no se ha evaporado la fuerza de mis hierbas y si mis encantamientos no me defraudan». Fabricó una figura de falso jabalí sin cuerpo alguno y primero lo hizo pasar corriendo entre los cazadores para que Pico lo viera y después lo adentró en la espesura del bosque, en donde los caballos no podían penetrar. Al instante Pico se lanza tras aquella sombra de jabalí, baja de su veloz caballo y persigue a pie una esperanza vana por el bosque profundo. Circe pronuncia palabras mágicas y misteriosos conjuros, con los que suele borrar el rostro de nieve de la Luna y crear nubes algodonosas por debajo de la cabeza de su padre, el Sol. Y, en efecto, al decir los conjuros, el cielo se vuelve denso, la tierra despide neblinas y los jinetes del séquito de Pico van perdidos de un lado a otro por sendas tenebrosas. El rey se queda sin su guardia. Circe se acerca entonces al bello joven y le confiesa su amor. Pico la rechaza. ¡Él sólo puede amar a Canente! ¡Sólo ella lo cautiva y quiere que sea siempre así! Circe le renueva sus súplicas y le confiesa otra vez su amor apasionado, pero no consigue que el joven llegue nunca a vacilar y que no deje de hablar de su amada Canente.

Entonces Circe, furiosa, le amenaza:

«No saldrás de este bosque sin castigo ni volverás a ver a Canente. Vas a saber por experiencia lo que puede hacer una mujer despreciada, una mujer enamorada, una mujer. Porque es nada menos que Circe la que te ama, a la que tú desprecias, esta mujer».

La maga mira dos veces al ocaso, dos veces al oriente, toca con su bastón tres veces al joven y dice tres conjuros. Pico huye aterrorizado, pero se asombra de que lo hace más rápidamente que de costumbre, hasta que se da cuenta de que tiene alas, de que está volando. Se enfurece y golpea con su pico los robles. Su plumaje es rojo como la clámide que llevaba, el broche de oro se convierte también en pluma y, como si fuera un collar amarillo, rodea el cuello del pájaro.

Sus compañeros lo llaman a voces por todo el bosque sin encontrarlo. Se había disipado ya la niebla con el viento y el sol; los jinetes encuentran a Circe. Primero le preguntan, luego la amenazan y estaban a punto de atravesarla con sus armas cuando ella los rociaba con un brebaje venenoso, llama a la Noche y a sus dioses, al Érebo y al Caos y suplica a Hécate con alaridos espantosos. Los bosques –¡es increíble, pero así fue!– dieron un salto y se desplazaron ligeramente de su sitio, el suelo lanzó un gemido, los árboles palidecieron, el césped, al contacto con la pócima, se humedeció con gotas de sangre; pareció que las piedras mugían, que la tierra se llenaba de negras serpientes, que revolotean almas sin peso. Ante tales prodigios, quedan todos aterrorizados; y mientras miran espantados, Circe toca sus rostros asombrados con su varita envenenada. Ninguno conserva su figura: son ya todos distintos, son todos animales.

El sol se había puesto ya. Canente espera a su esposo en vano. Los criados recorren todo el bosque con luces para intentar encontrarlo. No le basta a la ninfa con llorar y darse golpes en el pecho y mesar sus cabellos, se marcha ella también a buscarlo y vaga enloquecida por los campos del Lacio. Camina seis días y seis noches por sierras, por valles, por donde le guiaba el azar. Llega agotada a orillas del río Tíber. Allí llora y canta con su melodiosa voz palabras bellísimas que cuentan su pena, como el cisne que canta cuando va a morir. Poco a poco se va consumiendo, su cuerpo se va diluyendo por la pena y se va disipando confundiéndose con la brisa ligera. En ese lugar quedó su nombre y su voz.

Pomona y Vertumno

Pomona era una Hamadríade del Lacio, una de las Ninfas de los árboles. Cultivaba los huertos con un arte y un cuidado extraordinario; por eso se llama Pomona, «la de las frutas». No le gustan ni los bosques ni los ríos, sólo el campo cultivado, las ramas de los árboles cargadas de frutas. No lleva nunca jabalina, sino una hoz con la que poda o injerta los árboles; cuida que no pasen nunca sed y riega con corrientes de agua las retorcidas raíces. Todo el día se dedica a ello, es su pasión. No siente ningún deseo de amar; como tiene miedo de los campesinos, cierra el vergel y evita a los hombres. Ya les hubiera gustado a los Sátiros, a los Faunos, a los seguidores del dios Pan, con sus cuernos coronados de pino, acercarse a la bellísima doncella.

Pero a todos ellos supera con su deseo Vertumno, que está locamente enamorado de la Ninfa. ¡Cuántas veces le llevó espigas en un cesto! Parecía un segador, llevaba a veces en la cabeza una guirnalda de heno como si hubiera volteado la hierba recién cortada; otras, un palo para aguijar a los bueyes del arado. Era como un podador cuando llevaba una hoz; con una escalera a cuestas parecía que iba a coger fruta. Incluso tomó una espada para parecer soldado, y una caña para que creyera ella que era un pescador. Se ponía muchos disfraces distintos para poder acercarse a ella y contemplar su belleza.

Un día se disfrazó de vieja. Se pintó canas en la cabeza, se puso una cofia bordada y, apoyándose en un bastón, entró en el cuidado huerto. Se paseó entre los árboles admirando su fruta y alabando el cuidado de Pomona. La abrazó y la besó como nunca lo hubiera hecho una vieja, y se sentó, encorvada, contemplando las ramas que se inclinaban por el peso de la fruta otoñal. Tenía enfrente un olmo con espléndidas uvas porque la Ninfa le había injertado una vid. La disfrazada vieja lo alaba y le dice a Pomona:

«Si este tronco se alzara solo, sin hembra, no tendría nada para que yo lo alabara, sólo daría hojas. Y la vid que se ha unido a él descansa en el olmo; si no estuviera con él, yacería tirada en tierra. En cambio, tú, Pomona, no sigues el ejemplo del árbol y la vid; no compartes tu lecho y no te interesas por nadie. ¡Ojalá quisieras! Nadie tendría más pretendientes, ni Helena, ni Hipodamia ni Penélope, la esposa de Ulises.

»Incluso ahora que evitas ver a nadie, tienes mil hombres y todas las divinidades de estos montes que te pretenden. Pero si eres lista, si quieres un buen matrimonio, si quieres escuchar a esta vieja, que te quiere más que todos ellos, más de lo que puedas imaginar, rechaza a los pretendientes vulgares y escoge a Vertumno como compañero. Yo soy fiadora de él, porque puedes estar segura de que no se conoce mejor a sí mismo como le conozco yo; no anda errante por el mundo, no, vive en estos parajes. No hace además como la mayoría de tus pretendientes, amar a la última que ven; tú has sido su primera pasión y serás la última, a ti te dedicará toda su vida. Es joven, muy apuesto, y sabe guardar con decoro todas las apariencias; se disfrazará de lo que tú quieras y sabrá actuar de acuerdo con su personaje.

»Los dos tenéis además las mismas aficiones. Es el primero en tener la fruta que tú cultivas y coge con mano gozosa tus productos; pero ahora ya no le apetecen ni los frutos cogidos del árbol ni las verduras de tu huerto, no quiere ya otra cosa más que a ti misma. Ten piedad de su amor, ten en cuenta que es él mismo quien en persona me ha dicho que te diga lo que siente. Ten en cuenta, Pomona, que Venus odia los corazones duros, y para que veas cómo, te voy a contar un suceso muy conocido en toda Chipre –como soy vieja, sé muchas cosas–, que podría suavizar tu actitud.»

Y le cuenta la historia de Ifis y Anaxárete.

Ifis y Anaxárete

El joven Ifis, de humilde familia, vio un día a la noble Anaxárete y se enamoró locamente de ella. Luchó en vano con su amor largo tiempo, intentando vencer con la razón su desvarío. Fueron inútiles sus esfuerzos. Fue al umbral de la morada de su amada, confesó a la nodriza su amor y le rogó que le dijera a Anaxárete que no fuera dura con él, pidió también a algunos de los servidores con voz angustiada que le ayudaran. Le escribía a la muchacha sus sentimientos en tablillas, incluso a veces colgaba en la puerta coronas empapadas con sus lágrimas y se dejaba caer en el umbral maldiciendo la cerradura.

Anaxárete, más dura que el mar tempestuoso de invierno, más inconmovible que el hierro y que la roca dura, lo desdeña y se burla de él. Y no le basta el desdén, lo desprecia, le dice palabras soberbias, le quita hasta la esperanza.

Ifis no pudo soportar los tormentos de la larga agonía –moría por su amor– y, delante de su puerta, le dijo estas últimas palabras:

«Tú vences, Anaxárete, ya no tendrás que soportar más molestias de mi parte. Puedes coronarte de laurel porque me has vencido, y yo muero con gusto. Adelante, mujer de hierro, alégrate. Al menos tendrás que alabar algo de mi amor, habrá algo por lo que yo te sea grato. Acuérdate que mi amor por ti sólo se ha ido con mi vida, que pierdo a la vez mis dos luces. No quiero que nadie te cuente mi muerte, tú misma la verás para que con mi cuerpo sin vida alimentes tus ojos crueles.

»¡Dioses, si vosotros veis lo que hacemos los mortales, acordaos de mí –no os puedo pedir nada más– y haced que se hable de mí por los siglos de los siglos! ¡El tiempo que habéis quitado a mi vida, dádselo a mi fama!»

Luego, con ojos anegados en lágrimas, puso una cuerda en el dintel de la puerta y se colgó mirando hacia ella, siempre cerrada para sus súplicas.

La hoja de la puerta golpeada por el tableteo de los pies parecía que se quejaba. Al abrirla los criados, descubren horrorizados el cuerpo colgado. Llevan al desdichado joven muerto a su madre, que lo abraza desesperada. Le hacen las ceremonias fúnebres.

El féretro con el cuerpo amoratado de Ifis pasa por delante de la casa de la dura Anaxárete, quien, al oír los llantos, quiso asomarse, curiosa, para ver el entierro. No sentía la más mínima piedad por el desgraciado enamorado. Pero apenas se asoma por la amplia ventana de su casa y ve a Ifis en el ataúd cuando sus ojos se quedan yertos, huye de su cuerpo la sangre caliente y empalidece. Intenta retroceder y no puede, intenta volver el rostro y tampoco lo consigue; poco a poco le va invadiendo todo el cuerpo la piedra que desde mucho antes estaba en su corazón. Venus había vengado al pobre Ifis y había cumplido su ruego.

Vertumno, disfrazado de vieja, acaba de contar la historia a Pomona y le recuerda a la joven que la diosa del amor puede castigar la obstinada altanería, que más le conviene hacer caso a su enamorado. Si lo hace, rogará para que una helada primaveral no le queme los frutos que nacen ni el viento los arranque cuando aún estén en flor.

Después de su discurso, Vertumno se quitó el disfraz de vieja y apareció ante la joven con su belleza y juventud. De la misma forma que el sol sale triunfante de las nubes que lo tapaban, así aparece el dios ante Pomona. La ninfa sintió entonces al verlo la misma herida en el corazón que él sentía ya por ella. Fueron felices; les unía el mismo amor por los frutos de la naturaleza.

El Ave Fénix

Todos los animales nacen de otros; sólo hay uno, un pájaro, que se engendra a sí mismo: los asirios lo llaman Fénix. No come granos ni hierbas, se alimenta sólo de gotas de incienso y de jugo de amomo.

Cuando cumple cinco siglos, construye un nido con las uñas y el pico en lo alto de las ramas de una encina o en la copa de una palmera temblorosa; lo reviste de canela, suave nardo, trozos de cínamo y amarilla mirra. Luego le prende fuego y se lanza a él: muere entre aromas y llamas. De las cenizas de su cuerpo renace una nueva Ave Fénix que va a vivir otros tantos años.

Cuando el pequeño Fénix tiene ya fuerzas para llevar una carga, coge el nido y, piadoso, lleva lo que es a la vez su cuna y el sepulcro de su padre por los aires hasta la ciudad de Hiperión y lo deposita como ofrenda delante de la puerta sagrada del templo de Hiperión, el Sol.

Hipólito

Hipólito, un bello joven, hijo de Teseo, despertó el amor de su madrastra Fedra, hija de Pasífae. La rechazó horrorizado cuando ella se lo confesó. Despechada, Fedra le dijo a su esposo que era él quien la acosaba. ¿Fue el despecho lo que le llevó a la mentira o fue el miedo a sentirse delatada? Teseo, furioso, echó de la ciudad al joven inocente y lo maldijo.

Hipólito, desterrado, se marchaba con su carro tirado por caballos por la orilla del mar de Corinto cuando de pronto se levanta en el mar una gigantesca masa de agua que se curva y crece como si fuera una montaña, de donde salen espantosos mugidos. De lo más alto de la cima, rotas las olas, surge un gigantesco toro mugiendo que se alza sobre sus patas y echa enormes chorros de mar por sus narices y por su boca abierta. Los compañeros de Hipólito se quedan aterrados, mientras él, preocupado por el terrible destierro y por la injusta acusación de la malvada Fedra, permanece impávido.

Pero sus caballos no soportan la visión del portento y del monstruo, se les ponen tiesas las orejas, y las crines se les erizan de espanto, corren enloquecidos y despeñan el carro por unos peñascos elevados. Hipólito intenta gobernar los bocados llenos de espuma de los caballos con manos inútiles; echándose hacia atrás tira con fuerza de las riendas, pero, cuando parecía que podía frenar su furia, una rueda tropieza con un tronco y se hace pedazos. El joven sale despedido del carro mientras sus brazos y piernas quedan sujetos por las correas. Su cuerpo queda despedazado, porque parte queda enganchado al vehículo y parte sale despedido por los aires; sus huesos, al romperse, sonaron con un ruido ronco. Su alma escapa, agotada, mientras no queda nada en su cuerpo que pueda reconocerse, es todo él una herida.

Bajó al reino de las sombras y alivió con el agua del Flegetonte, el río del Infierno, su cuerpo destrozado. Diana, indignada por la muerte terrible del inocente Hipólito, que le era devoto, convenció a Esculapio para que le devolviera la vida.

Pero la diosa, para evitar la envidia que su resurrección iba a levantar, le añadió años y le cambió las facciones para que no pudiera ser reconocido. Le ordena mudar también su nombre, que recuerda a sus caballos –«Hipólito» es «el destruido por los caballos»–, y le llama Virbio, «el que ha sido hombre dos veces». Desde entonces vive en el bosque al servicio de la diosa.

Ovidio escribió una obra que no puede destruir ni la cólera de Júpiter ni el fuego ni el hierro ni el tiempo devorador. Murió el poeta, pero su nombre es inmortal, indeleble. Él estaba seguro de que, por donde se extendiera el poder de Roma, la gente le leería, y así fue. Pero Roma cayó, y después muchos otros imperios, y las Metamorfosis se siguieron leyendo.

Las últimas palabras de su maravilloso libro se van cumpliendo: «Gracias a la fama, viviré por todos los siglos ¡si los presentimientos de los poetas son ciertos!».

Tú puedes ayudar a que lo sean.

Índice de mitos y protagonistas